KB119603

회계·노무
담당자가
꼭 알아야 하는
최소한의
업무 지식

회계·노무 실전 업무 완전 정복!

유양훈·정선아 지음

회계·노무 담당자가 꼭 알아야 하는 최소한의 업무 지식

원앤원북스

지은이의 말

살아나가는 데 피가 되고 살이 되는
회계·노무 지식

회계·노무라고 하면 사람들은 먼저 복잡한 숫자를 떠올리고 막연하게 어려워하는 것 같다. 하지만 회계는 숫자를 통해 정보를 제공하는 것일 뿐이고, 수학과는 전혀 다른 분야다. 따라서 숫자에 대한 거부감을 가질 필요가 없다.

또한 회계·노무 업무는 규모가 작은 회사에서도 꼭 필요하고 중요한 부문이므로 알아두면 살아가는 데 매우 실용적인 도움을 줄 것이다. 특히 창업 등을 하게 되었을 때 세금 문제에 대한 고민부터 직원 관리 및 노무 문제에 대해 기본적으로 알고 있으면 아주 큰 도움이 된다.

또한 좀 더 깊이 나아가 회계를 공부하다 보면 사회생활을 하면서 많은 도움이 될 것이다. 직접 사업을 하는 사람뿐만 아니라 회사에 근무하는 근로자도 본인이 근무하는 회사의 경영 상태를 파악하고 그동안의 실적을 알 수 있는 객관적인 자료로 회계를 이용한다. 또 재테크로 주식투자를 할 때 좀 더 적극적으로 투자하기 위해서는 회사의 경영 상태나 실적 등을 파악해야 하는데, 회계는 이러한 정보를 파악하는 기초적인 언어다. 회계는 영어만큼이나 사회생활을 하는 데 유용한 언어인 것이다.

사실 이 책은 회계를 전혀 접하지 않았던, 회계에 대해 문외한인 사람이 회계 업무에 쉽게 접근할 수 있도록 하자는 바람으로 쓰게 되었다. 실제로 학부 시절에 공학을 전공해서 대학을 졸업할 때까지 회계와 관련된 책을 접할 기회가 없었고, '차변'과 '대변'이라는 용어도 들어보지 못했다. 대학을 졸업한 후 회계와 관련된 공부를 하면서 회계가 너무나 생소했는데, 이때 공부에 도움을 주고자 회계와 관련된 기초적인 내용을 담고 있는 책을 읽으며 회계에 좀 더 쉽게 다가갈 수 있었고 많은 도움이 되었다. 이러한 경험 때문에 기초적이지만 핵심적인 사항에 대해 알 수 있는 실용서를 펴내 많은 사람과 나눌 수 있는 기회를 만들고 싶었다. 어려운 용어와 내용을 최대한 쉽게 서술하려 했고, 일반인들이 실생활에서 궁금해하는 사례를 통해 좀 더 친근하게 읽을 수 있도록 했다.

회계학이나 세무 및 노무 관련 법은 처음 공부할 때는 그 의미가 실질적으로 와 닿지가 않는 경우가 많다. 특히 비용과 관련된 인식과 측정에 대한 부분에서는 단순히 계정분류만을 신경 쓰게 되는데, 과세 관청에서 여러 사항을 제한하고 있는 세법과 연결 고리를 이어가다 보면 자연스럽게 사회생활에서 접하는 회계와 관련된 사항을 이해할 수 있을 것이다.

예를 들면 접대비나 판공비 사용에 대한 적격증빙은 회계에서 중요하게 다루지 않는다. 하지만 이러한 부분을 제대로 체크하지 않으면 회계상으로 손실이 발생했지만 세금을 내야 하는 상황이 벌어질 수가 있다. 사업자나 근로자가 출장경비 등을 사용할 때 회계 부서에서 관련 증빙서류를 정확히 챙기도록 요청하는 경우가 있는데, 모두 이러한 세금적인 측면에서 강조되기 때문이다. 또한 접대비는 한도 규정이 있기 때문에 경영상 여러 가지 고려해야 할 점이 있다. 이처럼 회계와 세법 간의 여러 상충되는 내용을 비교하다 보면 회계에 대해 좀 더 이해할 수 있는 계기가 될 것이다. 즉 회계는 여러 가지 측면에서 바라보는 것이 중요하다.

처음부터 이 책의 모든 내용을 한 글자씩 확실히 이해하려고 하면 안 된다. 전체적으로 한 번 통독을 한 후 관심 있는 분야에 대해 정독을 하다 보면 자연스럽게 회계·노무에 가깝게 다가갈 수 있을 것이다. 이 책을 통해 독자들이 회계·노무에 대해서 좀 더 자세하게 공부하고픈 마음이 든다면 지은이로서는 너무나 기쁠 것이다.

이 책이 나오기까지 고생한 원앤원북스 모든 구성원들께 감사를 드린다. 특별히 나의 가족, 그리고 시내, 성우, 성재에게 이 책을 바친다.

2018년 가을 반포에서
유양훈

노무 문제에 대해
최소한의 대비가 필요하다

'노무의 정석'보다는 '노무의 개념원리'를 쓰고 싶었다

회계나 구매처럼 거래하는 대상이 돈이나 물건이면, FAQ가 있고 정해진 답이 있겠지만, 사람을 거래의 대상으로 하는 노무에는 직원 수만큼의 고민과 직원 수만큼의 답이 있을 뿐이지, 일률적인 답이 있기는 어렵다. 이 때문에 노무 담당자에게는 정답보다는 법과 사람에 대한 이해, 그리고 이를 바탕으로 한 방향과 기준이 필요한 것 같다. 숱한 노무관리 책이 있겠지만, 이 책은 단순한 정보제시보다는 인사노무 담당자의 방향과 기준을 길을 제시하고자 하는 데 초점을 두었다.

물론 이 책이 매일매일 의사결정을 해야 하는 인사노무 담당자들에게 충분한 방향을 제시해주었는지는 의문이 남지만, 현장에서 빈번히 접하게 되는 질문들에 끄덕일 만한 답변이 되기 위해 노력했다. 작은 회사의 직원관리를 고민하고 있는 사람이라면, 내 고민의 깊이만큼 시간을 내서 이 책을 읽는 것이 결코 시간낭비는 되지 않으리라 자부한다.

노무의 개념원리의 기본은 사장과 직원의 관계를 이해하는 것이었다

노무관련 업무를 하면서 직원은 누구고 사장은 누구인지, 이 두 주체의 관계가 무엇인지에 대해 숱한 고민을 해야 했다. 사실 직원은 법률적 의미로는 '조력자' 이상도 이하도 아니다. 결국 '남의 일을 도와주는 사람'이다. 사장들은 본인들의 무거운 짐을 나눠질 수 있는 조력자 이상의 마인드를 기대하면서 그로 인한 과실을 나누는 데는 인색하다. 생선가게에 전기가 나갔는데, 사장은 직원에게 너는 걱정도 안 되냐며 서운해한다.

직원들은 위험은 지지 않으려고 하면서 과실을 나눠달라고 한다. 생선가게가 잘될 때는 함께 일해서 잘된 것인데 사장만 떵떵거리는 것이 밉고, 가게가 안 좋을 때는 생선이 모두 상해서 손실이 나는 것보다 본인들의 임금을 못 받게 되는 것이 더 걱정이다.

사장과 직원이 '일'과 '임금'이라는 이해관계를 두고 대척점에 있다 보니, 크고 작게 줄다리기가 이루어진다. 여기서 줄다리기에 중점을 두다 보면 보다 중요한 점을 간과하게 되는데, 바로 줄다리기의 장소가 '한 배 위'라는 점이다. 줄다리기에서 이기자고 배를 전복시켜서도, 배에 필요한 인원을 섣불리 다치게 하거나 내리게 해서도 안 된다.

목적은 바보소리 안 듣게 하는 것이었다

노동관련 법령들은 이러한 줄다리기의 룰을 정하고 있다. 그리고 그 룰의 대부분은 경제적 강자인 사용자가 지켜야 하는 내용이다. 둘이 사이좋을 때는 싸움의 룰은 전혀 필요하지 않지만, 사이가 나빠질 때는 싸움의 룰은 너무도 중요해진다. 이것이 내가 현장에서 싸움의 룰을 아는 것이 중요하다고 강조하기 나쁜 이유다.

직원과 사장이 너무 사이가 좋은 회사에 가면, 사장에게 나중을 위해서 이런 거 저런 거 꼭 챙겨두셔야 한다고 말하는 게 여간 민망한 게 아니다. 문제는 사이가 언제 나빠질지 모른다는 점이다. 전쟁이 안 나는 것이 제일이지만, 그렇다고 전쟁에 대비하지 않는 것은 바보다. 이 책의 목적은 노무관리를 세련되게 하는 것이 아니라 바보 소리 안 듣게 하는 것이었다.

나도 백전백승의 비책, 돈 잘 버는 법 같은 멋진 책을 쓰면 좋겠지만, 내가 알려줄 수 있는 것은 노와 사의 전쟁을 대비하는 최저선이다. 어떻게 하면 성공하는지가 아니라, 어떻게 하면 바보 소리는 안 듣는지에 대한 이야기다. 그리고 '노'와 '사', 어느 쪽이든 바보 소리 안 듣게 하기 위한 합리적인 이유와 방책을 설명하려고 노력했다.

이 책을 통해서 직원이든 사장이든 합리적인 공격과 방어를 위한 최소한의 대비를 할 수 있기를, 그래서 좋은 세상이 될 수 있기를 기대해본다.

나는 '세상이 좋아졌다'라는 것을 억울한 사람이 없어지는 것으로 정의해왔다. 그런 차원이라면 법을 잘 알게 되는 것은 억울한 사람이 적어지는 것이고, 억울한 사람이 적어지면 좋은 세상이 되는 것이니, 내 하는 일의 가치가 적지 않다고 스스로를 위로해본다.

이 책에 담긴 지혜와 지식은 모두 당신들로부터의 것입니다. 나의 하나님, 그리고 이주형 노무사님, 우리 정남두 사장님과 정순례 여사님, 그리고 사랑스러운 우리 가족들에게도 감사인사 올립니다.

2018년 겨울길목 가로수길에서
정선아

차례

PART 2 노무
노동력을 가장 효율적으로 이용하기 위한 방법

PART 1 회계

경제주체의
경제활동 내용을
나타내는 방법

CHAPTER 1

회계·노무 담당자로서
첫 출근

회계 담당자가 해야 하는 업무에 대해서 큰 틀에서 열거해 설명해보았다.
중요하다고 생각하는 부분은 뒤의 챕터에서 좀 더 자세하게 다루고 있으므
로 부담스럽게 생각하지 말고 편하게 읽어보자.

01 | 경리 업무를 알아보자

경리(經理)란 사전적으로 일을 경영하고 관리하는 것을 말하며, 물자의 관리나 금전의 출납 등을 맡아보는 사무 또는 그 부서나 사람을 의미한다.

그러나 구체적으로 경리 업무를 설명하게 되면 매우 다양하여 한 마디로 경리 담당자의 업무를 특정하기가 어렵다. 업무를 크게 구분해보면 협의의 경리 업무, 자금 업무, 회사 총무 및 경영관리 업무로 나눌 수 있을 것 같다. 예를 들면 아래와 같다.

다양한 경리 업무

① 현금·보통예금·당좌예금 등의 입금 및 출금거래 기록, 그리고 출금 및 입금과 관련한 영수증 발행·수취 및 보관

② 매출 시 거래명세서, 세금계산서 발행, 매출장 작성 외상매출대금 발생 및 수금거래 기록

③ 매입 시 거래명세서, 세금계산서 수취, 매입장 작성 외상매입대금 발생 및 지급거래 기록

④ 상품(제품) 입고 및 출고에 관한 상품 수불부 작성

⑤ 급여 지급 시 급료대장 작성 및 갑근세 징수 및 납부

⑥ 각종 세금 및 공과금 납부 관리

⑦ 직원 퇴직 시 퇴직금 계산 및 퇴직소득세 납부

⑧ 근로소득세·부가가치세 신고 및 납부, 법인세신고(개인사업자는 종합소득세)

⑨ 직원 연가, 휴가 관리

위와 같이 다양한 경리 업무의 핵심은 사업체 규모에 맞는 재무 및 세무 백데이터를 만들어가는 것이다. 즉 경영활동을 기록하는 것이며, 기업활동과 성과를 숫자로 정확하게 기록·보고·관리하는 것이다. 이 때 기록은 '회계'라는 언어로 나타낸다.

일반적으로 창업 초기 또는 소규모 사업장의 경우 한두 명의 주주들이 회사를 설립하고 그 주주들이 직접 경영에 참여한다. 그렇기 때문에 장부에 기록하는 목적이 국세청에 하는 세무 보고용 신고서나 재무제표를 만들기 위한 역할에 치중될 수밖에 없다. 즉 경리 업무는 매월 있는 각종 세무신고 일정을 위주로 업무가 이뤄지게 된다.

그럼 먼저 간단히 연간 세무신고 일정에 대해서 체크해보자. 다음 페이지에 표로 정리했다. 절대 꼼꼼히 볼 필요 없다. 전체적으로 얼마나 많고 다양한 세무신고가 있는지 맛보기만 해보는 것이다. 어차피 특정 업종에만 해당하는 세무신고도 많기 때문이다.

무척 다양한 세무신고가 있다는 점에 놀랐을 것 같으며, 처음 들어본 내용이 대부분일 것이다. 너무 걱정하지 말고 처음에는 원천세 신고(매달 10일)와 부가세 신고(분기별), 법인세 신고(3월), 그리고 소득세

신고(5월) 위주로 경리 업무의 흐름을 파악해보자. 또한 현재 담당 회사에 해당되지 않는 세무 일정도 많을 것이다. 다양한 세금과 관련된 신고 및 납부 기한이 있다는 점을 체크해보는 정도면 좋겠다.

경리 업무를 다시 일일 업무와 월별, 연도별 기준으로도 간단히 정리해보았으니 참고하기 바란다.

| 시기별 경리 업무

구분	업무
일일 업무	• 자금 집행: 매출대금 회수 및 매입대금 지급 • 거래명세표, 발주서 작성 및 관리 • 전표, 분개장, 일일자금일보 등 작성 및 관리 • 현금, 보통예금 정리 및 관리
월별 업무	• 급여 관리 및 원천세 신고 및 납부 • 4대 보험 및 고정 지출 체크 • 월말 외상매출금 및 외상매입금 잔액 체크 • 월차 결산 • 월 자금 조달 계획 수립 및 보고
분기별 업무	• 부가가치세 신고 및 납부 • 분기별 결산 • 분기별 경영성과 체크 및 보고
연간 업무	• 장부마감 및 최종 결산 • 연말정산 • 법인세, 소득세 신고 • 회계감사 준비 • 경영 실적 보고 및 분석 • 차기 연도 경영 계획 수립 및 보고 • 송년회, 시무식 시행 • 여름휴가 계획안 수립 • 성희롱예방교육 등 각종 의무 교육 시행 • 직무교육 계획 및 시행

| 연간 세무신고 일정 요약표

월	일	신고내용
1	10	- 원천세 신고, 납부 - 원천세 반기별 신고, 납부 - 4대보험료 고지 납부
	15	- 일용직근로내역확인서 제출
	25	- 부가가치세2기확정신고, 납부
2	10	- 원천세 신고, 납부 - 면세사업자 사업장 현황신고 - 4대보험료 고지 납부
	15	- 일용직근로내역확인서 제출
	28	- 배당, 연금, 기타 소득 등 지급명세서 제출(근로소득제외)
3	10	- 원천세 신고, 납부 - 근로소득 지급명세서 제출(연말정산) - 4대보험료 고지 납부
	31	- 12월말 결산법인 법인세 신고, 납부
4	10	- 원천세 신고, 납부 - 4대보험료 고지 납부
	25	- 부가가치세 1기 예정 신고, 납부
	30	- 일용근로자 근로소득 지급명세서 제출 - 12월말 결산법인 법인세할 주민세 신고, 납부
5	10	- 원천세 신고, 납부 - 4대보험료 고지 납부
	31	- 개인사업자 종합소득세 확정 신고, 납부 - 개인사업자 종합소득세할 주민세 신고, 납부
6	10	- 원천세 신고, 납부 - 부가가치세 주사업장 총괄납부 승인신청 및 포기신고 - 4대보험료 고지 납부
	30	- 원천세 반기별 납부 승인신청 - 간이과세 포기 신고
7	10	- 원천세 신고, 납부 - 원천세 반기별 신고, 납부 - 4대보험료 고지 납부
	25	- 부가가치세 1기 확정 신고, 납부
	31	- 일용근로자 근로소득 지급명세서 제출 - 재산할 사업소세 신고, 납부
8	10	- 원천세 신고, 납부 - 4대보험료 고지 납부
	31	- 12월말 결산법인 법인세 중간예납 신고, 납부 - 균등할 주민세 납부
9	10	- 원천세 신고, 납부 - 4대보험료 고지 납부
10	10	- 원천세 신고, 납부 - 4대보험료 고지 납부
	25	- 부가가치세 2기 예정 신고, 납부
	31	- 일용근로자 근로소득 지급명세서 제출
11	10	- 원천세 신고, 납부 - 4대보험료 고지 납부
	30	- 개인사업자 종합소득세 추계액 신고 및 중간예납(납부)
12	10	- 원천세 신고, 납부 - 4대보험료 고지 납부
	15	- 종합부동산세 납부 또는 신고납부
	31	- 원천세 반기별 납부 승인신청 - 간이과세 포기 신고

이번에는 광의의 경리 업무에 대해서 알아보자.

경리 업무는 일반적으로 말하는 경영관리 업무, 총무 업무와 중첩되는 경우가 많고 회사 규모에 따라 담당자가 해야 하는 업무를 한정 짓기가 어렵다. 이에 따라 총무 업무에 대해서 월별 기준으로 구분해보았다. 이러한 총무 업무는 모든 경우에 적용되는 것이 아닌 일반적으로 발생 가능한 내용을 정리한 것으로 생각하고 참고하자.

회사에는 없던 업무들을 스스로 공부하고 개발해 회사 조직을 위해 새로운 시스템을 만들어간다면 회계·노무 담당자로서 유능하다고 인정받을 수 있을 것이다.

▎월별 총무 업무

1월	2월	3월

• 시무식
• 인사정책 수립
• 고용계획 작성
• 노사협의회 개최
• 인사관계 서류 점검 및
  정리
• 직무교육 및 직업훈련
  계획
• 설날 휴일 근무대책
• 승진발령
• 인사평가 및 성과평가,
  그리고 임금인상 체크
	• 승진자 교육
	• 개인별 경력개발 계획
	  수립
		• 신년도 임금 인상 대책
		  보고
		• 단체협약 체결 및 신고

4월	**5월**	**6월**

• 취업규칙 변경 및 신고
• 사원 건강검진 실시
• 관리자 성과관리 교육
• 조직 및 직제 개편 및
  인사이동
	• 인사제도 검토
	• 신입사원 채용계획 수립
	• 제도개선 전문위원회
	  개최
		• 상반기 인사평가 실시
		• 업무활동 보고
		• 건강검진 결과 보고
		• 정기노사협의회
		• 신입사원 서류 및 면접
		  전형

7월	**8월**	**9월**
• 여름휴가 계획 • 사내 제규정 검토 • 성과관리 운영기준 발표 • 신입사원 합격자 발표	• 직장 질서 확립 및 대책	• 사내 체육대회 및 야유회 • 산재보험 변경사항 신고
10월	**11월**	**12월**

• 정기 노사협의회 개최
• 제도개선 전문위원회
  개최
	• 차기 예산편성
	• 중기 인적자원 계획 수립
	• 다음해 인건비 계획 수립
	• 직무 재검토 및 설계
		• 하반기 인사평가 실시
		• 차기 사업계획 수립 및
		  발표
		• 노사협의회 개최
		• 송년회 개최
		• 종무식

02 일일 업무와 월간 업무 나누기

처음 경리 업무를 접하게 되는 경우 회사 내에 전임자가 있거나 사수가 있어서 규정된 업무를 그대로 인수인계 할 수 있다면 먼저 해당 업무를 숙달하는 게 중요할 것이다. 하지만 새롭게 설립한 회사에서 혼자 경리 업무를 만들어가야 한다면 매우 어려움이 많을 것이다.

후자의 경우에는 먼저 내부적 통제를 위한 업무와 국세청 및 4대 보험 공단에 신고해야 하는 업무로 나눠서 접근하면 좋을 것 같다. 내부적 통제를 위한 업무는 최대한 자금 흐름이나 거래내역에 대해서 객관적인 증빙 및 결재 흐름에 맞춰 관련 서류를 정비하고 기록 및 보관하는 것이다. 매일 해야 하는 업무가 이에 해당할 것이고, 월별로 해야 하는 업무가 바로 국세청 및 4대 보험 신고 업무가 주된 기준이 될 것이다.

일일 업무

매일 출근하면 해야 할 업무에 대해서 먼저 알아보자. 우리 회사의 제품이나 용역을 제공하는 상대 거래처, 즉 매출처에 대해서 주문서 등을 받으면 영업 부서 등에서 체크를 하고 납품 부서에서 거래명세표를 작성해 해당 납품인수증 등을 받아 회계 담당자에게 주도록 한다. 납품이 되는 시점에 세금계산서(또는 계산서)를 발급해야 한다.

세금계산서는 원칙적으로 재화 또는 용역의 공급 시기에 교부해야 한다. 공급 시기에 세금계산서를 교부하지 않은 경우에는 그 이후에 세금계산서를 교부할 수 없다. 비록 교부했다 하더라도 교부하지 않은 것으로 보아 세금계산서미교부 가산세가 적용되고, 또한 수정세금계산서의 교부도 불가능하다. 이때 재화의 공급 시기는 인도시점이며, 용역의 공급 시기는 용역 제공 완료일이다.

세금계산서 발행은 매우 중요하며 발행관련 원칙뿐만 아니라 특례 또한 중요하다. 관련 가산세 부담도 있기 때문에 좀 더 구체적으로 알아보도록 하자.

먼저 해당 매출건별로 주문장(발주서), 거래명세표, 매출세금계산서 등으로 정리를 해놓도록 하자. 구매와 관련해서는 구매 부서에서 상대 거래처에 발주서를 보내게 될 것이며 해당 제품 등이 우리 회사 측에 인도된 시점에 관련 세금계산서 또는 계산서가 함께 도착할 것이다. 이때도 해당 매입건별로 발주서, 거래명세표, 매입세금계산서 등으로 정리를 해놓아야 한다.

간혹 소기업에서 세금계산서만을 모아놓는 경우가 있다. 그러나 회계감사나 세무조사 때 해당 거래가 실제 발생한 거래인지 확인하기 위해 거래명세표, 내부결재서류 등을 요구하기도 한다. 따라서 이러한 서류를 함께 기록 관리해놓아야 한다.

마지막으로 보통예금, 시재(현금) 관리를 잘해야 한다. 매일 보통예

금의 입출금을 기록 관리하고, 전날의 시재 마감액과 오늘의 시재 금
액을 체크하고 기재해놓도록 하자.

다시 정리를 해보면 매출과 매입에 대해서 관련 서류를 정리하고,
보통예금 등을 잘 기록 관리하는 것이 가장 큰 틀이자 하루의 중요 업
무다.

월간 업무

월별 업무에 대해서 좀 더 구체적으로 알아보자.

1월은 경리 팀에서 해야 하는 가장 중요한 2가지 업무가 있는 달이
다. 첫째, 급여신고 및 원천징수분 소득세 등 납부다. 매월 신고하는
업체의 경우 반복적인 업무일 수 있겠지만, 소기업은 반기 원천세 신
고 신청한 곳도 많기 때문에 6개월치 급여 신고를 1월에 하게 된다.

원천세 반기납부 제도

원천세 반기신고 가능한 소기업 사업장: 직전년도 상시 고용인원 20인 이하
사업장은 반기납 승인된 경우 반기별로 1월 10일과 7월 10일에 신고 납부 가
능하다. 홈택스로도 신청이 가능하며 반드시 신청을 한 사업장만 해당되므로
매달 신고 또는 납부하기 번거로운 경우 이를 적극 활용하는 것도 좋다.

• 매월 신고 납부하는 원천세를 1년에 2회만 신고 납부하는 제도
  − 1~6월분 원천세: 7월 10일까지 신고 납부
  − 7~12월분 원천세: 다음 해 1월 10일까지 신고 납부
• 영세한 소규모 사업자의 납세의무이행 부담 완화를 통해 납세협력비용 절
  감 목적으로 도입

| 부가세 신고

구분	과세대상기간		신고기한	신고대상자
1기	예정신고	1.1~3.31	4월 25일까지	법인
	확정신고	1.1~6.30	7월 25일까지	법인 및 개인
2기	예정신고	7.1~9.30	10월 25일까지	법인
	확정신고	7.1~12.31	1월 25일까지	법인 및 개인

※ 법인은 1년에 4번, 개인은 1년에 2번 부가세 신고를 하게 되나, 납부의 경우 예정납부제도로 인해 개인 또한 4번 납부하게 된다.

둘째, 부가가치세 확정신고다. 학원이나 병원 등 면세사업자가 아닌 부가가치세 과세사업자인 경우 반드시 해야 하는 중요한 세무신고다. 사업자등록증상에서 별도로 면세사업자라고 되어 있지 않으면 모두 이에 해당한다. 부가가치세로 매출이 확정되며, 그동안 받았던 세금계산서, 계산서가 국세청에 신고되게 된다. 이는 결국 중요한 적격증빙 사업비용으로 인정받게 된다. 즉 법인세나 소득세 신고 때 세금계산의 기준이 되는 이익 산정(매출－비용＝이익)에 중요한 틀이 완성되는 것이다. 대부분 사업장의 경우 매출과 중요 매입, 그리고 인건비가 결정되면 이익의 규모가 파악될 것이다. 국세청에서도 실제로 이러한 기준으로 법인세, 소득세 신고의 적정성을 파악한다.

2월에는 지급명세서 제출 및 건강보험 보수총액 신고가 있다. 그리고 연말정산이 있는 달이다. 지급명세서란 소득자(종업원 등)의 인적사항, 지급액, 원천징수세액 등을 기재한 자료다. 상시 근로자의 경우에는 지급일이 속하는 연도의 다음 해 3월 10일까지, 일용근로자의 경우에는 매분기 다음 달 말일(4분기는 2월 말)까지 관할세무서에 제출해야 한다. 그리고 기타·연금·이자·배당소득에 대해서는 다음 해 2월 말일까지 신고해야 한다.

지급명세서를 제출하지 않는 경우에는 미제출 금액의 1%(3개월 이내 제출 시 0.5%)를 가산세로 부담해야 한다. 이는 매우 큰 금액이 될 수 있기에 더욱 중요한 신고다. 만약 매월 3천만 원 정도 급여가 나가는 회사에서 지급명세서 제출 신고를 깜박 잊고 안 하게 되면, 1년 급여 3억 6천만 원의 1%, 즉 360만 원을 가산세로 부담해야 한다.

인건비 신고는 반복적으로 하게 돼서 잘 깜박하지 않고, 부가세나 법인세 신고 또한 언론 등에서도 나오기에 잊지 않게 된다. 하지만 지급명세서 신고는 납부할 금액도 없고 신고만 하기에, 그리고 1년에 1번 하기에 깜박하는 경우가 실무상 종종 있다. 정말 중요하므로 잊지 말아야 한다. 강조하지만 지급명세서 신고는 2월부터 3월에 걸쳐 소득별로 이뤄진다.

그리고 2월에는 연말정산이 있다. 회계 담당자로서 직원들이 가장 중요하게 생각하는 부분이라는 점을 꼭 생각하고 회사 내 서비스 차원에서 미리 새로 바뀐 연말정산 등에 대해서 공부해서 직원들이 물어보는 내용을 답변할 수 있으면 분명 유능한 직원으로 이미지 변신을 할 수 있을 것이다.

3월에는 가장 중요한 법인세 신고가 있다. 회계 초보자의 경우 담당 세무회계사무소에 대부분 업무를 맡길 수밖에 없다. 하지만 최소한 미리 3월 말까지 납부해야 할 예상 법인세는 3월 초에 파악해서 자금 계획을 세워야 한다. 이는 2월부터 미리 담당 세무회계사무소에 문의를 하고 관심을 가져야 최대한 빨리 해당 업무를 이끌어낼 수 있다.

5월은 종합소득세 신고기간이다. 이때는 회사 대표자 등 임원의 경우 타 소득(부동산임대 또는 금융소득종합과세 등)도 있을 수 있으므로 미리 체크해주는 것도 유능한 회계 담당자의 역할일 것이다. 5월 초가 되면 대표자 등에게 종합소득세 신고기간인데, 혹시 도울 사항이 있는지 미리 물어보도록 하자.

7월이 되면 여름휴가 계획을 세워야 할 것이다. 가장 먼저 대표자나 임원들에게 휴가 계획을 물어본 후 이를 각 부서장에게 알려주는 것도 업무 센스의 하나다.

12월에는 송년회 준비 및 사업계획서 작성 및 보고 등이 이뤄진다. 그와 함께 다음 해 1월 초 시무식도 준비해야 할 것이다. 일반적으로 송년회는 부서별로 회식을 한 후 1월 시무식만 전체 간담회 형식으로 하기도 한다.

채용 관리 업무

평소 경리 담당자는 회사의 채용 계획 및 관리도 할 수 있다.

채용 관리는 최적의 인적요소를 부서별로 배치할 수 있도록 미리 계획하고 관리하는 것이다. 그중에서 회사의 효율적 인력 구성을 파악하는 방법으로는 2가지가 있다.

첫 번째는 금액 기준 방법이다. 시장 상황에 따른 목표 매출액에 대응하는 비용계획을 예측해 추정인건비를 산출한 다음, 인건비 상승 및 여러 제반 요건을 검토해 1인당 평균 인건비를 통해 직종 및 직급별 수급 인원을 도출할 수 있다.

| 채용 계획 및 관리

구분	업무
인원수급의 예측	• 퇴사예정자 수의 예측 • 업무부서별 필요 인원 수의 예측 • 기존 직원의 초과 근로 여부 체크
채용방식의 결정	• 정기채용 • 수시채용 • 계약사원 또는 비정규직으로 채용할지의 여부
기타	• 직원신규채용시 대상자별 국가의 고용지원 혜택(노동부 등) 가능 여부 검토 • 세미나 및 설명회 등 적극적인 구인활동

두 번째는 시간 기준 방법이다. 특정 노동활동별 소요되는 인원 및 시간을 기준으로 평균 활동 시간을 구해 직종 및 직급별 수급 인원을 도출하게 된다.

03 | 기본 정보 찾기: 홈택스와 4대사회보험 정보연계센터

경리 업무를 하다 보면 업무와 관련해 사소한 것을 찾는 데도 많은 시간을 소모하는 경우가 많다. 또한 정확한 정보가 맞는지 확인하다 보면 하루가 다 가고, 그나마 잘못된 정보를 가지고 업무를 하게 되면 세무나 노무 관련 가산세를 납부해야 할 수도 있다. 기본적으로 세무는 홈택스와 126번 전화를 이용하고, 노무는 4대 사회보험 정보연계센터 사이트를 통해 정보를 확인하는 습관을 들여 두면 매우 좋을 것이다.

홈택스(Hometax)

홈택스(www.hometax.go.kr)란 인터넷을 통해 세금신고 납부, 민원증명 발급 등을 편리하게 이용할 수 있는 국세종합서비스다. 특히 상단 메뉴를 보면 개인사업자, 법인사업자, 세무대리인, 개인, 정부기관으로 크게 나뉜다. 회계 담당자가 근무하고 있는 회사가 개인사업자이면 개인사업자로, 법인사업자이면 법인사업자로 로그인해 세무 관련 업무를 보면 된다.

소규모 사업자 또는 새로 사업을 시작하는 경우 홈택스를 통한 세금 신고를 해보자. 비용 절약 및 사업의 중요한 지식을 경험하는 측면에서 매우 좋다. 각종 세금에 대한 신고서를 홈택스상에서 신고할 수 있도록 되어 있다. 특히 전자신고를 하면 일정 금액(1만~2만 원)을 세액공제해주는 경우도 있으므로 이용해보도록 하자.

홈택스를 통해서 세금납부도 할 수 있으며, 그동안 납부했던 세금 이력도 실시간으로 확인할 수 있다. 은행 등을 방문할 필요 없이 계좌이체 방식으로 세금을 납부할 수 있다. 전자고지를 받거나 홈택스로 세금신고를 한 납세자는 자동으로 입력된 납부 관련 정보를 확인하고, 은행 계좌내역을 입력해 간편하게 납부할 수가 있다.

홈택스를 통해서 민원증명도 손쉽게 발급받을 수 있다. 특히 영문으로 된 사업자등록증도 발급이 가능하다. 홈택스에서 발급받을 수 있는 주요 민원증명은 다음과 같다.

주요 민원증명

납세증명서, 사업자등록증명, 휴업사실증명, 폐업사실증명, 소득금액증명, 납세사실증명, 부가가치세과세표준증명, 부가가치세면세사업자수입금액증명, 표준재무제표증명(개인/법인), 사업자단위과세적용종된사업장증명, 연금보험료등 소득·세액 공제확인서, 모범납세자증명, 근로(자녀)장려금 수급사실 증명

4대사회보험 정보연계센터

4대사회보험 정보연계센터(www.4insure.or.kr)는 사업장 기준과 개인 기준으로 나뉜다. 담당자는 사업장회원으로 가입해 현재 근무하고 있는 회사의 4대 보험 관련 업무 현황 및 신고 업무 등을 실시간으로 체

| 4대사회보험 정보연계센터

대한민국 법원 인터넷등기소

크할 수 있다.

마지막으로 회사와 관련해 법인등기부등본이나 부동산등기부 등본 정도는 확인할 수 있어야 할 것이다.

이외에 대한민국 법원 인터넷등기소(www.iros.go.kr)에서 등기부등본 정도는 떼어보도록 하자. 거래처 상대 회사에 대해서 상호만 알면 언제든지 확인하고 떼어볼 수 있다. 본인이 다니는 회사의 법인등기부등본이나 회사 건물의 부동산등기부등본을 열람해보자.

04 | 사업자등록과 사업자등록증 받기

회계 담당자는 거래처들과 처음 거래할 때 항상 사업자등록증을 먼저 받는 습관을 가져야 한다. 상대 사업자에 대한 기초적인 정보를 확인할 수 있기 때문이다. 이를 기준으로 세금계산서를 발행하게 되는 것이다. 모든 사업자는 사업을 시작할 때 반드시 사업자등록을 해야 한다. 기본적으로 사업자등록을 어떻게 하는지, 어떤 정보를 확인할 수 있는지 알아보자.

사업자등록은 사업장마다 해야 하며 사업을 시작한 날로부터 20일 이내에 다음의 구비서류를 갖추어 사업장 소재지 관할세무서 민원봉사실에 신청하면 된다.

사업자등록증 신청을 위한 준비 서류

- 사업자등록신청서 및 대표자 신분증
- 임대차계약서 사본(사업장을 임차한 경우에만) 또는 부동산등기부등본 사본
- 사업허가증·등록증 또는 신고필증 사본(허가를 받거나 등록 또는 신고를 해야 하는 사업의 경우에만 해당)

• 2인 이상 공동으로 사업을 하는 경우에는 동업계약서

    사업을 시작한 날이란 사업자등록은 세법에서 규정하고 있는 제도로서 그에 따라 세법을 검토해보면 "사업개시일로서 용어를 쓰고 있으며 재화 또는 용역의 공급을 개시한 날"로 정의되고 있다. 중요한 것은 위의 등록은 늦어도 20일 이내에 하라는 것이지 사업을 시작하기 전에 등록을 하는 것은 상관이 없다. 단지 실무상 사업자등록을 하려면 가장 중요한 사업장에 대한 증빙 서류가 있어야 하는데, 일반적으로는 사업장을 임차하기 때문에 임대차계약서가 있어야 한다. 당연히 본인이 소유한 건물에서 사업을 한다면 부동산등기부등본을 가지고 가면 된다.

홈택스에서 사업자등록 신청하기

사업자등록증 발급기간은 보통 3일 이내다. 그러나 세무서에서 사업장을 확인해야 하는 경우에는 기간이 더 소요될 수 있다. 사업자등록증을 즉시 발급해주지 않고 발급기간을 두고 있는 이유 중 하나는 가짜 사업자가 아닌지 확인하려고 하는 데 있다. 가장 대표적으로 개별소비세 과세대상인 유흥업소의 경우 매우 높은 세 부담으로 바지사장을 내세워 개별소비세 과세대상이 아닌 일반음식점으로 사업자등록을 내고 신용카드 단말기를 설치하기도 한다. 실질적으로 유흥업소 소비자들로부터 카드 결제를 받게 되면 일반음식점 단말기로 몰래 결제하는 것이다.

홈택스에서 편리하게 사업자등록신청은 물론 정정신고도 가능하다.

만약 사업개시일부터 20일 이내에 사업자등록을 하지 않으면 다음과 같은 불이익을 받게 되므로 주의해야 한다. 공급가액의 1%의 가산세를 물어야 하는데, 공급가액이란 부가가치세(10%)가 포함된 매출액에서 부가가치세를 제외한 금액을 의미한다. 즉 사업자등록을 하지 않고 한 달 정도 사업을 했는데 한 달 매출이 1,100만 원이라고 하자. 이때 공급가액은 1천만 원이고 부가가치세가 포함된 1,100만 원을 공급대가라고 하며, 가산세는 10만 원이 된다. 그보다 더 큰 불이익은 매입세액을 공제받을 수 없게 된다는 것이다. 즉 사업자등록을 하지 않으면 세금계산서를 교부받을 수 없어 상품을 구입할 때 부담한 부가가치세를 공제받지 못하게 된다.

관할관청의 허가·신고·등록 대상 업종인 경우에는 사업자등록신청 시 허가(신고·등록)증 사본을 제출해야 한다. 주요 인허가 업종은 다음 페이지를 참고하면 된다.

| 사업자에 따른 사업자등록증

사 업 자 등 록 증
(간이과세자)

등록번호 : 110-00-33922

상   호 : 유진세무회계사무소
성   명 : 유양훈   생 년 월 일 :
개업 년월일 : 2014 년 01 월 20 일
사업장소재지 : 서울특별시 은평구 은평로3길

사업의 종류 : [업태] 소매   [종목] 전자상거래업(신발)

교 부 사 유 : 신규
공동 사업자 :

사업자단위과세 적용사업자 여부 : 여( ) 부(∨)
전자세금계산서 전용메일주소 :

2014 년 01 월 15 일
서대문 세무서장 (인)

국세청

사 업 자 등 록 증
(법인사업자)

등록번호 : 105-00-99304

법인명(단체명) : 유진세무회계사무소
대   표   자 : 유양훈

개 업 년 월 일 : 2014년 03월 05일   법인등록번호 : 1
사업장 소재지 : 서울특별시 마포구 독막로
본 점 소 재 지 : 서울특별시 마포구 독막로
사 업 의 종 류 : [업태] 도소매   [종목] 물류중개컨설팅업

교 부 사 유 : 정정

사업자단위과세 적용사업자 여부 : 여( ) 부(∨)
전자세금계산서 전용메일주소 :

2014 년 11 월 21 일
마포 세무서장

국세청

사 업 자 등 록 증
(부가가치세 면세사업자)

등록번호 : 214-00-23013

상   호 : 유진세무회계사무소
성   명 : 유양훈   생 년 월 일 :
개업 년월일 : 2014 년 01 월 02 일
사업장소재지 : 서울특별시 서초구 서초동

사업의 종류 : [업태] 교육서비스   [종목] 외국어학원

교 부 사 유 : 신규
공동 사업자 :

사업자단위과세 적용사업자 여부 : 여( ) 부(∨)
전자세금계산서 전용메일주소 :

2013 년 12 월 23 일
서초 세무서장 (인)

국세청

사 업 자 등 록 증
(일반과세자)

등록번호 : 106-00-55118

상   호 : 유진세무회계사무소
성   명 : 유양훈   생 년 월 일 :
개업 년월일 : 2009 년 07 월 12 일
사업장소재지 : 서울특별시 용산구 효창원로

사업의 종류 : [업태] 서비스   [종목] 축구컨설팅

교 부 사 유 : 정정
공동 사업자 :

사업자단위과세 적용사업자 여부 : 여( ) 부(∨)
전자세금계산서 전용메일주소 :

2014 년 04 월 15 일
용산 세무서장 (인)

국세청

주요 인허가 업종

민원사무명	근거법규	소관부처	비고
건강기능식품일반판매업	건강기능식품에 관한 법률	보건소 보건위생과	신고
건설기계매매업	건설기계관리법	구청 건설관리과	등록
건축사	건축사법	구청 건설관리과	등록
결혼중개소	결혼중개업의 관리에 관한 법률 시행규칙	구청 지역경제과	신고
경비업	경비업법 제4조	지방경찰청	허가
고시원,전화방,화상대화방,수면방,휴게텔,콜라텍	다중이용업소의안전관리에관한특별법	소방서 예방과	완비증명
공인중개사	공인중개사의업무및부동산거래신고에관한법률	구청 지적과	등록
관광숙박업	관광진흥법 제4조	구청 문화체육과	등록
교습소	학원의설립·운영및과외교습에관한법률	교육청 평생교육체육과	신고
노래연습장업	음악산업진흥에관한법률	구청 문화체육과	등록
다단계 판매업	방문판매등에 관한 법률	구청 지역경제과	등록
단란주점 영업	식품위생법 제22조 제1항	보건소 보건위생과	허가
담배수입판매업	담배사업법 제13조	구청 지역경제과	등록
대부중개업	대부업등의등록및금융이용자보호에관한법률	구청 기업지원과	등록
독서실	학원의설립·운영및과외교습에관한법률	교육청 평생교육체육과	등록
동물병원 개설	수의사법 제17조 제3항	구청 지역경제과	신고
목욕탕	공중위생관리법 제3조	보건소 보건위생과	신고
미용업(일반,피부,종합,네일아트포함)	공중위생관리법 제3조	보건소 보건위생과	신고
보험대리점	보험법	금융감독원	등록
비디오방	영화및비디오물의진흥에관한법률, 시행령	구청 문화체육과	등록
산후조리원	모자보건법	보건소 보건지도과	신고
안경업소 개설	의료기사법 제12조의 3항	보건소 의약과	등록
이용업	공중위생관리법 제3조	보건소 보건위생과	신고
인쇄소	인쇄문화산업진흥법	구청 문화체육과	등록
일반여행업	관광진흥법 제4조	구청 문화체육과	등록
학원	학원의설립·운영및과외교습에관한법률	교육청 평생교육체육과	등록

생활공감지도(www.gmap.go.kr)에서는 본인이 사업을 하려면 어떤 인허가를 받아야 하는지 편리하게 확인이 가능하다.

▎생활공감지도

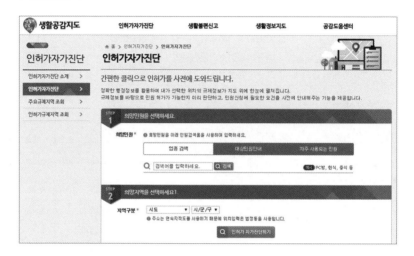

사업자등록을 할 때 확정일자도 함께 받아보자

사업장 건물이 경매 또는 공매되는 경우 임차인이 상가건물임대차보호법의 보호를 받기 위해서는 반드시 사업자등록을 하고 확정일자를 받아야 한다. 즉 주택은 전세계약 등을 한 후 바로 주민센터에 가서 확정일자를 받는데, 사업자 역시 월세계약을 하더라도 일정 보증금이 있기 때문에 이를 세무서에 가서 사업자등록신청을 하면서 원본 임대차계약서를 가지고 가서 받을 수 있다.

건물을 임차하고 사업자등록을 한 사업자가 확정일자를 받아놓으면 임차한 건물이 경매나 공매로 소유권이 넘어가는 경우에도 확정일자를 기준으로 후순위권리자에 우선해 보증금을 변제받을 수 있다.

확정일자는 사업자등록신청서, 임대차계약서 원본, 본인신분증을 가지고 관할세무서 민원실에 가서 신청하면 된다.

사업자등록을 일반과세자로 해야 할까, 아니면 간이과세자로 해야 할까?

부가가치세가 과세되는 사업의 과세유형에는 일반과세자와 간이과세자가 있는데, 사업자등록신청을 할 때 둘 중 하나를 선택해야 한다. 일반과세자와 간이과세자는 세금의 계산방법 및 세금계산서 발행 가능 여부 등의 차이가 있으므로 어느 유형이 자기의 사업에 적합한지 살펴본 후 사업자등록을 해야 한다.

① 일반과세자: 일반과세자는 10%의 세율이 적용되는 반면 물건 등을 구입하면서 교부받은 매입세금계산서에 기재된 부가가치세(이를 '매입세액'이라고 함) 전액을 공제받을 수 있고 세금계산서를 발행할 수 있다. 연간 매출액이 4,800만 원 이상일 것으로 예상되거나, 간이과세로 사업자등록을 할 수 없는 업종 또는 지역에서 사업을 하고자 하는 경우에는 반드시 일반과세자로 사업자등록을 해야 한다.

② 간이과세자: 간이과세자는 0.5∼3%의 낮은 세율이 적용되어 부가가치세 부담은 적지만, 매입세액의 5∼30%만 공제받을 수 있고 세금계산서를 발행할 수 없다. 주로 소비자를 상대하는 업종으로서 연간 매출액이 4,800만 원에 미달할 것으로 예상되는 소규모사업자의 경우에 간이과세자로 등록한다. 그러나 초창기 인테리어 등 목돈이 들어가는 투자에서 부가가치세 환급이 되지 않는다는 점도 검토해야 한다.

③ 과세유형 전환: 일반과세자 또는 간이과세자로 사업자등록을 했다고 해서 그 유형이 변하지 않고 계속 적용되는 것이 아니며 사업자등록을 한 해의 부가가치세 신고실적을 1년으로 환산한 금액을 기준으로 과세유형을 다시 판정한다. 즉 간이과세자로 사업자등록을 했다 하더라도 1년으로 환산한 매출액이 4,800만 원 이상이면 등록일이 속하는 과세기간의 다음다음 기간부터 일반과세자로 전환되며 4,800만 원 미만이면 계속 간이과세자로 남게 된다.

05 | 매출 처리 업무가 중요하다

경리 업무에서는 매출 처리가 가장 중요하다. 그렇기 때문에 집중도 측면에서 먼저 다뤄보고자 한다. 회사에서 매출이 발생한 경우 처리해야 하는 경리 업무에 대해서 살펴보자. 상품 또는 제품 매출 시에는 '매출'이라는 계정과목으로 처리한다. 좀 더 자세하게 수출매출, 국내매출, 제품매출, 상품매출 등으로 구분할 수도 있다. 이는 내부 관리에 따라 세분화해서 기장할 수 있는 것이다.

매출의 항목은 업종별로 다를 수 있다. 일반적으로 완성된 상품을 사다가 파는 유통업의 경우 상품매출이라고 하고, 제조업으로서 여러 원재료 등을 사다가 제조해 판매하는 경우 제조매출이라고 한다. 부동산임대업을 하는 경우에는 매출을 임대료수입이라고 하고, 건설업의 경우 공사수입이라고 표기하기도 한다.

매출 발생 시에는 거래명세표와 세금계산서를 상대 거래처에게 교부해야 한다. 여기에는 매출의 품목, 수량, 단가 등 내용을 기재하게 되며, 이러한 거래명세표는 상대 거래처가 해당 제품 등을 수령했는지 확인할 수 있는 내용이 포함될 수도 있다.

거래명세표

거래명세표는 세법상 적격증빙이 아니지만 실거래를 확인할 수 있는 보조 수단이자 실제 상거래에서 많이 사용된다. 예를 들면 세금계산서 발행 규정에는 A업체(판매처)와 B업체(매입처)가 한 달 동안 10번의 상 거래를 한 경우 판매처인 A업체는 매월 한 번만 해당 매출 건에 대해 서 한 장으로 발행할 수 있도록 하고 있다. 즉 일주일에도 수차례 거래 를 할 때마다 세금계산서를 발행하기 어려운 점을 감안한 것이다. 하 지만 이때 실제 상품 등을 납품했는지 확인하기 위해 서로 거래명세표 등을 주고받는다. 이러다가 일부 반품이 있을 수 있고 많이 거래가 발 생하면 할인도 가능할 것이다.

거래명세표는 세금계산서처럼 고정된 형식이 있는 것은 아니나 일 반적으로 세금계산서상의 필수 기재사항과 유사하게 만들어진다. 공 급하는 자의 사업자번호와 상호, 주소 등이 기재되고 어떤 물건을 언

| 거래명세표

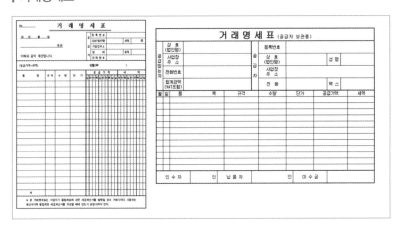

제 납품했는지 등이 나타난다. 또한 누가 언제 상품을 납품했고 누가 수령했는지까지 확인 가능하도록 만든다.

이러한 거래명세표는 차후에 납품 지체에 따른 손해배상 다툼 등에 중요한 증거자료로 활용되곤 한다. 특히 제조업은 일정 납기를 맞추지 못하는 경우 해당 납기 이후 지체상금이 발생하도록 계약을 하게 되는데, 해당 공급계약서와 거래명세표가 중요한 판단 기준이 된다.

따라서 회계 담당자는 이러한 점까지 중요하게 생각해야 한다. 특히 납기가 중요한 제품의 경우 이를 꼼꼼히 체크해서 구매 부서와 납품 부서에 강조하고 교육하는 것도 중요한 일일 것이다.

매출 업무

다음으로 좀 어렵지만 매출에 대한 구체적인 업무에 대해서 알아보자. 상품 등을 판매한 것을 매출이라 하며, 상거래에서 수익을 인식하는 시기인 매출 시기는 매우 중요하다. 왜냐하면 세금계산서 발행시기와 거의 일치하기 때문이다. 세금계산서를 발행 잘 못 하면 가산세가 있기 때문에 회계 담당자는 매우 꼼꼼히 업무처리를 해야 한다.

일반적인 경우 매출 인식 시기(매출 기록)는 상품 등의 인도일자다. 즉 결제를 받는 날 세금계산서를 발행하는 게 아니다. 이때 매출은 어떤 금액으로 해야 할까? 당연히 판매가격에서 해야 하는데, 특별한 경우가 있을 수 있다. 매출에누리, 매출환입은 매출에서 차감해야 한다. 따라서 매출에누리 및 매출환입이 발생한 경우 마이너스 수정세금계산서를 발행해야 하며, 매출액에서 차감하는 형식으로 손익계산서를 작성해야 한다.

매출할인의 경우 매출항목에서 차감하는 시기는 당초 매출이 이루어진 시기가 아닌 실제 매출할인이 발생한 회계연도(사업연도 또는 귀속연도)에 차감한다. 즉 반품, 하자, 할인(약관·규정에 해당되는 것) 등으로 인한 경우 마이너스 세금계산서만 가능하다.

- 매출환입: 매출된 상품이 불량 등으로 반품되는 것
- 매출에누리: 하자나 수량부족 등의 이유로 결제 대금을 깎아주는 것
- 매출할인: 외상대금을 매입자가 약속한 날짜보다 일찍 외상대금을 결제해줄 경우 매출자가 외상매출대금의 일부를 깎아주는 것

구체적인 예를 들어보겠다. 장동건 씨는 사과를 100만 원어치 팔았다. 그런데 1주일 후 상품의 일부가 하자로 사과 20만 원어치를 돌려받았다. 매출환입이 발생한 것이다. 만약 장동건 씨가 사과로 돌려받지 않고 그냥 20만 원을 깎아준다고 했다면 이는 매출에누리 처리해야 한다. 둘 다 용어만 다르고 회계상 처리는 동일하다.

기업회계기준이나 법인세법 모두 매출액에서 차감 형식으로 처리하고, 부가가치세법상 부가가치세 과세표준에서 차감한다. 지금 단계에서는 좀 이해하기 어려울 수 있는데, 결국 회계 담당자는 기존에 발행했던 매출세금계산서 100만 원은 두고 마이너스 수정세금계산서 20만 원을 발행하면 된다. 그렇게 되면 자동으로 매출에서 차감으로 처리될 것이다.

사업자가 본인의 재화 판매 촉진을 위해서 거래상대자의 판매 실적(공급 이후)에 따라 재화 또는 용역의 공급 없이 판매장려금을 금전으

로 지급(또는 수령)하는 경우 당해 판매장려금에 대해서는 부가가치세가 과세되지 않으며, 당초 공급한 과세표준에서 판매장려금 상당액을 공제하면 안 된다. 무슨 말이냐면 금전으로 지급한 판매장려금은 당초 공급가액에서 공제하지 않으므로 수정세금계산서를 발행하면 안 되며, 결국 매출은 그대로이며 판매장려금(판매촉진비)로 비용 처리하는 것이다.

과세표준에 포함하지 않는 것

- 에누리액 및 환입된 재화의 가액
- 공급받는 자에게 도달하기 전에 파손 또는 멸실된 재화의 가액
- 국고보조금
- 공급대가의 지급지연으로 인해 지급받는 이자로서, 계약 등으로 확정된 대가의 지급 지연으로 인해 받는 연체이자

매출 용어의 구분

① 상품매출: 도·소매업의 경우 판매를 목적으로 구입한 상품을 판매하는 것
② 제품매출: 제조회사가 제조한 제품을 판매하는 것
③ 용역수입: 용역매출, 서비스매출이라고도 하며 용역(서비스)을 제공하고 그에 따른 대가를 지급받는 것
④ 공사수입: 건설회사에서 건설용역을 제공하는 것

예를 들어 삼성전자에서 냉장고를 하이마트 등을 통해 최종 소비자에게 판매하는 경우, 삼성전자 입장에서 하이마트에 냉장고를 판매할 때는 제품매출로 인식하고, 하이마트는 최종소비자에게 판매할 때 상품매출로 인식 할 것이다.

---

06 | 증빙관리의 필요성

회사라는 것은 상행위 기타 영리행위를 위해 조직된 단체다. 상행위 기타 영리행위를 하게 됨에 따라 무수히 많은 거래관계가 이뤄지는데, 회계학상 거래라는 것을 증명 또는 확인할 수 있는 일정한 기준이 있어야 한다.

증빙이란 증거다. 따라서 증빙서류란 증거서류를 말한다. 자신이 어떠한 거래를 했다는 증거인 것이다. 가장 대표적인 증빙으로는 우리가 가게에서 물건을 살 때 받는 영수증, 신용카드 매출전표, 세금계산서 등이 있다. 하지만 대표적으로 예를 든 것일 뿐, 어떤 상황에 대해서 객관적으로 입증이 가능하다면 그것이 바로 증빙이 된다. 예를 들어 결혼식 축의금이 지출됐다면 그 결혼식의 객관적인 증거가 될 수 있는 청첩장이 증빙이 될 것이다.

이러한 증빙이 필요한 이유는 바로 돈이 실제로 지출되었는지를 확인하기 위함이다. 만약에 증빙도 없이 사무용품을 샀거나 책을 샀다고 주장해봤자 회계 담당자가 알겠다고 그냥 돈을 주지는 않을 것이다. 그래서 회사 업무에서 발생하는 모든 거래에 대해서는 항상 증빙을 갖춰놓고 있어야 한다. 그래야만 그 거래가 실제로 발생을 했는지를 알 수 있기 때문이다.

또한 요즘은 국세청 전산망의 발달로 인해서 거래하는 쌍방 간의 거래 상황 체크를 통해 불부합 자료(한 쪽은 거래를 했다고 하는데 다른 쪽은 거래를 했다는 자료가 없어서 둘의 거래상태가 일치하지 않는 경우)가 나타나는 사례가 많아졌다. 물론 정상적인 거래라면 서로가 증빙을 내보임으로써 해결되기도 하지만, 정상적인 거래의 경우에도 증빙을 챙겨놓지 않으면 입증을 하기가 어려워 세금을 더 내게 되거나 그걸로 모자라 가산세까지 내야하는 일도 상당히 많다.

따라서 거래 시에는 반드시 세무조사나 자료 요구에 대비해서 철저하게, 서류와 증빙의 구비가 필수적이라 할 수 있다.

증빙이 없다면

만약 증빙이 없다면 그 거래 사실을 아무도 인정해주지 않게 된다. 따라서 그 거래가 매입이었다면 뭘 사지도 않았는데 돈이 밖으로 유출된 것이라 판단할 것이고, 그 거래가 비용과 관련된 것이었다면 실제로 비용이 발생하지도 않았는데 비용을 발생했다고 거짓말을 하고 이익을 적게 만들어서 세금을 덜 낸 것이라고 생각할 수 있다.

또한 그런 일이 계속 발생한다면 그 회사는 양치기 회사가 되어서 그 이후에 실수로 증빙을 누락한 것인데도 고의로 누락했을 거라는 의심을 받을 수도 있다. 실제로 최근에는 실제 발생한 거래가 아닌데도 어떻게든 증빙을 만들어서 합리화시키려는 회사가 늘어남으로 인해서 이런 가짜 증빙으로 인해 불성실한 세금신고가 발생하며 그 증빙

대표적 증빙서류들

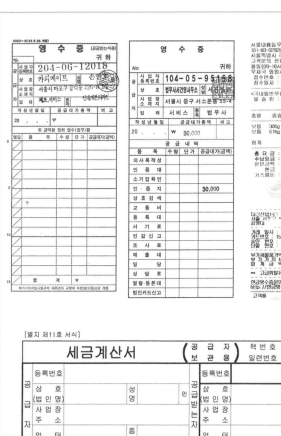

의 신뢰성보다는 그 회사의 신뢰성을 우선적으로 판단하는 경향이 많아지고 있다.

여기서 중요한 핵심은 이러한 거래 관계에 대해서 회계학상과 세법(국세청)에서 인정하는 부분이 다르다는 것이다. 국세청에서 인정하는 개념은 법률뿐만 아니라 다양한 예규 등에 의해서 확인이 가능하며, 어떻게 보면 이를 완전하게 만족시키기는 현실적으로 어렵다.

예를 들어 인터넷 쇼핑몰을 통해서 여성 의류를 판매하는 사업자라면 동대문 등에서 다양한 의류를 대량이 아닌 아이템별로 3~5개씩 사이즈별로 사입을 해서 팔게 되는 경우가 있다. 여성 의류이다 보니 일주일마다 패션 트렌드가 달라지고 잘 팔리는 아이템을 찾기 또한 매우 어렵다고 한다. 특히 동대문 의류 도매상의 경우 새벽에 영업을 하는데 대부분 현금 거래다. 사람들로 붐비고 바쁜 와중에 약 5만 원 소액 의류를 5개 정도 사며 적격증빙인 세금계산서를 주고받는 것은 거의 불가능하다. 이러한 특수한 유통 거래 등도 있으며 적지 않은 산업 비중을 차지하는데도, 실질적으로 국세청에서 이러한 의류 매입에 대해서 거래명세표나 간이영수증을 인정하지 않고 법대로 파악을 해서 세금을 추징한다고 하면 분명히 억울한 부분이 있다.

적격지출증빙

적격증빙, 지출증빙이란 무엇일까? 여기서 지출이란 사업자가 매출을 일으키기 위해서 발생된 모든 비용이다. 세무 관점에서는 이러한 비용을 인정해주기 위한 증거물, 증거서류로서 일정한 요건을 두고 있다. 예를 들어 쇼핑몰을 운영하는 장동건 씨의 경우 매일 동대문에 가서 쇼핑몰에서 팔 각종 의류, 악세사리를 사야 한다. 도매시장의 경우 일반적으로 한밤중에 열기 때문에 직원과 함께 택시를 타고 가서 사입을 하곤 한다. 동대문 시장에 가게 되면 의류 사입만 하는 것이 아니라 요즘 잘 나가는 아이템도 조사하면서 샘플도 구입하게 되고, 직원과 밥도 먹어야 하고, 직원이 힘들어 하면 좀 더 열심히 해보자고 술을 한잔하기도 한다. 그러다 사입이 끝나면 거의 아침이 되기 때문에 직원과 사우나에 가서 잠시 눈도 붙이고 샤워를 하고 곧장 사무실로 출근해야 하곤 한다.

이러한 팔 물건을 사는 과정에서 발생하는 여러 비용들은 당연히 사업 관련 비용으로 매출을 일으키기 위해 지출되는 것들이다. 이에 대해서 모두 비용 인정을 받기 위해서는 돈을 지급하면서 상대방에게 지출증빙이 될 만한 영수증을 받아야 한다. 이때 단순히 지출증빙이 될 만한 영수증이 일정 형식, 요건을 갖춘 영수증이어야 한다고 아래와 같이 세법에서 규정하고 있는 것이다.

법인세법 제116조 【지출증명서류의 수취 및 보관】

① 법인은 각 사업연도에 그 사업과 관련된 모든 거래에 관한 증명서류를 작성하거나 받아서 제60조에 따른 **신고기한이 지난 날부터 5년간 보관하여야 한다.** 다만, 제13조제1호에 따라 각 사업연도 개시일 전 5년이 되는 날 이전에 개시한 사업연도에서 발생한 결손금을 각 사업연도의 소득에서 공제하려는 법인은 해당 결손금이 발생한 사업연도의 증명서류를 공제되는 소득의 귀속사업연도의 제60조에 따른 신고기한부터 1년이 되는 날까지 보관하여야 한다.

② 제1항의 경우에 법인이 대통령령으로 정하는 사업자로부터 재화나 용역을

공급받고 그 대가를 지급하는 경우에는 다음 각 호의 어느 하나에 해당하는 증명서류를 받아 보관하여야 한다. 다만, 대통령령으로 정하는 경우에는 그러하지 아니하다.

1. 「여신전문금융업법」에 따른 **신용카드 매출전표**(신용카드와 유사한 것으로서 대통령령으로 정하는 것을 사용하여 거래하는 경우에는 그 증명서류를 포함한다. 이하 제117조에서 같다)
2. **현금영수증**
3. 「부가가치세법」 제32조에 따른 **세금계산서**
4. 제121조 및 「소득세법」 제163조에 따른 **계산서**

이렇듯 적격지출증빙에 대해서는 구체적으로 나타내고 있으며, 보관기간 5년까지 규정하고 있다. 이때 보관기간은 지출을 한 시점으로부터 5년이 아닌 신고기한으로부터 5년이다. 즉 개인사업자의 경우 2015년 동안 발생된 지출에 대해서 2016년 5월 말일까지 종합소득세 신고를 해야 하므로 2015년 지출된 증빙은 2016년 6월 1일부터 5년, 즉 2021년 5월까지 보관해야 한다. 법에서 열거한 지출증빙은 신용카드 전표(직불카드 포함), 현금영수증, 세금계산서, 계산서다. 여기서 현금영수증이란 일반 간이영수증이 아닌 국세청 홈택스(www.hometax.go.kr) 시스템을 통해 발급된 영수증을 말한다.

그렇다면 사업자가 지출증빙에 대해서 법에서 열거된 일정 형식의 증거서류를 갖추지 못한 경우에는 어떻게 될까? 비용으로 인정받지 못하는 걸까? 그렇지 않다.

세법의 대원칙은 실질과세 원칙이다. 법에서 열거한 적격증빙이라는 것은 어떻게 보면 납세자에게 일정한 협력 의무를 지우는 것이다. 이러한 협력 의무를 이행하지 않는다고 비용으로 무조건 인정하지 않으면 실제 이익이 나지 않은 사업에 대해서 무리한 세금을 부과하게 된다. 따라서 이때는 가산세를 부과해 납세 협력 의무를 이행하도록 하는 것이다. 자동차 운전자가 과속을 했다고 자동차 운전 자체를 못하게 하지는 않고 대신 과태료를 부과해 일정한 질서를 따라 운행하도록 유도하는 것과 비슷하다고 볼 수 있다.

또한 이러한 적격증빙을 수취해야 하는 규정에는 당연히 예외 규정도 있다. 사업을 하면서 모든 지출에 대해서 적격증빙을 받을 수 있지는 않을 것이다. 앞의 예처럼 택시를 탄 경우나 사우나를 간 경우에는 일반 영수증을 받을 수밖에 없는 상황이 많을 것이다. 이러한 예외에 대해서 세법에서는 구체적으로 규정하고 있으며 그 내용은 아래와 같다.

법인세법 시행령 제158조 [지출증빙서류의 수취 및 보관]

① 법 제116조제2항 각 호 외의 부분 본문에서 "대통령령으로 정하는 사업자"란 다음 각 호의 어느 하나에 해당하는 사업자를 말한다.

　1. 법인. 다만, 다음 각목의 1에 해당하는 법인을 제외한다.
　　가. 비영리법인(제2조제1항의 규정에 해당하는 수익사업과 관련된 부분은 제외한다)
　　나. 국가 및 지방자치단체
　　다. 금융보험업을 영위하는 법인(「소득세법 시행령」 제208조의2제1항제3호의 규정에 의한 금융·보험용역을 제공하는 경우에 한한다)

라. 국내사업장이 없는 외국법인

2. 「부가가치세법」 제3조에 따른 사업자. 다만, **읍·면지역에 소재하는 「부 가가치세법」 제61조에 따른 간이과세자로서 「여신전문금융업법」에 의 한 신용카드가맹점**(이하 "신용카드가맹점"이라 한다) 또는 「**조세특례제한 법」 제126조의3에 따른 현금영수증가맹점**(이하 "현금영수증가맹점"이라 한다)**이 아닌 사업자를 제외한다.**

3. 「소득세법」 제1조의2제1항제5호에 따른 사업자 및 같은 법 제119조제3 호 및 제5호에 따른 소득이 있는 비거주자. 다만, 같은 법 제120조에 따 른 국내사업장이 없는 비거주자를 제외한다.

② 법 제116조제2항 각 호 외의 부분 단서에서 "대통령령으로 정하는 경우"란 다음 각 호의 어느 하나에 해당하는 경우를 말한다. 〈개정 2003.12.30, 2005.2.19, 2006.2.9, 2007.2.28, 2008.2.29, 2009.2.4, 2011.6.3〉

1. **공급받은 재화 또는 용역의 건당 거래금액**(부가가치세를 포함한다)**이 3만 원 이하인 경우**

가. 삭제 〈2009.2.4〉

나. 삭제 〈2009.2.4〉

다. 삭제 〈2009.2.4〉

2. **농·어민**(한국표준산업분류에 의한 농업중 작물재배업·축산업·복합농업, 임업 또는 어업에 종사하는 자를 말하며, 법인을 제외한다)**으로부터 재화 또는 용역 을 직접 공급받은 경우**

3. 「소득세법」 제127조제1항제3호에 규정된 원천징수대상 사업소득자로부 터 용역을 공급받은 경우(원천징수한 것에 한한다)

4. 제164조제7항제1호의 규정에 의한 용역을 공급받는 경우

5. 기타 기획재정부령이 정하는 경우

③ 법 제116조제2항제1호에서 "대통령령으로 정하는 것"이란 「여신전문금융 업법」에 의한 직불카드, 외국에서 발행된 신용카드 및 「조세특례제한법」 제 126조의2제1항의 규정에 의한 선불카드(이하 이 조에서 "직불카드등"이라 한 다)를 말한다. 〈개정 2003.12.30, 2005.2.19, 2007.2.28, 2011.6.3〉

④ 다음 각 호의 1에 해당하는 증빙을 보관하고 있는 경우에는 법 제116조제2항제1호에 규정된 신용카드 매출전표를 수취하여 보관하고 있는 것으로 본다. 〈신설 2002.12.30, 2003.12.30, 2005.2.19〉

    1. 「여신전문금융업법」에 의한 신용카드업자로부터 교부받은 신용카드 및 직불카드등의 월별이용대금명세서
    2. 「여신전문금융업법」에 의한 신용카드업자로부터 전송받아 전사적자원관리시스템에 보관하고 있는 신용카드 및 직불카드등의 거래정보(「국세기본법 시행령」 제65조의7의 규정에 의한 요건을 충족하는 경우에 한한다)

⑤ 법인이 다음 각 호의 어느 하나에 해당하는 지출증명서류를 받은 경우에는 법 제116조제1항에 따라 지출증명서류를 보관한 것으로 보아 이를 별도로 보관하지 아니할 수 있다. 〈신설 2013.2.15, 2013.6.28〉

    1. 「조세특례제한법」 제126조의3제4항에 따른 현금영수증
    2. 법 제116조제2항제1호에 따른 신용카드 매출전표
    3. 「부가가치세법」 제32조제3항 및 제5항에 따라 국세청장에게 전송된 전자세금계산서
    4. 「소득세법 시행령」 제211조제8항에 따라 국세청장에게 전송된 전자계산서

⑥ 직전 사업연도의 수입금액이 20억 원(사업연도가 1년 미만인 법인의 경우 20억 원에 해당 사업연도의 월수를 곱하고 12로 나누어 산출한 금액) 이상으로서 법 제116조에 따라 지출증명서류를 수취하여 보관한 법인은 기획재정부령으로 정하는 지출증명서류 합계표를 작성하여 보관하여야 한다. 〈신설 2016.2.12.〉

시행규칙
2014.07.22

제79조【지출증빙서류의 수취 특례】
영 제158조제2항제5호에서 "기타 기획재정부령이 정하는 경우"란 각 호의 어느 하나에 해당하는 경우를 말한다.

1. 「부가가치세법」 제10조의 규정에 의하여 재화의 공급으로 보지 아니하는 사업의 양도에 의하여 재화를 공급받은 경우
2. 「부가가치세법」 제26조제1항제8호에 따른 방송용역을 제공받은 경우
3. 「전기통신사업법」에 의한 전기통신사업자로부터 전기통신용역을 공급받은 경우. 다만, 「전자상거래 등에서의 소비자보호에 관한 법률」에 따른 통신판매업자가 「전기통신사업법」에 따른 부가통신사업자로부터 동법 제4조제4항에 따른 부가통신역무를 제공받는 경우를 제외한다.
4. 국외에서 재화 또는 용역을 공급받은 경우(세관장이 세금계산서 또는 계산서를 교부한 경우를 제외한다)
5. 공매·경매 또는 수용에 의하여 재화를 공급받은 경우
6. 토지 또는 주택을 구입하거나 주택의 임대업을 영위하는 자(법인을 제외한다)로부터 주택임대용역을 공급받은 경우
7. 택시운송용역을 제공받은 경우
8. 건물(토지를 함께 공급받은 경우에는 당해토지를 포함하며, 주택을 제외한다)을 구입하는 경우로서 거래내용이 확인되는 매매계약서사본을 법 제60조의 규정에 의한 법인세과세표준신고서에 첨부하여 납세지 관할세무서장에게 제출하는 경우
9. 「소득세법 시행령」 제208조의2제1항제3호의 규정에 의한 금융·보험용역을 제공받은 경우
9의2. 국세청장이 정하여 고시한 전산발매통합관리시스템에 가입한 사업자로부터 입장권·승차권·승선권 등을 구입하여 용역을 제공받은 경우
9의3. 항공기의 항행용역을 제공받은 경우
9의4. 부동산임대용역을 제공받은 경우로서 「부가가치세법 시행령」 제65조제1항을 적용받는 전세금 또는 임대보증금에 대한 부가가치세액을 임차인이 부담하는 경우
9의5. 재화공급계약·용역제공계약 등에 의하여 확정된 대가의 지급지연으로 인하여 연체이자를 지급하는 경우
9의6. 「한국철도공사법」에 의한 한국철도공사로부터 철도의 여객운송용역을 공급받는 경우
10. 다음 각 목의 어느 하나에 해당하는 경우로서 공급받은 재화 또는 용역의 거래금액을 「금융실명거래 및 비밀보장에 관한 법률」에 의한 금융기

관을 통하여 지급한 경우로서 법 제60조의 규정에 의한 법인세과세표준신고서에 송금사실을 기재한 경비 등의 송금명세서를 첨부하여 납세지 관할세무서장에게 제출하는 경우

가. 「부가가치세법」 제61조를 적용받는 사업자로부터 부동산임대용역을 제공받은 경우

나. 임가공용역을 제공받은 경우(법인과의 거래를 제외한다)

다. 운수업을 영위하는 자(「부가가치세법」 제61조를 적용받는 사업자에 한한다)가 제공하는 운송용역을 공급받은 경우(제7호의 규정을 적용받는 경우를 제외한다)

라. 「부가가치세법」 제61조를 적용받는 사업자로부터 「조세특례제한법 시행령」 제110조제4항 각호의 규정에 의한 재활용폐자원 등이나 「자원의 절약과 재활용촉진에 관한 법률」 제2조제2호에 따른 재활용가능자원(동법 시행규칙 별표 1 제1호 내지 제9호에 열거된 것에 한한다)을 공급받은 경우

마. 「항공법」에 의한 상업서류 송달용역을 제공받는 경우

바. 「공인중개사의 업무 및 부동산 거래신고에 관한 법률」에 따른 중개업자에게 수수료를 지급하는 경우

사. 「복권 및 복권기금법」에 의한 복권사업자가 복권을 판매하는 자에게 수수료를 지급하는 경우

아. 「전자상거래 등에서의 소비자보호에 관한 법률」 제2조제2호 본문에 따른 통신판매에 따라 재화 또는 용역을 공급받은 경우

자. 그 밖에 국세청장이 정하여 고시하는 경우

11. 「유료도로법」에 따른 유료도로를 이용하고 통행료를 지급하는 경우

일반과세자 부가가치세 흐름도

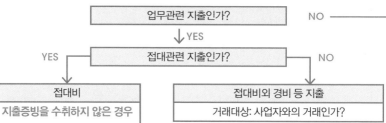

접대비	접대비외 경비 등 지출
지출증빙을 수취하지 않은 경우 • 비용으로 인정하지 않으며, 대표 이사 또는 사용자에 대한 상여 등으로 처분함 • 비용으로 인정되지 않았으므로 증빙불비가산세는 적용안됨	**거래대상: 사업자와의 거래인가?**

공급대가: 재화 또는 용역의 공급대가인가?

거래단위: 3만 원(부가세포함)**을 초과하는 거래인가?**

지출증빙을 수취한 경우	아래에 해당하는가?(법정증빙 수취의무 면제거래)
① 1회지출 접대비: 1만 원 이하 • 법정, 비법정지출증빙 수취 여부 에 관계없이 접대비한도내에서 비용으로 인정되며, 증빙불비가 산세도 적용안됨 ② 1회지출 접대비: 1만 원 초과 • 법정지출증빙 수취한 경우 접대 비한도내에서 비용으로 인정되 며, 증빙불비가산세도 적용안됨 • 비법정지출증빙 수취한 경우 비 용으로 인정되지 않으며, 기타사 외유출로 소득처분함 비용으로 인정되지 않으며, 증빙불비가산 세도 적용안됨	① 법정증빙 수취대상 제외 사업자 • 국가 및 지방자치단체 • 수입사업을 하지 않는 비영리법인 • 금융·보험업을 영위하는 법인 • 국내사업장이 없는 외국법인 • 국내사업장이 없는 비거주자 • 읍·면 지역 소재 간이과세자 ② 재화·용역의 공급으로 보지 않는 거래 • 기부금 • 거래의 해약으로 인한 위약금 • 판매장려금 • 조합 또는 협회에 대한 경상회비 • 포상금 등 • 종업원에게 지급하는 경조사비 ③ 기타 • 농, 어민과의 거래 • 원천징수대상 사업소득자로부터 제공받은 용역 • 항만공사가 공급하는 화물료징수용역 • 사업의 양도에 의하여 재화를 공급받은 경우 • 방송용역을 제공받는 경우 • 전기통신 용역을 공급받은 경우 • 국외에서 재화·용역을 공급받은 경우 • 공매·경매, 수용에 의하여 재화를 공급받은 경우 • 주택입대용역을 공급받은 경우 • 택시운송용역을 제공받은 경우 • 금융·보험용역을 제공받은 경우 • 입장권, 승차권, 승성권 등을 구입하여 용역을 제 공받은 경우

- 업무관련없는 지출은 증빙수취여부에 관계없이
① 비용불인정, 부가세매입세액 불공제 되며
② 비용으로 인정이 안 되므로 증빙불비 가산세는 적용안됨

- 업무관련없는 지출
출연자인 임원등의 사택유지 관리비, 업무와 관련이 없는 자산 취득·관리 비용 등

"법정지출증빙, 경비등 송금명세서" 수취의무 없음

- 객관적인 자료에 의해 지급사실이 확인되는 경우(비법정지출증빙₂ 수취)에는 비용으로 인정되며, 증빙불비가산세도 적용안됨
- 단, 거래입증자료를 수취하지 않으면 비용으로 인정 안되며, 비용으로 인정받지 못했으므로 증빙불비가산세는 적용안됨
- 법정지출증빙₁
세금계산서, 계산서, 신용카드 매출전표, 현금영수증
- 비법정지출증빙₁
영수증, 금전등록기영수증, 입금증, 입금표, 거래명세서, 인터넷거래명세서, 계약서, 약정서, 원천징수영수증(지급명세서) 등
- 법정지출증빙 수취의무 면제의 예시
① 사용인에 대한 급여나 일용근로자의 노임 등은 거래상대방이 사업자가 아니므로 법정증빙의 대상이 되지 않는 것이며, 원천징수영수증(지급명세서) 등을 수취하면 된다.
② 기부금은 재화 또는 용역의 공급대가 아니므로 법정증빙의 대상이 되지 않는 것이며, 기부영수증을 수취하면 된다.

아래에 해당하는가?
(경비등 송금명세서 제출 거래)
- 간이과세자로부터 제공받는 부동산 임대용역
- 임가공용역(법인과의 거래 제외)
- 간이과세자로부터 제공받는 운송용역
- 간이과세자로부터 제공받는 재활용 폐자원 등
- 영업권·산업재산권 등
- 항공법에 의한 상업서류 송달용역
- 부동산중개수수료
- 복권판매수수료
- 인터넷, PC통신, TV홈쇼핑을 통하여 재화 또는 용역을 공급받은 경우
- 우편주문판매

 YES

"경비등송금명세서"제출 의무 있음

- 법정증빙 수취의무는 없으며, 거래금액을 금융기관을 통해 지급한 경우로서 경비 등 송금명세서 제출한경우에는 비용으로 인정되며, 증빙불비가산세도 적용안됨

- 경비 등 송금명세서를 제출하지 않는 경우 거래입증자료가 있으면 비용은 인정되나, 증빙불비가산세는 적용됨

- 단, 거래입증자료를 수취하지 않으면 비용으로 인정 안되며, 비용으로 인정받지 않았으므로 증빙불비가산세는 적용안됨

↓NO

"법정지출증빙"수취의무 있음

- 법정비출증빙 수취하지 않은 경우 증빙불비가산세가 적용됨
- 객관적자료에 의해 지급사실이 확인되는 경우(비법정비출증빙 수취)에는 비용으로 인정되며, 증빙불비가산세가 적용됨
- 단, 거래입증자료를 수취하지 않으면 비용으로 인정 안되며, 비용으로 인정받지 못했으므로 증빙불비가산세는 적용안됨

07 | 중요한 적격증빙: 세금계산서

경리 업무에서 가장 중요한 부분 중에 하나가 세금계산서와 계산서 관리다. 왜냐하면 세금계산서를 잘못 발행하거나 발행받으면 가산세가 발생되며, 걸릴 가능성 또한 매우 높기 때문이다. 세금계산서와 계산서는 상호 크로스 체킹이 될 수 있는 구조이고 부가가치세의 근간을 시스템적으로 받쳐 주기에 가산세 또한 가장 다양하다.

세금계산서란 영어로 'Tax Invoice'라고 하며 사업자가 재화 또는 용역을 공급할 때 부가가치세를 거래징수하고 이를 증명하기 위하여 공급받는 자에게 발급하는 세금영수증이다. 세금계산서는 공급하는 사업자가 공급자 보관용 영수증(매출세금계산서)과 공급받는 자 보관용(매입세금계산서)으로 2매를 작성해 각자 1매씩 보관 및 신고하게 된다. 발행 과정에서 가장 주의할 점이 있다. 바로 필요적 기재사항을 정확히 작성하는 것이다.

필요적 기재사항은 아래 세금계산서(홈택스: www.hometax.go.kr)에서 네모 칸으로 표시된 부분을 보면 된다.

세금계산서 발급

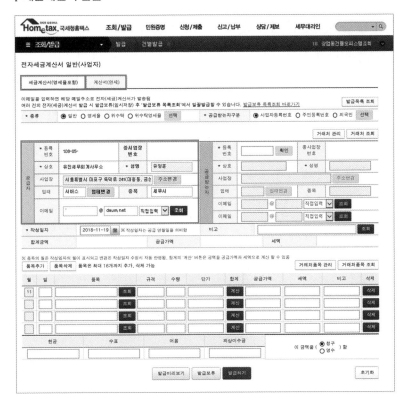

① 공급하는 사업자의 등록번호와 성명

② 공급받는 자의 등록번호

③ 공급가액과 부가가치세액

④ 작성일자

위의 필요적 기재사항의 전부 또는 일부가 기재되지 않았거나 그 내
용이 사실과 다른 경우에는 세금계산서로의 효력이 인정되지 않는다.
그렇다면 효력을 인정하지 않는다는 것은 과연 무슨 말일까? 그리고 어떤 페널티가 있을까?

예를 들어 장동건 씨가 연예기획사를 새로 설립하면서 사무실 인테리어를 한다고 하자. 이때 가구점에 부가세 포함 5,500만 원의 금액을 지불하면서 새로운 사업자등록번호가 아닌 이전 연예기획사의 사업자등록번호로 알려주고 부가세 신고 때 매입세액공제를 받으려고 신고를 했다.

이렇게 되면 필요적 기재사항인 공급받는 자의 등록번호를 잘못 기재했다는 이유로 세금계산서의 효력을 인정받지 못해 부가세 10% 500만 원을 환급받지 못한다. 즉 금전적 손실을 바로 보게 되는 것이다. 따라서 회계 담당자는 이러한 세금계산서 받을 때도 이상이 없는지를 잘 체크해야 할 것이다.

가산세

세금계산서 관리가 중요한 이유 중 하나가 바로 가산세에 있다. 세금계산서는 부가가치세와 연계되어 있어 관련된 가산세가 여러 종류이며, 특히 발급 시에 주의해야 할 점이 많다. 중요하게 체크해야 할 부분을 가산세와 연계해 함께 정리해보았다. 다음 페이지의 표를 참고하자.

가산세의 핵심은 결국 세금계산서 발급시기다. 세금계산서는 원칙적으로 재화 또는 용역의 공급 시기에 발급해야 한다. 단, 일반적인 공급 시기가 되기 전에 대가의 전부 또는 일부를 받고서 이에 대한 세금계산서를 발급한 경우에는 그 발급하는 때를 공급 시기로 보도록 되어 있다. 이때 공급 시기가 뭔지를 정확히 알아야 한다. 낯선 단어일

가산세 발급 시 주의점

구분	내용	발급자	수취자
미발급	• 전자세금계산서 발급의무자가 전자세금계산서 미발급 또는 종이 세금계산서 발급 • 재화·용역의 공급 시기가 속하는 과세기간을 지나서 세금계산서를 발급한 경우	가산세 2%	과세기간 경과 후 수취 시 매입세액 불공제
지연발급	• 발급시기를 경과한 후 공급시기가 속하는 과세기간(특례의 경우 과세기간 말의 다음 달 10일) 이내에 발급하는 경우	가산세 1%	가산세 1%
지연전송	• 발급일 다음 날이 지나서 과세기간 다음 날 11일까지 미전송 예) 2018년 5월 23일 발급한 경우, 2018년 5월 25일~2018년 7월 11일까지 전송	가산세 0.1% (법인은 2014년 1월 1일부터 0.5%)	–
미전송	• 공급 시기가 속하는 과세기간 다음 달 11일까지 미전송 예) 2013년 5월 23일 발급한 경우, 2013년 7월 11일까지 전송	가산세 0.1% (법인은 2014년 1월 1일부터 1%)	–

※ 전자세금계산서 미발급 가산세(공급가액의 2%), 지연발급 가산세(공급가액의 1%)
※ 미전송 가산세(공급가액의 0.3%), 지연전송 가산세(공급가액의 0.1%)
※ 지연발급·미전송·지연전송 가산세에 대해서는 그 의무위반의 종류별로 각각 5천만 원 한도(중소기업기본법 제2조 제1항에 따른 중소기업이 아닌 기업은 1억 원 한도)(단, 미발급 가산세 한도 없음)
※ 과세기간 내 발급: 1~5월 거래분은 6월 30일까지 발급, 6월 거래분은 특례 규정에 의해 7월 10일까지 발급

수가 있지만 회계 담당자로서는 이 '공급 시기'라는 단어를 정확히 알고 있어야 한다.

공급 시기에 대한 부분은 부가가치세법 9조 ①항 [거래시기]에 규정되어 있으며 좀 더 구체적인 내용은 부가가치세법 시행령 21조[재화의 공급 시기]와 22조[용역의 공급 시기]에 나타난다. 국세법령정보시스템에서 한번 찾아보고 읽어보도록 하자.

부가가치세법 제9조【거래 시기】

① 재화가 공급되는 시기는 다음 각 호에 규정하는 때로 한다.

  1. 재화의 이동이 필요한 경우: **재화가 인도되는 때**
  2. 재화의 이동이 필요하지 아니한 경우: 재화가 이용가능하게 되는 때
  3. 제1호와 제2호를 적용할 수 없는 경우: 재화의 공급이 확정되는 때

② 용역이 공급되는 시기는 역무가 제공되거나 재화·시설물 또는 권리가 사용되는 때로 한다.

부가가치세법 시행령 제22조【용역의 공급 시기】

법 제9조제2항에 규정하는 용역의 공급 시기는 다음 각 호에 따른다.

  1. 통상적인 공급의 경우에는 역무의 제공이 완료되는 때

가장 키포인트는 재화의 경우 인도가 되는 때이고, 용역의 공급 시기는 용역의 제공이 완료되는 때다. 이러한 개념을 처음 접하는 경우 매우 어렵게 느껴질 수 있다.

쉽게 예를 한번 들어보자. 장동건 씨가 본인의 캐릭터 인형을 만들

어 일본에 수출을 하려고 한다. 이를 위해서는 캐릭터 인형의 디자인을 디자인 회사에 용역을 맡긴 후 인형을 제작해주는 인형 공장에 주문을 해야 한다. 디자인 용역의 경우 일반적으로 여러 번 수정을 거쳐서 완성하게 될 것이다. 수정이 완료되어 장동건 씨가 "오케이" 하게 되는 경우 용역은 완료된 것으로 본다. 이때 바로 디자인 회사는 세금계산서를 발행하게 되는 것이다.

이후 장동건 씨는 완성된 시안을 받아서 인형 공장에 넘기고, 곧 인형 공장이 생산에 들어갈 것이다. 한 달 후 인형 공장에서 모든 인형을 생산 완료했고 장동건 씨에게 통보했다. 하지만 장동건 씨가 일주일 동안 해외에 있다 보니 인형을 받지는 못했다. 이러한 재화의 공급인 인형 생산 판매 경우 생산이 완료되었다고 세금계산서를 발행해서는 안 된다. 발행받아서도 안 된다. 반드시 장동건 씨에게 배송된 다음 세금계산서를 발행해야 한다.

정리하자면 디자인 용역은 용역이 완료되는 때, 인형 생산 판매의 경우 재화이므로 재화가 인도되는 때에 세금계산서를 발행해야 하는 것이다.

재화나 용역의 매입 시 세금계산서를 발급받아야 부가가치세 매입세액을 공제받을 수 있기에 매우 중요하다. 다음의 경우 부가가치세 매입세액을 공제받을 수 없다.

- 세금계산서를 발급받지 않거나, 필요적 기재사항이 누락 또는 사실과 다르게 기재된 세금계산서인 경우
- 매입처별 세금계산서합계표를 제출하지 않거나 부실 기재한 경우

매입자 발행 세금계산서 제도

▶ 공급자(일반과세자)가 세금계산서를 발급하지 않는 경우, 공급받은 사업자(매입자)가 관할 세무서장에게 '거래사실확인신청'을 하고, 공급자 관할세무서장의 확인을 받아 세금계산서를 발급할 수 있는 제도다.

- 일반과세자로부터 재화·용역을 공급받은 모든 사업자(면세사업자를 포함)는 매입자발행세금계산서를 발급할 수 있다.
- 거래사실 확인을 신청하는 경우 다음과 같은 요건을 갖춰야 한다.
- 세금계산서 발급 시기부터 3개월 이내에 신청해야 한다.
- 거래건별 금액이 10만 원 이상이어야 한다.
- 거래 사실을 입증할 수 있는 영수증 등 서류를 제출해야 한다.
※ 거래금액 및 월별 신청건수 제한은 없다.

▶ 신청인이 매입자발행세금계산서를 발행하고 부가가치세 신고 또는 경정청구를 할 때 매입자발행세금계산서합계표를 제출하는 경우, 매입세액으로 공제받을 수 있다.
- 공급자가 세금계산서를 발급하지 않는 경우에는 매출세액을 납부하여야 함은 물론 공급가액의 2%에 해당하는 세금계산서 관련 가산세와 신고납부불성실 가산세 등을 추가로 물어야 한다.

거짓 세금계산서를 주고받는 경우의 불이익

거짓 세금계산서란 재화·용역의 실물거래 없는 세금계산서 및 필요적 기재사항이 잘못 기재된 세금계산서를 말한다. 거짓 세금계산서를 발급받은 경우에는 매입세액을 공제받을 수 없으며, 공급가액의 2%에 상당하는 세금계산서 관련 가산세, 신고불성실가산세 및 납부불성실가산세를 물어야 한다. 또한 소득금액 계산 시 비용으로 인정받지 못하며, 징역형 또는 무거운 벌금형에 처할 수도 있다.
거짓 세금계산서를 발급한 경우에는 공급가액의 2%에 상당하는 세금계산서 관련 가산세(사업자가 아닌 자가 발급한 경우도 포함)를 물고 징역형 또는 무거운 벌금형에 처할 수도 있다.

- 사업과 직접 관련이 없는 매입세액
- 개별소비세과세대상 승용자동차의 구입과 임차 및 유지에 관련된 매입세액(운수업 및 자동차관련업자가 직접 영업으로 사용하는 것은 제외)
- 접대비지출 관련 매입세액
- 면세사업관련 매입세액 및 토지관련 매입세액
- 사업자등록전 매입세액(다만 공급 시기가 속하는 과세기간이 지난 후 20일 이내에 등록 신청한 경우 등록 신청일부터 공급 시기가 속하는 과세기간 기산일까지 역산한 기간 이내의 것은 가능)

세금계산서를 발급받을 때는 거래상대방의 사업자등록 상태(휴·폐업자인지 여부), 과세유형(일반과세자인지 여부)과 아래의 필요적 기재사항이 정확히 기재되었는지 확인해야 한다.

① 공급자의 등록번호, 성명 또는 명칭
② 공급받는 자의 등록번호
③ 공급가액과 부가가치세액
④ 작성연월일

국세청 홈택스(www.hometax.go.kr)에서 상대방 사업자등록번호를 입력하여 '과세유형 및 휴·폐업 상태'를 상대방 주민등록번호를 입력해 '사업자등록 유무'를 조회할 수 있고, 국세청 홈페이지(www.nts.go.kr)에서 본인의 사업자 등록번호와 상대방 사업장등록번호를 입력하면 '사업자과세유형 및 휴·폐업 조회'를 할 수 있다.

세금계산서 교부

세금계산서는 매우 중요한 적격증빙이며, 사업자 입장에서 매우 중요한 세정 협력 의무 서류이기도 하다. 즉 세금계산서를 잘못 발행하거나 받으면 가산세와 직결되며, 요즘에는 전자세금계산서로서 1년 이내에 잘못이 발견되어 소명 요구를 받게 된다.

세금계산서를 통해서 법인세, 부가가치세, 소득세 계산의 원천이 되는 매출규모를 파악할 수 있으며, 거래상대방의 매출·매입 규모 또한 파악할 수 있다. 이러한 세금계산서는 사업자라면 누구나 의무적으로 발행하고, 수취해야 하는 것이다.

하지만 모든 사업자가 발행해야 하는 것은 아니며, 부가가치세를 면제받는 면세제품 관련 사업을 하는 사업자는 발행하고 싶어도 발행할 수 없다. 따라서 법정증빙으로 인정받는 세금계산서를 교부하기 위해서는 다음의 조건을 만족시켜야 한다.

세금계산서란 부가가치세 납세의무자(일반과세자)로 등록한 사업자가 교부한 세금계산서를 말하는 것이다. 미등록사업자, 간이과세자, 면세사업자 등이 발행한 세금계산서는 법정지출증빙으로서의 효력이 없다. 이 중 면세사업자란 면세물품을 파는 사업자를 말한다. 예를 들면 학원이나 병원은 부가가치세 면세 업종이므로 세금계산서를 발행할 수가 없다. 최근에는 일부 의료 용역(성형 등)이 과세로 전환되기도 했지만 대부분 아직도 면세 용역에 해당한다.

과세사업자도 면세사업자 등록을 하게 되면 면세물품을 팔 수 있고, 면세사업자도 일반과세자 등록을 하게 되면 과세물품을 팔 수 있다. 따라서 계산서를 발행하느냐 세금계산서를 발행하느냐의 결정은

| 사업자별 발행증빙

사업자		물품	발행가능증빙
과세 사업자	일반 과세자	과세물품	세금계산서, 신용카드 매출전표, 현금영수증
		면세물품	계산서, 신용카드 매출전표, 현금영수증
	간이 과세자	과세, 면세물품	신용카드 매출전표, 현금영수증, 영수증
면세사업자		과세물품	세금계산서, 신용카드 매출전표, 현금영수증
		면세물품	계산서, 신용카드 매출전표, 현금영수증

어떤 사업자냐에 달려 있는 것이 아니라 어떤 물품을 파는가에 달려 있는 것이다.

단, 모든 일반과세자도 다음 페이지 표와 같은 영수증교부대상 및 세금계산서 교부의무 면제대상이면 세금계산서를 교부하지 않아도 된다. 하지만 일반과세자는 세금계산서를 발행하는 것이 원칙이기 때문에 영수증교부대상 거래라고 하더라도 상대방이 사업자등록증을 제시하고 세금계산서를 요구하면 발행해주어야 한다. 이 경우에도 목욕업, 여객운송업, 입장권을 발행하는 사업은 교부하지 않는다.

세금계산서를 발행한 뒤에 그 기재사항에 착오 또는 오류가 발생하거나 당초의 거래 내용이 바뀐 경우에는 수정세금계산서를 발행해야 한다. 만일 기재사항에 착오 또는 오류가 발생하거나 당초의 거래 내용이 바뀌었는데도 수정세금계산서를 발행하지 않는다면 사실과 다른 세금계산서가 되어 공급받는 자 입장에서는 매입세액공제가 불가능하고 공급자 입장에서는 세금계산서 미교부가산세가 부과된다.

| 영수증 교부대상

교부의무자	• 소매업 • 음식점업(다과점업을 포함) • 숙박업 • 목욕·이발·미용업 • 입장권을 발행하며 영위하는 사업 • 도정업, 제분업 중 떡방앗간 • 양복점업·양장정업·양화점업 • 건축물 아영건설업 중 주택건설업 • 운수업 및 주차장운영업 • 부동산중개업 • 사회서비스업 및 개인 서비스업 • 가사서비스업 • 간이과세자가 배제되는 전문자격사업 및 행정사업
임시사업장 및 전기사업자의 교부특례자	• 임시사업장 개설사업자가 그 임시사업장에서 사업자가 아닌 소비자에게 재화 또는 용역을 공급하는 경우 • 전기사업법에 의한 전기사업자가 산업용이 아닌 전력을 공급하는 경우 • 전기통신사업법에 의한 전기통신사업자가 전기통신용역을 제공하는 경우 • 도시가스사업법에 의한 도시가스사업자가 산업용이 아닌 도시가스를 공급하는 경우 • 한국지역난방공사가 산업용이 아닌 열을 공급하는 경우

※ 공급받는 사업자가 사업자등록증을 제시하고 세금계산서의 교부를 요구하는 경우에는 영수증을 교부하지 아니하고 세금계산서를 교부한다. 단, 목욕·이발·미용업, 여객운송업(전세버스운송사업 제외), 입장권을 발행해 영위하는 사업의 경우는 상대방이 요구할 경우에도 세금계산서를 교부할 수 없다.
※ 간이과세자가 배제되는 전문자격사업은 다음과 같다.
변호사업, 심판변론인업, 변리사업, 행정사업, 공인회계사업, 세무사업, 경영지도사업, 기술지도사업, 감정평가사업, 손해사정인업, 통관업, 기술사업, 건축사업, 도선사업, 측량사업(사업자에게 공급하는 것 제외)

08 여비교통비와 접대비 증빙 관리하기

회사에서 판공비 지출과 관련해 회계 담당자가 처리하는 증빙 정리 중에 가장 많은 것이 아마 접대비와 여비교통비일 것이다. 여비교통비와 접대비를 각각 어떻게 처리해야 하는지에 대해서 알아보자.

여비교통비 정산에 따른 증빙

여비교통비 지출에 대한 것은 '여비교통비 지급규정'을 작성해 운영하는 것이 바람직하며, 지급규정이 있다 하더라도 그 지출에 대해 법정지출증빙을 당연히 수취해야 한다. 만약 법정지출증빙을 수취할 수 없는 경우에는 지출결의서, 여비교통비명세서, 출장신청서, 출장계획서 등으로라도 지출을 증명해야 한다.

국내출장비는 일반적으로 회사의 출장비규정에 따라 정액으로 지급되며 목적지, 업무내용, 출장비수령인이 기재된 '지출결의서'나 '여비교통비명세서'를 제출하는 것이 실무적으로 많다.

국내출장비(교통비·숙박비 등)는 지급관행상으로는 법정지출증빙을 필수적으로 요구하지 않고 있지만, 유권해석에 따르면 국내출장비가 거래건당 3만 원 초과하는 경우 법정지출증빙을 수취하도록 규정하고 있다. 단, 회사 지급규정에 따라 정액으로 지급되는 일비는 법정지출증빙 제출의 대상이 아니라고 언급하고 있다.

그러나 출장자에게 일비를 제외한 지출내역에 대해 일일이 지출증빙을 요구하는 것은 실무적으로 어려운 일이다. 따라서 실비정산을 할 수 없는 경우에는 여비 등을 급료와 임금의 제수당 등으로 회계처리하고, 근로소득원천징수시 비과세소득으로 세무처리하는 것도 하나의 방법이 될 수 있을 것이다(여비로서 실비변상적인 성질의 금액은 비과세근로소득임).

여비교통비와 관련해 중요한 부가가치세 관련 사항이 있다. 바로 항공요금, KTX(고속철도)요금, 고속버스요금, 철도요금을 지출하면서 이와 관련한 부가가치세 매입세액공제 신청을 할 수 있는지 여부다. 간단히 말해서 '할 수 없다'.

항공이나 KTX 등에 의한 여객운송 용역은 부가가치세 과세대상으로 부가가치세가 포함되어 있다. 그러나 항공에 의한 여객운송 용역을 공급하는 사업자는 영수증 교부의무자의 범위에 해당한다. 사업자등록증을 제시하는 경우도 세금계산서를 발행할 수 없으므로 신용카드로 결제해도 매입세액은 공제받을 수 없다.

| 해외출장비: 여행사를 통한 해외출장 비용의 손금산입여부와 지출증빙

구분		손금 산입여부	지출증빙
① 여행알선 수수료		손금산입	여행사로부터 세금계산서 등의 법정지출증빙 수취	• 여행알선수수료는 부가가치세과세표준으로 하고 항공료 등의 여행경비는 부가가치세과세표준에 포함하지 않음 • 여행알선수수료에 대해서만 여행객에게 세금계산서를 발행할 수 있으며, 항공료 등의 여행경비는 여행객에게 세금계산서를 발행할 수 없음
② 항공료 등 여행 경비*	여행알선수수료와 여행경비를 구분계약하는 경우	손금산입	항공권, 영수증 등	• 실제로 용역을 제공하는 자로부터 법정지출증빙을 수취하여야 함 • "국외에서 재화·용역을 공급받은 경우" 및 "항공기의 항행용역을 제공받은 경우"는 지출증빙수취특례가 적용되어 세금계산서 등의 법정지출증빙 수취의무가 없음
	여행사에서 여행경비를 대신 지급하는 경우	항공권, 영수증 등에 의해서 사업과 관련된 지출임이 확인되는 경우 손금산입		

* 여행경비: 항공료, 숙박비, 교통비, 식사비 등

| 여비교통비 지출증빙

구분		지출증빙	
① 시내 교통비	택시요금	영수증	• 법정지출증빙 수취의무 없음 • 회사관리목적으로 영수증, 승차권의 수취와 함께(없는 경우는 제출 안 해도 됨) • 목적지나 업무내용이 기재된 "지출결의서"나 "여비교통비명세서" 제출
	시내버스요금	영수증 (현실적으로 증빙 수취가 어려움)	
	지하철요금		
	시외버스요금	승차권	
	고속버스요금	승차권	
② 국내 출장비	숙박비	영수증	• 일반적으로 회사의 출장비규정에 의해 정액으로 일비가 지급됨 • 법정지출증빙 수취 의무 없음 • 회사관리목적으로 영수증, 승차권, 항공권 등의 수취와 함께(없는 경우는 제출 안 해도 됨) • 목적지, 업무내용, 출장비수령인이 기재된 "지출결의서"나 "여비교통비명세서" 제출
	식사비(음식비)	영수증	
	항공요금	항공권	
	KTX(고속철도) 요금	승차권	
	고속버스요금	승차권	
	철도요금	승차권	
	시외버스요금	승차권	
	고속도로 통행료	영수증	
③ 해외 출장비	숙박비	영수증	• 일반적으로 항공권요금을 제외하고는 회사의 출장비규정에 의해 정액으로 지급됨 • 법정지출증빙 수취의무가 없음(국외에서 재화 또는 용역을 공급받은 경우 및 항공기의 항행용역을 제공받은 경우는 세금계산서 등의 법정지출증빙수취의무가 없음)
	식사비(음식비)	영수증	
	항공요금	항공권	

구분		지출증빙
④ 주차료	법정지출증빙 (세금계산서 등)	• 국가 또는 지방자치단체에서 운영하는 주차장의 경우에는 법정지출증빙이 필요 없음 • 간이사업자와 거래 시에도 건당 3만 원(2007년까지 5만 원, 2008년 이후 3만 원)을 초과하는 경우는 세금계산서는 수취 못하더라도 신용카드 매출전표, 현금영수증 등의 법정지출증빙을 수취해야 함
⑤ 국외여행사의 여행용역(여행알선수수료 등)	영수증	• 법정지출증빙 수취 의무가 없음 (국외에서 제공받은 재화와 용역에 대해서는 세금계산서 등 법정지출증빙 수취 의무가 없음)
⑥ 국내여행사의 여행용역(여행알선수수료, 비자발급대행수수료 등)	법정지출증빙 (세금계산서 등)	• 여행업은 영수증교부대상 사업자에 해당하는 것이나 그 공급을 받는 자가 사업자등록증을 제시하고 세금계산서의 교부를 요구하는 경우에는 세금계산서를 교부해야 하므로 세금계산서를 수취할 수 있음
⑦ 렌터카 대여비용	법정지출증빙 (세금계산서 등)	• 렌트카업은 영수증교부대상 사업자에 해당하는 것이나 자동차를 대여받는 자가 사업자등록증을 제시하고 세금계산서의 교부를 요구하는 때는 세금계산서를 교부해야 하므로 세금계산서를 수취할 수 있음
⑧ 고속도로통행료, 고속도로통행카드 (충전료 포함)구입, 하이패스카드 (충전료 포함)구입	영수증	• 2008.1.1부터 유료도로의 통행요금에 대해서 전국적으로 전산관리 집계가 노출되므로 「유료도로법」에 따른 유료도로를 이용하고 통행요금을 지불하는 경우 법정지출증빙을 수취하지 않아도 됨

접대비에 따른 증빙

접대비란 영업상 목적으로 거래처 등에 선물이나 식대 등을 지출하는 것을 말한다. 기업이 업무와 관련 없이 지출하는 기부금과 성격이 다르며, 불특정다수에게 지출하는 광고·선전 목적 비용 등과도 구분된다.

접대비는 소비 향락적인 지출로서 조세회피의 수단, 기업의 불건전한 소비지출로 인한 투자 저해 등 여러 사회문제를 야기할 수 있는 것으로 보고, 과세 관청은 세법에서 엄격하게 규정해 일정 금액 이상의 지출에 대해서는 세무상 비용으로 인정하지 않고 있다.

그에 따라 세법에서는 일정 사용 한도를 두고 있다. 다시 말해 일정 한도를 초과하는 경우에는 세무상 계정과목을 접대비로 회계 처리한 다음 세무조정에서 손금불산입(비용불인정)한다. 또한 접대비는 부가가치세 매입세액공제를 받을 수 없다.

접대비는 증빙불비가산세는 별개로 하더라도 그 지출을 증빙할 수 있는 증빙서류는 구비해두어야 세무조정 시 불이익처분을 받지 않는다. 증빙 자체가 없는 경우 접대비를 손금불산입(비용불인정)하고, 대표이사 또는 그 사용자에 대한 상여 등으로 처분하나 법정지출증빙은 아니더라도 관련 영수증을 구비해둔 경우 세무조정 시 접대비를 손금불산입

| 접대비와 유사 계정과목 구분 기준

계정과목	구분 기준	
접대비	업무와 관련된 지출	특정 고객을 위한 지출
광고선전비		불특정 고객을 위한 지출
기부금	업무와 관련 없는 지출	

(비용불인정)하고, 그 소득처분은 기타사외유출로 할 수 있기 때문이다.

이처럼 접대비라는 것은 여러 가지 중요한 이슈가 있으므로 항상 머릿속에 접대비 한도, 증빙처리, 부가가치세 매입세액불공제, 이 3가지를 기억하고 있어야 한다.

접대비와 관련한 대표적인 지출방법으로는 상품권 구입이 있을 것

| 접대비 증빙구분

구분	지출증빙		매입세액 공제여부	비용 인정 여부	증빙불비 가산세 적용여부	비고
1만 원 이하	법정 지출 증빙	세금계산서, 계산서	매입세액 불공제	접대비 한도 내에서 비용 인정	적용 안 됨	적용 안 됨
		신용카드 매출전표(법인카드)				
		신용카드 매출전표 (임직원개인카드)				
		현금영수증				
	비법 정지 출증 빙	영수증	• 매입세액 과 공급 가액이 따로 구분되지 않음 • 따라서 매입세액 자체가 없음	접대비 한도 내에서 비용 인정	적용 안 됨	–
		금전등록기 영수증				
		입금표				
		…				

구분	지출증빙		매입세액 공제여부	비용 인정 여부	증빙불비 가산세 적용여부	비고
1만 원 초과	법정 지출 증빙	세금계산서, 계산서	매입세액 불공제	접대비 한도 내에서 비용 인정	적용 안 됨	공제되지 않는 부가세매입세액은 접대비에 포함하여 비용으로 처리함
		신용카드 매출 전표(법인카드)				
		현금영수증				
	비법정 지출 증빙	신용카드 매출전표 (임직원개인카드)	매입세액 불공제	비용 불인정	적용 안 됨 (비용 인정이 안 되었으므로 증빙불비가산세 적용 안 됨)	• 기타사외유출로 소득처분 • 증빙자체가 없는 경우는 대표이사 또는 사용자에 대한 상여로 소득처분함
		영수증	• 매입세액과 공급가액이 따로 구분되지 않음 • 매입세액 자체가 없음			
		금전등록기 영수증				
		입금표				
		...				

이다. 상품권은 재화 또는 용역이 아니므로 상품권을 구입하는 시점에는 법정지출증빙을 수취하지 않아도 되며, 상품권으로 물건을 구입할 경우 법정지출증빙을 수취해야 한다. 단, 상품권 구매목적이 접대비라면 1만 원 초과 상품권 구매 시 법정지출증빙을 수취해야 한다. 상품권 구매 시 세금계산서는 발행되지 않으므로, 반드시 신용카드로 결제하여 신용카드 매출전표를 수취해야 한다.

| 법정지출증빙 수취여부

구분	법정지출증빙 수취여부		비고
	상품권 구매 시	상품권 사용 시	
일반적인 경우	법정지출증빙 수취의무 없음	상품권사용금액이 3만 원 초과하는 경우 법정지출증빙을 수취해야 함	–
거래처에 접대할 경우	1만 원초과 상품권 구매 시 법정지출증빙을 수취해야 함 *2008년까지 3만 원 2009년 이후 1만 원	상품권사용금액이 1만 원 초과하는 경우 법정지출증빙을 수취해야 함 *2008년까지 3만 원 2009년 이후 1만 원	• 취득한 상품권 가액이 50만 원 이상인 경우 접대상대방별 가액이 50만 원에 미달해도 모든 거래처에 대해 지출내역을 기재해야 함(50만 원 이상 접대비 해당) • 단, 문화상품권은 접대 상대방이 50만 원 이상인 경우에만 50만 원 이상 접대비에 해당함 (2009년 이후 폐지)
임직원에 지급할 경우	법정지출증빙 수취의무 없음. 원천징수영수증 등을 비치하면 됨 *상품권을 임직원에게 지급하는 경우 급여로 보아 다른 급여와 합산해 원천징수해야함	상품권사용금액이 3만 원 초과하는 경우 법정지출증빙을 수취해야 함	• 액면 10만 원 상당의 상품권을 8만 원에 구입하였다 하더라도 액면가액 10만 원을 급여로 지급한 것으로 보아 원천징수해야 하는 것임 • 임직원에게 지급하는 상품권을 급여가 아닌 복리후생비로 계정을 처리하는 경우도 있으나, 이런 경우에도 원칙적으로 해당 직원의 급여에 포함시켜서 원천징수를 해야 하는 것임

회사에서 생산하는 제품을 접대비로 사용하는 경우도 있을 수 있다. 의류를 생산하는 업체가 거래처에 의류를 선물로서 제공하는 경우 세무상 시가로 평가해 접대비로 계상해야 한다.

당해 법인이 직접 생산한 제품 등을 접대행위에 사용한 경우 기업 회계상 장부가액으로 회계 처리해야 하나, 세무상 시가에 의해 접대비가액을 계산해야 한다. 예로 당사 제품(원가 10만 원, 시가 30만 원)을 거래처에 접대 목적으로 무상 제공한 경우, 회계와 세무상 처리 내용은 아래와 같다. 조금 어려울 수 있으나 맛보기로 보기 바란다.

기업회계기준

(차변) 접대비	130,000	(대변) 제품	100,000
		부가가치세예수금	30,000

법인세법

(차변) 접대비	330,000	(대변) 제품	100,000
		부가가치세예수금	30,000
		제품처분이익	200,000

쉽게 설명을 하면 세법에서는 제품을 팔았을 때와 같이 해당 제품에 대한 처분이익을 인식하고 이익만큼 세금을 내도록 하는 것이다.

다음의 접대비조정명세서는 세금신고 시에 부속 명세서로 함께 제출되어야 하는 양식이다. 즉 세금과 직접 관련이 있으므로 꼼꼼히 보면 접대비가 매우 구체적으로 관리되고 보고된다고 느낄 수 있을 것이다.

접대비조정명세서(갑)

■ 법인세법 시행규칙 [별지 제23호서식(갑)] 〈개정 2015.3.13.〉

(앞쪽)

사 업 연 도	. . . ~ . . .	접대비조정명세서(갑)	법 인 명	
			사업자등록번호	

구 분			금 액
① 접대비 해당 금액			
② 기준금액 초과 접대비 중 신용카드 등 미사용으로 인한 손금불산입액			
③ 차감 접대비 해당 금액(①-②)			
일반 접대비 한도	④	1,200만원 (중소기업 2,400만원) × 해당 사업연도 월수( )／12	
	총수입금액 기준	100억원 이하의 금액×20/10,000	
		100억원 초과 500억원 이하의 금액 ×10/10,000	
		500억원 초과 금액×3/10,000	
		⑤ 소계	
	일반수입금액 기준	100억원 이하의 금액×20/10,000	
		100억원 초과 500억원 이하의 금액 ×10/10,000	
		500억원 초과 금액×3/10,000	
		⑥소계	
	⑦ 수입금액 기준	(⑤-⑥)×20(10)/100	
	⑧ 일반접대비 한도액(④+⑥+⑦)		
문화접대비 한도 (「조세특례제한법」 제136조제3항)	⑨ 문화접대비 지출액		
	⑩ 문화접대비 한도액 (⑨과 (⑧×10/100) 중 작은 금액)		
⑪ 접대비 한도액 합계(⑧+⑩)			
⑫ 한도초과액(③-⑪)			
⑬ 손금산입한도 내 접대비지출액(③과 ⑪ 중 적은 금액)			

210mm×297mm[백상지 80g/㎡ 또는 중질지 80g/㎡]

접대비조정명세서(을)

■ 법인세법 시행규칙 [별지 제23호서식(을)] 〈개정 2013.2.23〉

(앞쪽)

사 업 연 도	· · · ~ · · ·	접대비조정명세서(을)	법 인 명	
			사업자등록번호	

1. 수입금액명세

구 분	①일반수입금액	②특수관계인간 거래금액	③합 계 (①+②)
금 액			

2. 접대비 해당 금액

④계 정 과 목						합 계
⑤계 정 금 액						
⑥접대비계상액 중 사적사용경비						
⑦접대비 해당 금액 (⑤ - ⑥)						
⑧신용카드 등 미사용 금액	경조사비 중 기준 금액 초과액	⑨신용카드 등 미사용금액				
		⑩총 초과금액				
	국외지역 지출액 (「법인세법 시행령」 제41조제2항제1호)	⑪신용카드 등 미사용금액				
		⑫총 지출액				
	농어민 지출액 (「법인세법 시행령」 제41조제2항제2호)	⑬송금명세서 미제출금액				
		⑭총 지출액				
	접대비 중 기준금액 초과액	⑮신용카드 등 미사용금액				
		⑯총 초과금액				
	⑰신용카드 등 미사용 부인액 (⑨ + ⑪ + ⑬ + ⑮)					
⑱접 대 비 부 인 액 (⑥ + ⑰)						

210mm×297mm[백상지 80g/㎡ 또는 중질지 80g/㎡]

09 | 현금영수증 가입의무자인지, 발행의무자인지 확인하자

회계 담당자는 당해 회사가 세무적으로 어떤 협력 의무를 부담하고 있는지를 항상 머릿속에 가지고 있어야 한다. 그중 중요한 부분이 당해 회사가 현금영수증 가맹점 가입 및 발급 의무를 가지고 있는지다.

국세청에서는 음식점이나 전문직 업종 등 소비자들이 현금으로 결제하는 비중이 높은 업종을 대상으로 세원 노출을 위해서 현금영수증 의무 발행 제도를 시행하고 있다. 즉 소비자들에게는 소득공제 혜택을 주고, 사업자들에게는 발행하지 않으면 세무조사나 무거운 과태료를 부가함으로서 세원 노출이 꽤 많이 이뤄지게 되었다.

다음 내용은 국세청의 안내 자료다. 만약 담당자가 근무하는 회사가 다음에 나오는 업종에 해당하면 자세히 읽어보고 실행해야 한다. 과태료가 무려 50%다. 개인사업자의 경우 현금매출 1천만 원을 누락신고해서 차후에 걸리면, 현금영수증 과태료 50%와 종합소득세 및 주민세, 가산세까지 1천만 원을 그대로 세금으로 내야 할 수도 있다.

현금영수증 발급의무

① 발급의무금액 확대

2014.7.1부터 현금영수증 발급의무금액이 30만 원 이상에서 "10만 원" 이상으로 확대 시행됩니다. 현금영수증 의무발행업종 사업자는 건당 거래금액이 30만 원 이상(2014.7.1 이후부터는 10만 원 이상)인 재화 또는 용역을 공급하고 거래대금을 현금으로 받은 경우 거래상대방의 발급요구와 관계없이 현금영수증을 의무적으로 발급하여야 합니다.

※ 발급의무금액 30만 원 →10만 원 이상 확대는 2014.1.1 관련 세법이 개정되었으며, 2014.7.1 이후 거래분부터 시행

② 발급의무 업종

소득세법시행령 별표3의 3에 규정된 현금영수증 의무발행업종 사업자가 그 대상입니다.

③ 발급 시 유의사항

거래상대방이 현금영수증 발급을 요청하지 않아 인적사항을 모르는 경우에도 거래일로부터 5일 이내 국세청 지정코드(010-000-1234)로 현금영수증을 자진 발급하여야 합니다.

④ 발급의무 위반 시 불이익

2013.1.1부터는 현금영수증 가맹점에 가입하지 않은 경우에도 30만 원 이상(2014.7.1 이후는 10만 원 이상) 현금거래에 대해서는 발급의무가 있으며(현금영수증 미발급 시 미발급금액의 50%에 해당하는 금액이 과태료로 부과됩니다), 현금영수증 의무발행업종 사업자는 10만 원 미만의 현금거래에 대해서도 거래상대방의 현금영수증 발급요구 시 발급을 거부할 수 없도록 하고 있습니다.

▌현금영수증 의무발행업종

사업서비스업	변호사업, 공인회계사업, 세무사업, 변리사업, 건축사업, 법무사업, 심판변론인업, 경영지도사업, 기술지도사업, 감정평가사업, 손해사정인업, 통관업, 기술사업, 도선사업, 측량사업, 공인노무사업
보건업	종합병원, 일반병원, 치과병원, 한방병원, 일반의원, 기타의원, 치과의원, 한의원, 수의업
숙박 및 음식점업	일반유흥주점업(「식품위생법 시행령」 제21조제8호다목에 따른 단란주점영업 포함), 무도유흥주점업, 관광숙박시설운영업, 출장 음식 서비스업
교육서비스업	일반교습학원, 예술학원, 운전학원, 스포츠 교육기관, 기타 교육지원 서비스업
기타 업종	골프장업, 장례식장업, 예식장업, 부동산중개업, 산후조리원, 시계 및 귀금속 소매업, 피부미용업, 기타 미용관련 서비스업, 실내건축 및 건축마무리 공사업(도배업만 영위하는 경우 제외), 결혼사진 및 비디오 촬영업, 맞선주선 및 결혼상담업, 의류임대업, 포장이사운송업, 자동차 부품 및 내장품 판매업, 자동차 종합 수리업, 자동차 전문 수리업, 전세버스 운송업, 가구 소매업, 전기용품 및 조명장치 소매업, 의료용 기구 소매업, 페인트·유리 및 그 밖의 건설자재 소매업, 안경 소매업, 운동 및 경기용품 소매업, 예술품 및 골동품 소매업, 중고자동차 소매업 및 중개업

※ 손발톱 관리 미용업(네일샵)과 인물사진 및 행사용 영상 촬영업, 악기 소매업, 자전거 및 기타 운송장비 소매업, 골프연습장 운영업이 2019년도부터 추가

현금영수증 가맹점으로 가입한 사업자는 소비자가 현금영수증 발급을 요청하는 경우 발급을 거부하거나 사실과 다르게 발급해서는 안 된다. 특히 가맹점으로 가입해야 하는 현금영수증 의무발행업종 사업자는 10만 원 이상의 현금 거래 시 소비자가 발급을 요청하지 않더라도 발급해야 한다. 만약 소비자의 신분인식수단을 모르는 경우에는 국세청 지정코드(010-000-1234)로 발급해야 한다.

| 현금영수증 의무발행업종 발급의무

구분	발급의무 위반	불이익
미발급	10만 원 이상 거래에 대해 발급요구와 관계없이 발급을 하지 않은 경우	미발급금액의 50% 과태료 부과
발급거부	10만 원 미만 거래에 대해 현금영수증 발급요구를 거부한 경우	발급거부금액의 5% 가산세 부과 등
허위(가공)발급	현금영수증을 허위 또는 가공으로 발급한 경우	허위·가공 발급금액의 2% 가산세 부과

※미발급과태료 부과 사례

① 공인중개수수료 50만 원을 현금 수령 후 현금영수증 미발급 → 해당 금액의 50%(25만 원) 과태료 부과

② 이삿짐센터가 포장이사비 200만 원에 대해 현금영수증 미발급 → 해당 금액의 50%(100만 원) 과태료 부과

실무상 가장 중요한 핵심사항은 바로 국세청에 현금영수증 발급을 거부했다는 신고가 되면 매우 골치가 아프게 된다는 것이다. 즉 소비자가 현금영수증 발급을 요청하면 무조건 해줘야 한다. 또한 요청하지 않아도 발급해야 하는 업종도 있음을 기억하자.

현금영수증 미발급 신고는 소비자 입장에서 매우 간단히 처리할 수 있다. 전화할 필요도 없이 인터넷(홈택스: www.hometax.go.kr)으로 손쉽게 제보할 수 있으므로 괜히 현금영수증 발행을 소극적으로 하면 안된다. 세무서로부터 한 달 이내 전화가 올 것이다. 저자인 본인도 세무사이지만 세무서로부터 전화가 오면 괜히 마음이 불편하다. 사업자 입장에서는 더더욱 괴로울 것이다.

현금영수증 발급 거부 신고

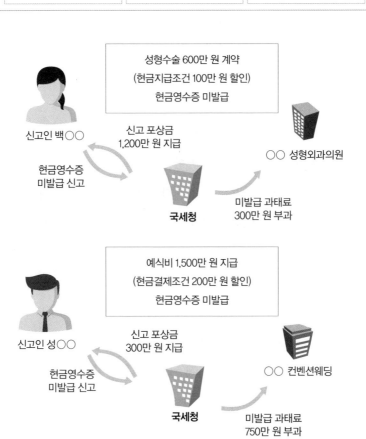

10 | 회계 담당자의 마음가짐

회계 담당자는 회사의 총괄적인 업무를 하게 된다. 다시 말하면 영업과 기술, 제조 부서와 긴밀한 대화와 소통이 필요하며, 이를테면 '사내 정치'도 할 줄 알아야 한다. 그러기 위해서는 회계 담당자 본인이 회사의 회사 대표 입장에서 창업 단계부터 경영 전반에 대한 기본적인 지식을 공부해야 한다.

가장 좋은 방법은 창업 절차부터 전체적으로 이해를 하고 상상을 하면서 내가 만약 현재 회사가 하고 있는 업종을 설립한다면 어떻게 해야 할지를 적어보는 것이다. 회사 설립 후에는 어떻게 기술개발을 해서 영업을 해야 할지, 영업은 어디로 주로 가서 해보면 좋을지 등을 공부해보는 것이다.

더 나아가 자금이 부족하면 국가의 보조금이나 대출은 어떻게 받으면 좋을지까지 생각하다 보면 부서별 입장을 헤아릴 수 있고 사내 정치 또한 자연스럽게 이루어져, 즐거운 회사 생활뿐만 아니라 더 나아가 회사의 중요한 역할을 수행하게 되는 CFO 등 임원, 대표로 성장할 수도 있을 것이다.

┃ 창업의 계획단계에서 준비할 사항

계획	미리 준비할 사항
1. 개업 예정일	• 개업예정일 예측해 개업 준비
2. 자금계획	• 사업에 필요한 자금 준비
3. 영업전략	• 사업아이템 선정 • 점포, 사무실 준비(입지분석) • 사업타당성 분석 • 고객 관리
4. 직원 관리	• 직원 고용과 관리, 해고
5. 은행거래	• 은행거래, 수표, 어음 등
6. 세금문제	• 사업자등록신청 절차, 부가가치세, 소득세, 원천징수 등

　다음에 나오는 모든 단계에 대해서 한 번씩 고민하고 공부해보자. 특히 미래의 CFO까지 생각한다면 자금(대출 및 투자), 영업, 인력관리, 세금에 대해서는 반드시 공부를 계속해야 한다.

창업준비 10단계

단계	검토해야 할 사항
1. 창업환경 검토	창업환경과 전망, 창업자 적성검사(창업자의 능력·자질·경험), 가정환경, 창업의지, 창업 경영이론 학습, 가족협력 등의 여부
2. 아이템 선택	창업트렌드 분석, 자신에 맞는 아이템 여부, 성장성·안정성 있는 후보 아이템(3~5개)을 선정하고 꾸준히 시장조사 후 최종 아이템 선택
3. 사업타당성 검토	사업의 성공 가능성에 대한 정보를 파악하기 위해 선택 아이템에 대한 상품성, 시장성, 수익성, 안전성(위험요소) 등을 자세하게 검토
4. 시장조사 분석	시장규모, 경쟁사 제품의 경쟁력과 유사제품 분석, 목표 고객 및 수요층의 니즈 분석, 소비자 구성분포와 변화추세 조사, 수요예측 등
5. 상권, 입지선정	입지선정 이유와 경쟁점포 극복방안, 상권 내의 가시성·경제성·편의성 분석, 유동인구와 배후상권, 도로구조 분석
6. 자금계획 수립	창업자금의 용도를 시설자금과 운전자금으로 구분, 자세하게 조사해 자금의 용도와 조달 가능한 자금규모 결정, 창업을 추진하기 위해서 세부적인 자금의 용도와 조달 가능한 자금규모 결정
7. 사업계획서 작성	사업의 개요와 내용, 시장조사 분석, 마케팅계획, 자금수지계획, 사업추진일정 등을 나타내는 자료로 구체적인 내용으로 작성. 예상매출액, 매출원가, 영업이익, 당기순이익, 손익분기점 등을 산출
8. 인테리어 공사, 종업원 채용	고객 편의와 상품을 돋보이게 할 수 있는 디스플레이 전략, 고객의 접근성에 유익한 매장의 인테리어, 고객 친화력이 높은 채용관리 시스템 가동, 고객서비스 경쟁력 강화를 위한 반복 교육
9. 행정 절차	사업자등록, 별도의 영업신고, 소방설비 신고, 인허가사항(법인사업자·개인사업자) 등에 대해 자세하게 검토
10. 창업 및 경영	디스플레이, 간판, 집기 설치, 개업식, 창업 홍보, 업무활동, 영업활동, 인력관리, 경영 계수관리, 주기적 점검 및 보안

▌계획단계에서 체크해야 할 사항

업무 구분	체크해야 할 사항
1. 경쟁관계	• 비교되는 제품이나 서비스를 제공하는 경쟁업체의 강점에 대한 현실적인 평가는 되어 있는가? • 자사 제품과 서비스를 선택할 수 있도록 차별화되어 있는가?
2. 입지·판매방법	• 품목은 무엇이며, 주 고객은 누구인가? • 어떤 방법으로 어떤 가격과 조건으로 팔 것인가? • 시장조사 결과를 반영해 적합한 상권과 입지를 결정했는가?
3. 상품·재료매입	• 무엇을 어디에서 매입할 것인가? • 어떤 조건으로 매입할 것인가?
4. 설비구입·제조방법	• 무엇을 제조하고 무엇을 외주로 줄 것인가? • 기계는 어디에서 구입하고 어떤 설비로 제조할 것인가?
5. 지식·기술·자격	• 기술자나 자격자, 책임자는 누구로 할 것인가? • 해당 분야의 지식이나 경력이 풍부한가?
6. 종업원 확보	• 가족만으로 운영이 가능하겠는가? • 종업원은 어떻게 채용할 것인가?
7. 사업의 형태	• 개인 사업으로 할 것인가? 법인으로 할 것인가? • 프랜차이즈창업과 독립창업 중 어떤 형태로 할 것인가?
8. 사업계획서	• 사업계획서를 작성해보았는가? • 시설자금 및 운영자금은 얼마나 들어갈 것인가?
9. 손익예상	• 매출은 얼마나 될 것인가? • 원가, 판관비, 당기순이익 규모는 산출했는가?
10. 자금조달	• 즉시 준비할 수 있는 자금은 얼마나 되는가? • 필요한 운용자금은 적기에 조달이 가능한가?
11. 세금문제	• 사업자등록은 언제 할 것인가? • 직접 기장할 것인가, 세무대리인에게 맡길 것인가?
12. 개업예정일	• 상호는 정하고 사업자등록은 했는가? • 개업일은 언제가 제일 좋을 것인가?

CHAPTER 2

회계·노무 담당자로서
꼭 알아야 할 회계

회계에 대해서 전혀 모른다면 너무 자세하게 보지 않고 부담스럽지 않게 보고 넘어가도 좋다. 최대한 쉽게 중요한 부분만 설명했고 회계의 분류부터 손익계산서까지 대략적으로 이해할 수 있도록 사례를 넣어서 설명했다.

01 회계란 무엇일까?

사람들이 회계에 대해서 가장 먼저 떠올리는 것은 숫자, 그리고 복잡하다는 것이다. 회계학을 전공하지 않은 이상 사람들은 숫자에 대해서 처음부터 복잡하다는 선입견을 갖고 있는 것 같다. 그런데 사회생활을 하는 데 영어와 함께 가장 중요한 부분이 회계라고 생각한다. 재테크를 위한 주식투자를 위해서 회사의 경영 상태나 실적 등을 파악하는 데 회계만큼 객관적인 자료는 없다. 회계는 경영적인 측면에서의 또 다른 언어다.

회계(Accounting)는 회계 실체의 거래를 기록하는 것이다. 흔히 경리, 장부기장, 부기(book-keeping)를 회계라고 알고 있는데, 회계의 일부만을 강조한 개념이다. 좀 더 포괄적으로 정의하면 회계는 정보 이용자가 합리적인 판단이나 의사결정을 할 수 있도록 경제적 정보를 식별하고 측정해 전달하는 과정이다.

여기서 정보 이용자는 모든 사람이 될 수가 있다. 국가는 국세청, 국민건강보험공단 등 여러 기관을 통해서 국민으로부터 세금 및 준조세 성격의 분담금을 징수한다. 이러한 돈을 국민을 위해서 다양한 곳에 사용하게 되는데, 과연 어디서 얼마큼의 돈을 걷어서 어디에 얼마큼 지출을 했는지 알 수 있는 방법에 회계가 사용된다.

이때 정보 이용자는 바로 국민이 될 수 있고, 국세청 등의 정부기관 입장에서는 공무원이 될 수 있고, 해외에서 대한민국 채권에 투자한 외국인이 될 수도 있는 것이다. 국민은 과연 국가가 제대로 돈을 지출했는지 알고 싶을 것이고, 해외에 있는 투자자들은 대한민국이라는 국가의 재정상태가 어떤지 알고 싶을 것이다. 이러한 돈과 관련된 정보를 파악하는 데 사용되는 언어가 바로 회계다.

회계의 목적

회계는 기업의 재무상태와 성과에 대한 정보를 투자자와 채권자 등 기업 외부의 정보 이용자들에게 제공하는 것을 목적으로 한다. 기업 외부의 정보 이용자들은 회계 정보를 이용해 보다 효율적인 기업을 찾고 구분하게 된다. 즉 기업 외부의 정보 이용자들은 자신들이 가지고 있는 돈 또는 그밖의 경제적인 자산을 좀 더 가치 있는 기업에 투자하게 되며 이로써 자원의 효율적인 배분이 이뤄진다.

또한 기업 내부의 정보 이용자로는 주주를 대표적으로 꼽을 수 있다. 주주들로부터 기업 경영을 수탁받은 경영자는 기업 경영을 통해서 얻은 경제적인 효과 등을 주주들에게 정확하고 객관적으로 보고할 수 있는 자료를 만들기 위한 언어로 회계를 이용한다. 따라서 회계란 정확하고 객관적으로 공통된 언어에 의해서 기록되고 정리되어야 하는 것이다. 이때 사용되는 공통된 언어라는 것이 회계로서 기업회계기준이 사용된다. 기업회계기준은 주제별로 별도의 장을 구성하며, 각 장

한국회계기준원 홈페이지상의 회계기준 자료

은 본문과 부록으로 구성된다. 앞으로 각 항목별로 구체적인 회계 처리에 대해서 궁금한 경우 이를 찾아보면 된다.

기업회계기준 등에 대해서 다양한 정보를 제공하고 있는 한국회계기준원(www.kasb.or.kr) 홈페이지를 직접 방문해보면 실제 어떤 식으로 정리되어 있는지 확인할 수 있다.

보통 회계원리, 중급회계 등의 교과목이 이러한 기업회계기준을 풀어서 예제 등으로 설명해주는 과정이다. 즉 언어를 배우는 과정이라고 할 수 있다. 모든 언어가 그렇듯이 문법만을 배운다고 이를 사용할 수가 없다. 실제 사례 등을 통해서 계속 반복해서 접해봐야 회계학적 마인드를 쌓을 수 있다. 그러기 위해서는 분개부터 차근차근 직접 손으로 써보면서 계정과목에 대해 이해해야 한다.

분개(分介, journalizing)란 구체적인 계정과목과 금액을 정하는 것을 말하며, 거래에 대한 최초의 회계 기록이다. 분개 기록의 형식은 차변에 기록할 계정에 대해서는 왼쪽에, 대변에 기록할 계정에 대해서는 오른쪽에 각각 계정과목과 금액을 표시한다. 이 경우 분개에 있어서도 거래의 이중성의 원칙에 따라 차변금액과 대변금액은 반드시 일치해야 한다. 이에 대해서는 별도의 주제로 구체적으로 알아보고자 한다.

02 | 회계를
    분류해보자

회계란 정보 이용자들이 합리적인 의사결정을 할 수 있도록 기업 실체의 경제적 활동을 측정·기록하고 이에 관한 정보를 수집·요약해 정보 이용자에게 전달하는 과정이다. 이때 정보 이용자를 기준으로 회계를 분류하게 되는데 크게 재무회계와 관리회계, 그리고 세무회계로 분류된다.

재무회계(financial accounting)란 외부 정보 이용자의 경제적 의사결정에 도움을 주기 위한 외부 보고 목적의 회계를 말한다. 주로 투자자(자본), 채권자(부채), 정부(세금)가 주된 이용자다. 재무회계에서 정보 이용자에게 정보를 제공할 때는 재무제표라는 형식을 이용한다. 재무제표는 일정한 규칙에 따라 통일된 양식으로 작성되며, 기업의 재무상태와 경영성과 등의 정보를 제공한다.

보통 재무회계를 알기 위해서는 회계원리부터 시작해 중급회계와 고급회계를 공부하게 된다. 회계원리는 부기의 원리부터 계정과목별 기초적인 지식을 공부하게 된다. 중급회계에서는 보다 깊이 있게 각 계정과목별 처리 방법 등에 대해서 공부하게 된다. 실질적으로 회계

회계의 분류

구분	재무회계	관리회계	세무회계
목적	외부보고	내부보고	세무보고
정보 이용자	투자자, 채권자 등 외부정보 이용자	경영자, 관리자 등 내부정보 이용자	과세관청
작성원칙	한국채택국제회계기준	경제학, 통계학, 심리학 등 다양한 학문	법인세법의 규정
정보의 내용	과거지향적 정보	과거·미래지향적 정보	과거지향적 정보
보고의 형태	재무제표	일정한 형식이 없음	세무조정계산서
분석기법	회계개념	다양한 의사결정기법	세법의 규정
정보의 형태	주로 화폐적 정보	화폐적·비화폐적 정보	화폐적 정보

학적 마인드를 이루기 위해서는 최소한 중급회계까지는 공부를 해야한다고 본다.

관리회계(managerial accounting)란 내부 정보 이용자의 관리 측면에서, 회계학적 도구를 통해서 의사결정에 도움을 주기 위한 내부 보고 목적의 회계를 말한다. 즉 기업 경영자 입장에서 기업 통제와 방향 설정, 장기적인 시설 투자 등을 위한 의사결정에 유용한 정보를 얻기 위해 작성된다. 관리회계는 원가관리회계라는 교과목을 통해서 공부를 하게 된다. 보통 회계원리를 공부한 후 원가관리회계와 중급회계를 동시에 진행하면서 공부를 하게 된다.

세무회계(tax accounting)란 기업회계상 산정된 이익을 기초로 해서 조세부담능력의 기준이 되는 과세소득과 세액의 산정에 관한 재무적 정보를 전달하는 기능을 가진 회계다. 기업회계와 세무회계는 그 목적에서 차이를 갖고 있다. 기업회계는 자산의 과대평가를 금하는 것에 비해 세무회계에서는 항상 과소평가를 금지함으로써 공평한 과세 측면의 부당한 감소를 방지하고 있다. 이와 같이 둘은 회계원칙상 상호 모순되고 대립되기도 한다.

모든 학문이나 새로운 정보 체계에 대해서 처음 접하면 매우 어렵게 느껴진다. 회계의 분류가 아직 생소하겠지만, 구체적인 내용을 접하면 점점 큰 그림이 보일 것이다.

회계감사(Audit)는 회계법인 소속의 공인회계사(CPA)가 하는데, 이때는 재무회계 측면에서의 적정성 여부를 판단하게 된다. 회사의 재무상태 등은 기장을 통해 재무제표가 완성되는데, 이에 대해 회계감사를 한다면 회계사가 재무회계 측면에서 과연 적정하게 기장 등을 했는지 감사(Audit)를 한다고 보면 된다. 그런데 재무회계 측면에서 완성된 재무제표, 특히 손익계산서상의 이익에 대해서 세금을 과세하는 것은 아니다. 즉 국가에서는 세무회계 측면에서 다시 바라보고 과세를 한다. 이러한 부분은 세무조정을 통해서 법인세 신고를 하게 되는데 이는 세무회계 측면에서 회계를 다시 조정한다고 보면 된다. 결국은 세무회계의 가장 큰 정보 이용자는 국가, 즉 국세청이 되는 것이다.

재무회계상의 기업회계기준 등에 맞게 재무제표가 완성되었어도, 다양한 목적을 위한 국세 행정, 공평과세, 효율적인 배분 등을 위해 만들어진 세법과는 상충되는 부분이 있다. 이러한 부분을 조정해 기업회계기준과 세법과의 차이를 찾아서 세법에 맞게 조정하는 것이 바로 세무회계라고 생각하면 된다. 따라서 세무회계는 재무회계를 통한 결산 등이 이뤄지지 않으면 나타날 수가 없는 회계인 것이다.

03 | 계정과목: 거래를 정리하는 기본 단위

거래의 발생과 더불어 나타나는 거래의 8요소의 내용을 조직적이고 체계적으로 기록하고 계산하기 위한 최소 단위를 '계정(Account)'이라고 한다. 이러한 계정의 명칭을 '계정과목'이라고 하며, 이러한 계정과목은 종류나 성질이 다른 다양한 거래를 일관된 기준에 따라서 정리할 수 있도록 하는 기본 단위가 된다.

계정과목을 분류하는 이유는 정확한 기업의 상태를 나타내기 위함이며, 이러한 계정과목을 통해서 기업이 어떠한 상태인지 알 수 있게 된다. 이런 역할을 하는 계정과목은 원래는 회사가 회사의 상황에 맞춰서 임의대로 만들어 쓸 수 있게 하는 것이 바람직하다고 생각하는가? 하지만 그렇게 되면 회사마다 자산, 부채, 자본, 수익, 비용에 대해서 서로 다른 명칭을 사용할 수 있게 되고, 금융기관이나 세무서, 각종 회사와 관련된 이해관계자들에게 많은 혼란이 초래되기 때문에 유사한 항목에 대해서는 그 명칭을 통일해 사용하고 있다.

예를 들어 직원들과의 식대 지출에 대해서 일반적으로 복리후생비 계정과목을 사용하는데, A회사의 경우 부서별로 나눠서 계정을 설정할 수도 있을 것이다. 예를 들면 '영업본부직원회식비' 계정과 '경영지원본부직원회식비' 계정 등으로 나눌 수도 있다. 하지만 이러한 경우 불필요하게 복잡해지고 세분화될 수 있고 나누어서 큰 실익이 없다. 그렇기 때문에 경영관리 측면에서 필요하다면 당연히 내부적인 관리회계 측면에서 별도의 관리를 하면 된다.

한편 계정과목은 회계원칙에 따라 항목을 분류한 임의적인 약속이기 때문에 법적근거나 강제성을 가지는 것은 아니다. 회사의 사정이나 중요도에 따라서 계정을 묶어서 사용하거나 세분화할 수도 있으며, 마땅한 계정과목이 없는 경우 새로 설정하는 것도 가능하다. 그러나 이 과정에서 지켜야 할 것은 한 번 적합한 계정과목을 선택해서 사용한 경우 지속적으로 사용해야 결산 시에 항목별로 정확한 집계가 가능하다.

계정과목은 본래 그 회계상의 거래를 가장 잘 나타낼 수 있는 것으로 결정해야 한다. 따라서 그 계정과목을 보고 어떤 일이 발생했구나 하는 것을 알아야 할 정도로 정확하게 거래의 실질내용이 가장 잘 반영될 수 있는 방향으로 설정해야 한다.

하지만 거래내용을 가장 잘 반영하고 있다고 해도 회사마다 제 나름대로의 계정과목을 만들고, 그 계정과목이 내부에서만 사용되는 것이 아니라 외부에 발표되는 재무제표에까지 사용된다면 어떻게 될까? 같은 사건이 발생한다고 해도 계정과목의 명칭이 달라질 수 있어 기업들 간의 비교가 어려워지게 될 것이다. 따라서 기업들 간의 비교가 가능하도록 일정한 기준에 따라서 설정해야 하며, 그 기준을 제공해주는 것이 '기업회계기준'이다.

계정과목 사용과 관련된 원칙

일반적인 계정과목의 설정의 원칙으로 기업회계기준에 규정된 계정과목을 우선적으로 사용해야 하고, 계정과목은 계정의 성격을 명확히 표시해야 한다. 또한 계정과목의 내용은 단순해야 하고 한 계정과목에 성질·종류가 다른 항목을 함께 기록해서는 안 된다. 그리고 일단 설정한 계정과목은 특별한 사유가 없는 한 임의로 변경해서는 안 된다. 이는 비교가능성의 원칙에 어긋나기 때문이다.

이를 간단하게 정리하면 다음과 같다.

계정과목 사용과 관련된 원칙

① 기업회계기준 준거원칙: 기업회계기준에 규정된 계정과목을 우선적으로 사용해야 한다.

② 명확성의 원칙: 계정과목은 계정의 성격을 명확히 표시해야 한다.

③ 단순성 원칙: 계정과목의 내용은 단순해야 하고 한 계정과목에 성질·종류가 다른 항목을 함께 기록해서는 안 된다.

④ 중요성 원칙: 거래의 빈도가 많고 금액이 큰 것은 세분하고, 빈도가 낮고 금액이 적은 것은 보고에 지장이 없는 한 적절하게 통합해야 한다.

⑤ 계속성 원칙: 일단 설정한 계정과목은 특별한 사유가 없는 한 함부로 변경해서는 안 된다. 이는 비교가능성의 원칙에 어긋나기 때문이다.

계정과목은 단순히 암기하기보다는 반복적인 사례를 접하면서 자연스럽게 익히게 되는데, 거래별로 각각의 상대 계정이 무엇인지 생각해보면 쉽게 접근할 수가 있다. 예를 들면 기업이 이자(비용)를 지급하게 되는 경우 상대방은 이자(수익)를 받게 되는 것이다. 매출의 경우도 마찬가지로 제품을 외상으로 보통 거래를 함으로써 파는 입장에서는 매출채권(자산)이 발생하고, 구입하는 입장에서는 매입채무(부채)가 발생하는 것이다. 이렇듯 하나의 거래에서 당사자가 누구인지에 따라 계정과목이 달라진다.

예를 들어보자. 사무실 임대차의 한쪽은 임대인으로써 임차보증금을 받고 월세를 받는데 임차보증금은 나중에 돌려줄 돈이므로 부채로 잡고, 임차인 입장에서는 나중에 돌려받을 돈이므로 자산으로 잡는다. 동일한 거래에 대해서 서로 상대방의 계정과목이 달라지는 것이다.

판매자: 매출채권(자산계정) ——→ 소비자: 매입채무(부채계정)

임대인: 임대보증금(부채계정) ←—— 임차인: 임차보증금(자산계정)

임대료(수익계정)   임차료(비용계정)

다음 페이지에 대표적인 계정과목 예시를 들어놨으니 확인해보자. 앞으로 모든 거래에 대해서 이러한 생각을 하다 보면 자연스럽게 계정과목을 익히게 되고 전체적인 회계학 마인드가 생겨날 것이다.

┃ 대표적인 자산·부채·자본 계정과목 예시

분류	계정과목	내용
자산	현금	순수 현금
	상품	판매 목적으로 구입한 물건
	제품	판매 목적으로 만들어낸 물건
	매출채권	상품 등을 외상으로 팔았을 때 받을 돈
	단기대여금	1년 이내의 만기로 빌려준 돈
	미수금	상품 이외의 물건을 외상으로 매각하고 받을 돈. 즉 회사차량이나 비품을 외상으로 판매했을 때 사용하는 계정
	건물	회사가 보유하고 있는 건물
부채	매입채무	상품을 외상으로 구입한 경우의 갚아야 할 돈
	미지급금	상품 이외의 물품을 외상으로 구입했을 경우의 갚아야 할 돈. 예를 들어 임차료 세금계산서를 받고 아직 지급 못한 경우
	선수금	상품을 팔기 전에 미리 받은 계약금
자본	자본금	주주가 출자한 재산(주식의 액면가액)

재무상태표

자산	부채
• 현금	• 매입채무
• 상품(제품)	• 미지급금
• 매출채권	• 선수금
• 단기대여금	
• 미수금	**자본**
• 건물	• 자본금

| 대표적인 수익·비용 계정과목 예시

분류	계정과목	내용
수익	상품매출	상품을 팔아서 받게 될 돈
	이자수익	빌려준 돈에 대해 받은 이자
비용	급여	직원에게 지급한 돈
	지급임차료	사무실 등을 임차해 지급한 돈
	여비교통비	출장비, 숙박비, 교통비 등으로 지출된 돈
	통신비	전화요금, 우편요금, 인터넷 요금 등
	수도광열비	전기요금, 수도요금 등
	접대비	영업을 위해 영업 상대방에게 지출한 금전적 비용
	광고선전비	광고를 위한 각종 홍보, 광고물 제작비
	세금과공과	각종 영업단체 회비, 차량재산세 등
	수선비	기계장치 등의 수리비
	잡비	그 외 금액이 적고 자주 발생하지 않는 지출

손익계산서

비용	수익
• 급여	• 상품매출
• 지급임차료	• 이자수익
• 여비교통비	
• 통신비	
• 수도광열비	
• 접대비	
• 광고선전비	
• 세금과공과	
• 수선비	
• 잡비	

04 | 부기와 기장:
장부에 기록하다

부기란 말은 많이 들어봤을 것이다. 특히 기장이라는 말은 보통 사업을 하는 경우 대부분 알고 있다. 하지만 명확히 무엇인지 모르는 사람들이 많다. 부기와 기장은 모두 장부에 기록을 한다는 의미라고 보면 된다. 보통 세무회계사무소에서 사업자를 위해서 대신 장부에 기록을 해주는 업무를 하게 되고, 이를 통해 국세청에 세금신고를 하게 된다. 그에 따라 월마다 기장료를 지급하게 되는 것이다.

부기에는 단식부기와 복식부기가 있는데, 단식부기는 일반 현금출납부와 같다고 보면 된다. 세무회계사무소에서는 복식부기에 의한 기장을 해주게 되는데, 복식부기는 하나의 거래를 앞뒤로 2번 보아 기록한 것이다. 여기서 하나의 거래를 앞뒤로 2번 보아 기록한다는 것은 거래행위의 원인과 결과를 모두 기록한다는 의미다.

반면 단식부기는 가계부 등과 같이 현금의 수입내역, 지출내역을 단순하게 기록하는 것이다.

복식부기

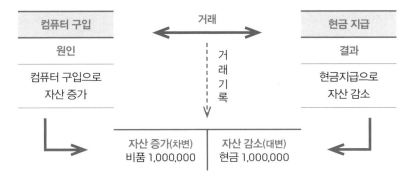

단식부기

가계부					
일자	수입		지출		잔액
	수입내역	금액	지출내역	금액	
전기이월					500,000
10월 1일	월급	2,000,000	의류 구입	50,000	2,450,000
10월 2일			기저귀 구입	50,000	2,400,000
10월 3일			전기료 납부	150,000	2,250,000

회계의 기록대상

그러면 어떠한 것을 기록할까? 회계의 기록대상은 거래다. 일반적으로 거래라고 하면 "주고받는 것 또는 사고파는 것"이지만 일반적인 거래와 회계상의 거래는 차이가 있다. 회계상의 거래는 기업의 경영활동에 의하여 재산의 증감(① 자산·부채·자본의 증감변화, ② 수익·비용 발생)을 가져다주는 모든 경제적 사건을 말하는 것으로, 그 경제적 사건은 금액으로 객관적 측정이 가능해야 한다. 일반적인 거래로 볼 수 있는 것이라 해도 금액으로 객관적 측정이 되지 않는 경우는 회계에서의 거래가 아니며, 일반적인 거래로 볼 수 없는 것이라 해도 금액으로 객관적 측정이 되는 경우(화재로 인한 손실, 감가상각 등)에는 회계에서의 거래로 인정된다.

예를 들면 장동건 씨가 5억 원을 주고 상가를 구입했다면 5억 원의 현금(자산)이 나가고 건물(자산)이 들어옴으로써 자산 사이의 변동이 이루어졌으므로 회계상 거래로 볼 수 있다. 그런데 장동건 씨가 상가를 구입하기로 계약했지만 아직 계약금을 지불하지 않았다면 회계상으로는 자산의 증감이 없으므로 거래라고 할 수 없다.

즉 단순한 상품의 주문이나 계약, 약속 등은 회계상의 거래가 아니다. 반대로 현금의 분실이나 사무실 화재 등이 발생하는 경우 일반적으로 거래라고 보지 않으나 회계상으로는 거래가 발생된 것이다. 현금의 분실로 자산이 감소하고 손실이 발생 한 것이다.

회계학상의 거래에는 몇 가지 중요한 성질이 있다. 그중에 '거래의 이중성'과 '거래의 8요소'에 대해서 알아보자. 어떠한 거래가 발생하면 항상 기업의 자산·부채·자본의 증감 및 수익·비용의 발생·소멸의 2가지 측면에 영향을 미치게 되며, 이를 거래의 이중성이라고 한다. 예를 들면 회사가 공장부지로 사용할 목적으로 토지를 구입하면서 현금으로 구입 대금을 지급했다고 하면 토지를 구입함으로써 회사의 자산이 증가하고, 반면 이에 대한 구입 비용으로 현금을 지급했으므로 회사의 자산이 감소했다.

따라서 토지를 구입한 것과 현금을 지급했다는 것, 2가지 측면을 일정한 기록의 법칙에 따라 기록해야 한다. 장동건 씨가 5억 원의 현금을 주고 상가를 구입한 회계처리를 보면 다음과 같다.

(차변) 상가건물 500,000,000원 　　　　(대변) 현금 500,00,000원

상가를 구입하면서 부동산 수수료를 현금 500만 원을 지급했다면 이에 대한 회계 처리는 다음과 같다.

(차변) 지급 수수료 5,000,000원 　　　　(대변) 현금 5,000,000원

장부의 왼쪽은 차변이고, 오른쪽은 대변이라고 한다. 회계상의 거래는 원인과 결과라는 2가지 측면을 항상 가지고 있기 때문에 하나의 거래에 대해서 2가지로 나타낼 수가 있다. 이를 위에서 언급한 거래의 이중성이라고 한다.

이와 같이 거래를 거래의 이중성에 따라 차변과 대변으로 나누어 기록하는 것을 '분개'라고 한다. 위의 사례를 가지고 분개를 분석해보면 자산 항목인 상가건물이 차변에 기록되어 있으므로 기업의 상가건물이 5억 원 증가한 것이다. 그리고 자산 항목인 현금이 대변에 기록되어 있으므로 회사의 현금 5억 원이 감소한 것이다.

회계에서는 반드시 암기해야 하는 부분이 몇 가지 있다. 많지는 않으므로 이것만은 꼭 기억하자. 거래의 8요소에 대한 차변과 대변에 기

| 거래의 8요소

차변		대변
자산 증가		자산 감소
부채 감소		부채 증가
자본 감소		자본 증가
비용 발생		수익 발생

록될 내용이다.

순간 일부 독자들은 마음이 왠지 무겁게 느껴질 수 있다. 그러나 절대 그럴 필요가 없다. 지금 읽고 있는 페이지가 어렵더라도 회계학을 이해하는 데 진도를 못나가는 것이 아니기 때문이다. 계속적으로 영어 회화처럼 익숙해져야 한다.

예를 몇 가지 들어보도록 하겠다. 법인을 처음에 설립하게 되면 보통 자본금이 필요하다. 이는 법적으로도 일정 금액 이상을 자본금으로 납입해야 법인 설립 등기가 나오기 때문이며, 실제로 사업을 하려면 최소한 사무실 보증금이나 컴퓨터를 살 종잣돈은 있어야 할 것이다. 즉 사업을 처음 개시하는 경우 가장 먼저 이뤄지는 분개가 자본의 증가와 관련된 사항일 것이다.

장동건 씨가 치킨집 개업하면서 은행대출을 5천만 원 받고 자기가 그동안 모은 돈 5천만 원을 투자했다고 하자. 1억 원을 투자해서 가게 보증금으로 5천만 원, 튀김 기계 구입을 위해서 1천만 원, 생닭을 1천만 원에 구입했다. 이를 분개로서 간단히 나타내보자.

차변		대변	
임차보증금	50,000,000	부채	50,000,000
기계장치	10,000,000	자본금	50,000,000
재고자산	10,000,000		
현금	30,000,000		

치킨집 오픈하는 첫날 매출이 300만 원 발생했고, 구입한 치킨 중에 50만 원어치가 팔렸다. 그리고 아르바이트 학생들에게 20만 원을 지급했다.

차변		대변	
현금	3,000,000	매출	3,000,000
매출원가	500,000	재고자산	500,000
인건비	200,000	현금	200,000

수익(매출 300만 원)이 발생해 대변(오른쪽)에 기록했고, 자산(현금 300만 원)이 증가했기 때문에 차변(왼쪽)에 기록했다.

비용(매출원가 50만 원)이 발생해 차변(왼쪽)에 기록했고, 그에 대응한 자산(재고자산 50만 원)이 감소했으므로 대변(오른쪽)에 기록했다.

비용(인건비 20만 원)이 발생해 차변(왼쪽)에 기록했고, 그에 대응하는 자산(현금 20만 원)이 감소했으므로 대변(왼쪽)에 기록했다.

천천히 읽어보고 이해가 안 되더라도 그냥 넘어가자. 회계학을 배우다 보면 어느 순간 깨달음을 느낄 수가 있으며 그때의 기쁨은 참 즐거울 것이다.

05 | 회계 업무에 필수적인 전표

경리 업무를 직접적으로 하지 않더라도 회사에서 한번쯤은 마주치게 되는 것이 '전표'라는 서식이다. 지출결의서와 함께 보통 발생한다. 전표라는 것은 "표가 들어 있는 종이"라는 뜻이다. 전표의 양식은 통일된 것이 없다. 회사에 따라 입맛에 맞게 조금씩 다르게 고쳐가면서 쓰게 되는데, 그 이유는 이 전표는 외부에 보일 일이 없고 내부에서만 관리목적으로 쓰이기 때문에 그렇다. 제3자가 보아야 하는 문서가 아니기 때문에 통일된 양식을 고집할 필요가 없고, 뺄 건 빼고 더할 건 더해서 회사에 맞게 쓰면 되는 것이다.

요즘은 전표를 잘 쓰지 않는 추세이긴 하지만 아직도 전표는 회계 업무에 있어서 필수적이라고 해도 될 정도로 자주 쓰이고 있다.

전표의 종류

전표의 종류는 3가지로서 입금전표, 출금전표, 대체전표가 있다. 그중에서 대체전표를 가장 많이 쓰긴 하지만, 다른 것들도 어떤 때 쓰는지 알아두어야 당황하지 않을 것이다.

모든 전표에는 공통적으로 들어가는 사항이 일자, 계정과목, 적요, 금액이다.

입금전표라는 것은 말 그대로 입금(入金), 즉 현금이 들어온 것에 대해서 기록해두는 전표다. 예를 들어 "물건을 팔고 현금을 받았다"라고 한다면 입금전표에 그 내용을 적는 것이다. 출금전표는 입금전표와는 반대로 현금이 나가는 것에 대해서 기록해두는 전표다. "물건을 사고 현금을 지불했다"라는 내용을 금액과 함께 전표에 적는 것이다.

가장 많이 사용하는 것이 바로 대체전표다. 현금이 들어왔을 때는 입금전표를, 현금이 나갔을 때는 출금전표를, 그 외의 경우에는 대체전표를 쓴다. 즉 현금이 들어오거나 나가는 거래가 아닐 때, 다시 말하면 현금이 움직이지 않는 거래를 했을 때 대체전표를 쓴다는 이야기다. 예를 들어 물건을 팔았는데 아직 현금을 못 받은 경우, 물건을 샀는데 현금은 나중에 주기로 한 경우 등이 해당된다. 생각해보면 위와 같은 거래가 있어났을 경우 현금이 움직이지 않는다는 것을 알 수 있

| 대체전표

대 체 전 표			계	과 장	부 장	상 무	전 무	사 장
202×년 09월 01일								

과 목	적 요	금 액	과 목	적 요	금 액
차량운반구	본사승용차	10,000,000	보통예금	국민은행통장	10,000,000
합 계		10,000,000	합 계		10,000,000

다. 나중에 그 현금을 받거나 현금을 지급했다면 입금전표나 출금전표를 작성하면 되는 것이다. 그때는 현금이 움직이기 때문이다.

예를 들어보자. 회사를 설립하면서 대출을 5천만 원을 받았을 때 입금전표와 대체전표는 다음과 같다.

[입금전표]

차입금 50,000,000원

[대체전표]

(차변) 현금 50,000,000원	(대변) 차입금 50,000,000원

아르바이트 비용으로 15만 원을 지급했다면 어떻게 기록해야 할까? 다음을 보자.

[출금전표]

아르바이트 급여 150,000원

[대체전표]

(차변) 아르바이트 급여 150,000원	(대변) 현금 150,000원

물론 위에서 보는 바와 같이 대체전표만 있어도 전표 발행에 아무런

문제가 없다. 그러나 편리성이나 관리 차원에서 출금전표나 입금전표를 사용하는 경우가 많다.

전표를 사용하는 이유

그런데 이러한 전표를 왜 사용하는 것일까? 회계 업무의 최종 목적은 바로 정확한 재무제표를 작성하기 위함이다. 그런데 재무제표는

| 출금전표와 입금전표 예시

<table>
<tr><td colspan="5" align="center">출 금 전 표
서기 202×년 09월 01일</td><td>사 장</td></tr>
<tr><td></td><td></td><td></td><td></td><td></td><td>전 무</td></tr>
<tr><td>과 목</td><td>복리후생비</td><td colspan="2">항 목</td><td>식대</td><td>상 무</td></tr>
<tr><td colspan="2" align="center">적</td><td>요</td><td>금</td><td>액</td><td rowspan="2">부 장</td></tr>
<tr><td colspan="3">회계팀직원 저녁 (홍길동 외 5인) 5,000원 × 6명</td><td></td><td align="right">30,000</td></tr>
<tr><td colspan="5"></td><td>과 장</td></tr>
<tr><td colspan="5"></td><td rowspan="2">계</td></tr>
<tr><td colspan="2" align="center">합</td><td>계</td><td></td><td align="right">30,000</td></tr>
</table>

<table>
<tr><td colspan="5" align="center">입 금 전 표
서기 202×년 09월 01일</td><td>사 장</td></tr>
<tr><td></td><td></td><td></td><td></td><td></td><td>전 무</td></tr>
<tr><td>과 목</td><td>복리후생비</td><td colspan="2">항 목</td><td>식대</td><td>상 무</td></tr>
<tr><td colspan="2" align="center">적</td><td>요</td><td>금</td><td>액</td><td rowspan="2">부 장</td></tr>
<tr><td colspan="3">회계팀직원 저녁 (홍길동 외 5인) 5,000원 × 6명</td><td></td><td align="right">30,000</td></tr>
<tr><td colspan="5"></td><td>과 장</td></tr>
<tr><td colspan="5"></td><td rowspan="2">계</td></tr>
<tr><td colspan="2" align="center">합</td><td>계</td><td></td><td align="right">30,000</td></tr>
</table>

1년 동안의 회계의 기록을 총 집대성한 것이기 때문에 그것만 봐서는 언제 무슨 일이 발생했고, 그 일이 왜 발생했으며, 누구와 발생했는지를 알 수가 없다.

따라서 일기를 쓰듯이 매일 발생한 일을 기록할 필요성이 생기는데 그것이 바로 전표 작성이다. 이러한 전표가 모여서 총계정원장을 작성하게 되고, 총계정원장을 기초로 시산표라는 것이 만들어지게 되며, 나아가서는 재무제표가 만들어지게 된다. 그러니 기초단계인 전표 작성에서 기록이 어긋나버리면 정확한 재무제표가 만들어질 수가 없게 되는 것이다.

또한 전표에는 전결권자의 결재를 할 수 있는 '결재란'이 마련되어 있다. 결재를 맡는다는 것은 이러이러한 사항이 발생했음을 윗사람에게 보고하는 것이며, 그 보고를 통해서 윗사람에게 회사에 어떠한 상황이 발생했는지를 알게 해주기 위한 것이다.

즉 전표는 하나는 올바른 장부 작성을 하기 위한 목적이 있고, 다른 하나는 결재를 통한 내부 관리의 목적이 있는 것이다.

06 │ 장부를
    알아보자

　　　　　　　　장부라는 것은 회사의 일기장 같은 것
이다. 사람이 매일 자신이 겪은 일과 오늘 하루의 느낌 등을 일기장에
적어서 자신만의 기록을 쌓아나가는 것처럼 회사도 매일 벌어진 거래
상황을 기록하고 그것을 모아서 장부를 만들게 된다. 매일 기록한 전
표들이 모여서 '전표철'이라는 장부로 만들어지는 것이고, 매일 변동이
일어나는 재고자산의 상태를 적어놓은 것들이 쌓여서 '재고수불부'라
는 장부로 만들어지는 것이며, 물건을 몇 개 샀고 몇 개 팔았는지를 매
일 기록해서 '매입, 매출장'이라는 장부가 만들어지게 된다.

　전표가 매일의 상황을 기록해서 알려주는 기능이 있다면, 장부라는
것은 일정기간 동안 어떠한 흐름이 있었는지를 일목요연하게 한눈에
살펴볼 수 있는 기능을 가지게 된다. 물론 전표가 쌓여서 장부가 되는
것이지만, 흐름을 알 수 있다는 측면에서는 장부가 훨씬 더 유용한 역
할을 하게 되는 것이다.

　또한 장부는 회계 업무의 최종목표인 재무제표작성의 중간 단계 역
할을 하게 된다. 낱개로 이루어진 전표만 가지고 재무제표를 만들려

면 세월이 걸리지만, 중간 단계인 장부를 작성하게 되면 전표 단계에서 발생할 수 있는 잘못된 점도 미연에 방지할 수 있고, 최종 단계인 재무제표를 작성하는 데도 그만큼 효율적으로 접근할 수 있게 된다.

경리 업무의 시작이 전표분개에 있다면 그 중간 단계는 장부의 작성이고 최종 단계는 재무제표의 작성이다.

재무제표란?

한 사람에 대해서 평가를 하거나 알기 위해서는 보통 스펙을 물어보게 된다. 그 사람의 출생지부터 어디서 자라났고, 학교는 어디를 다녔고, 전공은 무엇을 했는지, 부모님은 어떠한 분인지 등을 묻게 된다. 이와 마찬가지로 회사에 투자를 하거나 거래를 위해서 또는 기타 목적 등을 위해서 여러 이해관계자가 경제적 의사결정을 하는 데 정보가 필요하게 된다. 이러한 정보 중 가장 기본적인 자료로서 재무제표가 있다. 재무제표는 재무와 관련된 여러 가지 표를 의미하며, 재무상태표, 손익계산서, 현금흐름표, 자본변동표, 주석으로 이뤄져 있다.

재무제표의 구성요소

재무상태표 + 손익계산 + 현금흐름표 + 자본변동표 + 주석

재무제표를 만드는 순서

그럼 재무제표를 만드는 순서에 대해 좀 더 구체적으로 알아보자.

첫째, 여러 가지 거래에서 발생한 증빙을 기초로 전표를 작성한다. 여러 가지 거래에서 주고받은 세금계산서, 신용카드 매출전표, 영수증

등의 증빙에 대한 상세내역을 별도로 작성하는 곳이 전표다. 증빙에는 금액, 날짜, 거래처 등 극히 일부 정보만 표시되므로 누가 어떤 목적으로 돈을 사용했는지 파악할 수 없으므로 전표 작성은 반드시 필요하다.

둘째, 일계표와 월계표의 작성이다. 이는 회계상 필수적인 장부는 아니며, 회사가 기장의 통제성이나 편의성을 위해 작성하는 것이다. 일계표는 하루 동안의 각각의 계정과목의 내역과 금액을 집계한 표다. 일계표가 제대로 작성되면 월계표 작성은 별다른 어려움이 없다.

셋째, 계정들을 모두 모은 총계정원장의 작성이다. 총계정원장은 계정들을 모두 모여 있는 장부로 모든 거래내역을 계정과목별로 정리한 장부를 말한다. 총계정원장은 모든 계정과목의 증감 및 잔액뿐만 아니라 일자별·월별 집계금액을 표시해주므로 결산과정에서 시산표, 재무제표 등이 산출되는 중요한 장부다. 즉 총계정원장은 회계상 필수적인 장부다. 다만 각 계정의 상세한 내역은 알 수가 없으며 집계된 금액만 알 수 있으므로 각 계정의 자세한 내역은 계정별 보조부 또는 보조원장 등에서 알 수 있다.

넷째, 시산표 작성이다. 분개장에 기입된 모든 거래의 분개가 총계정원장에 정확하게 전기되었는가를 조사하기 위해 작성하는 표를 시산표라 한다. 시산표는 일반적으로 결산기에 작성되며 그 종류로는 계정과목별로 잔액만 집계하는 잔액시산표, 합계만 집계하는 합계시산표, 잔액과 합계를 모두 집계하는 합계잔액시산표가 있다. 실무적으로는 합계잔액시산표를 주로 사용하고 있다. 우선 1차적으로 시산표를 작성한 후 결산작업을 하는데, 결산작업 전 작성한 시산표를 수정전시산표, 결산작업 후 작업한 시산표를 수정후시산표라고 한다.

재무재표 작성절차

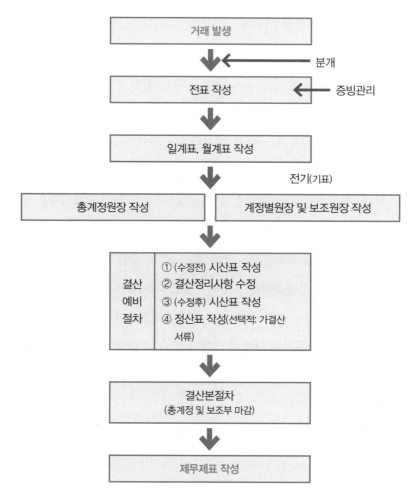

다섯째, 결산정리사항 수정이다. 당해 회계기간의 손익을 정확하게 계산하기 위한 작업이다. 원장의 잔액을 결산에 앞서서 정확하게 수정하는 결산상의 절차를 결산정리라고 하며, 결산정리대상이 되는 내용을 결산정리사항이라 한다.

여섯째, 드디어 장부마감이다. 재무상태표 계정은 차기이월로, 손익계산서계정은 잔액을 '0'으로 마감하고, 동시에 손익계산서의 당기순이익을 재무상태표의 이익잉여금 계정으로 옮겨 적는 것을 말한다. 각 계정을 마감해 다음 회계기간의 경영활동을 기록하기 위한 준비를 마친 상태를 말한다.

회사 재무제표를 일반 개인도 얻을 수 있을까?

회사의 정보를 알고 싶다고 무조건 찾아가서 재무제표를 보여달라고 할 수 있을까? 그렇지는 않다. 회사와 직접적인 이해관계가 있는 주주, 채권자, 근로자, 정부 등은 일정한 절차를 거쳐서 회사 경영진에게 재무제표를 요구할 수 있다. 그러나 일반인은 회사의 재무제표를 요구하기가 어렵다. 단, 외부회계감사를 받아야 하는 주식회사의 재무제표는 누구든지 금융감독원 전자공시시스템(dart.fss.or.kr)에서 24시간 볼 수 있게 되어 있다.

매년 2월에서 3월에 〈매일경제신문〉, 〈한국경제신문〉 등 경제신문을 보면 여러 회사들의 재무제표 공시 관련 자료가 무수히 많이 나온다. 이는 의무적으로 공시를 해야 하는 것을 신문 등을 통해 하고 있

법정공고(legal advertising)란?

상법 등 법률에 의해 회사의 일정한 정보를 대외적으로 알려야 하는 것을 말한다. 그러므로 공고시기나 매체의 선정에 관해서도 법률이 요구하는 방법에 따라야 한다. 예를 들어 주식회사의 결산공고, 상업등기공고, 사채모집공고, 공시최고 등이 법정공고에 속한다.

음을 알 수 있다.

   정리하자면 재무제표를 찾아볼 수 있는 방법은 3가지다. 해당 회사의 홈페이지, 신문공고, 금융감독원 전자공시시스템이다.

07 | 결산을 해보자

        결산이란 각 사업연도(보통 1월 1일부터 12월 31일까지) 동안 기업의 영업활동과 관련해 발생한 수많은 거래 기록을 근거로, 기업회계기준에 따라 일정시점(보통 12월 31일)에 기업이 보유하고 있는 자산상태, 사업실적 상태, 소요된 원가 등을 작성하기 위한 일련의 과정을 말한다. 결산절차는 예비절차와 본절차, 결산보고서 작성과정으로 나누어볼 수 있다.

    결산 예비절차에는 수정 전 합계잔액시산표 작성, 보조장부와 대조업무, 재고조사, 결산정리 분개, 정산표 작성이 있다. 기업에서 발생하는 모든 거래는 항상 분개방식으로 기록하므로 계정과목을 집계하면 차변 계정과목 금액과 대변 계정과목의 합계가 일치하도록 되어 있다. 이러한 계정과목을 모두 나열한 것이 시산표로서, 실무에서는 합계잔액시산표를 작성한다.

    계정별원장만으로는 거래내용을 파악하기가 불충분한 경우 필요에 따라 보조장부를 작성한다. 보조장부에는 거래처원장, 통장별원장, 차입금별원장, 받을어음관리대장 등이 있으며, 계정별원장잔액과 보조장부 금액의 일치여부를 대조한다. 결산일 현재 재고자산을 조사해 장부상의 금액과 일치하는지 검토한 다음 차액에 대해서 결산정리 분개를 한다.

수정전잔액시산표를 기준으로 결산정리 분개 사항을 정리기입한 후 차가감해 손익계산서 및 재무상태표상의 차변 및 대변에 기입한다. 요즘처럼 전산회계프로그램을 사용하는 경우에는 별도로 정산표를 작성하지 않아도 자동으로 처리된다.

결산 본절차에는 총계정원장의 계정과목별 장부를 마감하고 여러 장부를 다음 해로 이월한다. 이러한 작업은 전산프로그램으로 자동으로 처리된다.

손익계산서의 마감은 회계기간 중에 발생한 모든 수익과 비용을 모아서 일시적인 계정으로 만드는 과정이라고 볼 수 있다. 손익계정의 차변에는 회계기간 중에 발생한 모든 비용계정을 모으고 대변에는 모든 수익계정의 잔액을 모으는데, 이때 차변과 대변의 차이가 당기순손익이 된다. 이와 같이 수익과 비용계정은 손익계정에 대체됨으로써 마감된다. 마감을 통해 발생한 당기순손익은 이익잉여금에 대체된다.

재무상태표의 마감은 기업에 실제로 존재하는 항목들을 표시하는 계정이라고 볼 수 있으므로, 각 계정의 기말 잔액을 차기의 기초 잔액으로 이월하는 절차를 거치면서 마감이 된다. 이를 이월 기입이라고 한다. 즉 자산 계정은 기말 잔액을 대변 쪽에 '차기이월 ○○'로 기재함으로써 마감되고, 부채와 자본 계정은 차변 쪽에 기말잔액을 '차기이월 ○○'로 기재함으로써 마감된다. 손익계산서에 비해서는 간단하다고 볼 수 있다.

결산과 관련한 분개

(차변)	매출원가	5,000,000	(대변)	상품(기초)	5,000,000
	매출원가	20,000,000		매입	20,000,000
	상품(기말)	3,000,000		매출원가	3,000,000

분개 해설: 전기에 기말재고(재무상태표)로 남아 있는 상품 5,000,000원에 대해서 원가에 반영하고, 당기 매입한 상품에 대해서 전액 매출원가로 잡는다. 마지막으로 당기 기말재고로 남아 있는 3,000,000원을 매출원가에서 차감한다. 이에 따라 당기 매출원가로 반영되는 금액은 5,000,000+20,000,000−3,000,000=22,000,000원이다. 이러한 분개는 결산 때 하게 된다.

그 외에 기말결산 분개로 이뤄지는 계정과목에는 감가상각비와 선수금, 선급금, 미수금, 미지급금 등이 있다. 예를 들어 기계설비 임대를 12월 15일에 개시함에 따라 한달치 임대료 2,000,000원을 지급했다고 하자. 실제 당기에 지출되어야 하는 비용(수익비용대응원칙)은 15일치 1,000,000원만이 해당될 것이다. 따라서 기말 12월 31일 기준으로 기말수정분개를 해야 한다.

① 지급 시에 분개

(차변)	임차료	2,000,000	(대변)	현금	2,000,000

②기말 수정분개

(차변)	선급임차료	1,000,000	(대변)	임차료	1,000,000
	(자산항목)			(비용차감)	

결산보고서

장부의 마감이 끝나면 마지막으로 결산보고서를 작성한다. 결산보고서에는 재무상태표, 손익계산서, 이익잉여금처분계산서 등이 있다.

장부를 마감한 후 이를 근거로 전기 재무상태표 등을 기준으로 올해의 결산보고서를 작성하게 된다. 재무상태표는 일정 시점에서의 기업

재무상태를 종합적으로 나타내는 보고서로서 차변에는 자금의 운용상태, 대변에는 자금의 원천을 나타낸다.

손익계산서는 한 회계기간 동안 기업의 경영성과를 표시하는 결산 서류로서 재무상태표와 함께 없어서는 안 되는 중요한 서류다.

이익잉여금처분계산서는 처분 전 이익잉여금이 처분 내용을 명확히 하기 위해 작성하는 계산서다. 우리나라에서는 이익잉여금의 처분 권한을 주주총회에서 가지고 있으며, 주주총회의 승인을 받아야 계산서가 확정된다. 따라서 이익잉여금처분계산서의 기준일자는 주주총회일이 된다.

08 | 원가회계의 개념과 다양한 분류

원가회계(Cost Accouting)는 원가와 관련된 정보를 제공하는 회계 분야다. 외부보고용 재무제표를 작성하고 기업내부의 경영계획을 수립하고 통제하며 의사결정에 필요한 정보를 제공하기 위해 생산과 영업활동 등에 관한 원가자료를 집계, 배분, 분석하는 것이다. 즉 원가회계를 통해 얻어진 정보는 외부에 보고하기 위한 재무제표를 작성하는 데 이용되기도 하고, 내부관리 목적으로 경영자가 의사결정을 하거나 성과평가를 하는 데도 이용된다. 원가회계가 담당하는 기능은 제품의 원가를 산출하는 측면과 이렇게 산출된 원가를 경영계획의 수립과 통제에 활용하는 측면, 이 2가지로 구분해볼 수 있다.

원가회계를 통해서 우선 제품의 원가를 산출할 수 있다. 이렇게 산출된 제품원가에 의해서 재무상태표상의 재고자산금액이 결정되고 동시에 손익계산서상의 매출원가도 함께 결정된다. 이를 원가회계의 원가계산 기능이라고 한다. 이러한 기능을 수행하기 위해서 원가 담당자는 원재료의 입출고, 임금의 지급, 경비의 지출과 같은 원가자료를 기록·수집하고 이렇게 집계된 원가금액을 특정 부문이나 제품에 배부해 재무제표를 작성하는 데 필요한 재고자산의 금액을 결정해야 한다.

원가회계가 갖는 계획과 통제의 기능이란 이미 산출된 원가정보를 경영활동에 이용하는 것을 말한다. 계획 측면에서 보면 원가회계는 의사결정을 위한 자료를 제공한다. 이를 위해서는 특정한 의사결정 문제와 관련된 원가자료를 선택하고 이를 당면한 의사결정 문제에 적합하도록 수정해서 이용한다. 이를 의사결정회계라고 한다. 그리고 통제 측면에서 원가회계를 보면 성과를 평가하기 위한 근거를 제공한다. 좀 더 구체적으로 말하면 최고경영자들이 쉽게 이해할 수 있도록 원가자료를 분석하고 예산원가(또는 표준원가)와 실제원가를 비교해 특정 부문이나 책임자의 성과를 평가하는데, 이러한 과정을 성과평가회계라고 한다.

실제 원가의 집계 시 원가 발생의 단계에서 이의 인식을 철저히 하고, 정확한 원가계산 기간에 맞추도록 해야 한다. 그리고 원가계산은 월차결산에 놓인 제품, 재공품 등에 대한 재고자산 가액을 결정하는 것이며, 월차결산 시에는 해당 계정별 발생원가의 자료에 의존하게 된다. 따라서 양자는 모순없이 유기적인 관계를 갖고 운용할 필요가 있다.

원가계산의 최종적인 결과로서 원가는 물량과 가격의 조화에 의해 금액으로 표현되지만 공장 부문은 물량의 계산에 중점을 두고 있다. 원재료의 이동, 근로 투입 시간의 기록 유지 관리가 중요하다. 그리고 원가계산은 일정한 가정을 전제로 추정 계산을 하는 것으로, 정확해야 하지만 동시에 신속히 계산되어야 한다. 신속히 계산하기 위해서는 예정가격이나 예정배부를 이용한 계산과 기장의 신속화를 도모

할 필요가 있다.

원가계산이 원가관리에 도움이 되기 위해서는 원가의 책임 단위로서 합리적인 원가중심점을 설정하고, 원가를 실제와 표준의 양쪽에서 관리자에게 도움이 되는 데이터를 제공할 필요가 있다. 제조업은 제조활동을 몇 개의 부문으로 구분해 행하는 것이 보통이다.

원가계산 시스템을 설계할 때는 이러한 관리조직상의 부문에 맞추어 원가부분을 설정한다. 실제의 운용은 단순한 계산의 반복이지만, 제조공정 현장은 항상 변화하므로 원가계산의 시스템을 항시 점검해 원가관리에 도움이 되도록 운용하지 않으면 안 된다. 원가계산은 결국은 가정을 바탕으로 한 계산인 것이다.

원가계산의 목적

원가계산이란 제품의 1단위당 원가를 계산하는 것을 말한다. 원가계산의 목적은 다음과 같다.

- 재무제표 작성 목적의 원가 집계
- 원가관리에 필요한 원가자료 제공
- 이익계획을 수립하고 예산을 편성하는 데 필요한 원가자료 제공
- 추정원가계산에 필요한 원가자료 제공(필요할 때만 행함)
- 경영의 기본계획 설정을 위한 계획에 필요한 원가자료 제공(필요할 때만 행함)

원가의 분류

특정한 재화나 용역을 산출하기 위해 치른 경제적 희생을 원가(Cost)라고 한다. 일반적인 의미에서 원가란 특정 목적을 달성하기 위해서 희

생된 자원의 가치를 화폐 단위로 측정한 것을 말한다. 원가정보는 다양한 목적으로 사용되기 때문에 원가의 개념도 각 목적에 따라서 가장 적합한 개념으로 정의되어야 한다. 그래서 원가자료도 이러한 목적에 알맞게 분류해야 한다.

원가는 사용 목적에 따라서 매우 다양하게 분류된다. 경제적 가치의 소멸 여부에 따라 미소멸원가와 소멸원가로 분류되는데, 미소멸원가란 경제적 가치가 남아 있는 자산을 말한다. 그리고 소멸원가란 경제적 가치가 소멸된 비용이나 손실을 말한다. 여기서 비용은 수익창출에 기여하고 소멸된 원가로서 판매수수료, 운반비 등이 이에 해당되고, 손실은 수익창출에 기여하지 못하고 소멸된 원가로서 재해손실과 같은 것들이 있다.

추적 가능성에 따라서는 직접원가와 간접원가로 분류가 된다. 직접원가라 함은 특정 제품 또는 특정 부문에서 발생된 원가로서 해당 제품이나 그 부문에 직접적으로 관련시킬 수 있는 원가를 말한다. 예를 들어 자동차 공장에서 발생된 타이어나 철판 등의 원가가 직접원가에 해당한다. 그리고 간접원가는 특정 제품 또는 특정 부문과 관련시키기 힘든 원가다. 자동차 공장에서 발생한 전력비, 수도광열비 등은 어느 자동차 제품에 얼마의 금액이 귀속되어야 하는지 알기 어려우므로 간접원가에 해당한다.

원가는 원가 행태에 따라 변동원가와 고정원가로 분류된다. 변동원가(Variable Cost)란 생산량 또는 판매량이 증가함에 따라서 비례적으로 함께 증가하는 원가로서 재료비, 생산자 임금, 판매수수료 등이 이에 해당한다. 고정원가(Fixed Cost)란 생산량 또는 판매량의 변화와는 무관하게 일정 수준으로 발생하는 원가로서 지급임차료, 감가상각비, 임직원 급여 등이 이에 해당한다.

변동원가와 고정원가를 합친 것이 총원가(Total Cost)다. 변동원가와 고정원가의 구분은 의사결정 고려기간의 길고 짧음에 따라서 분류가 달라지므로 관련 범위를 파악해야 한다. 관련 범위란 현실적으로 달성 가능한 최저 조업도와 최대 조업도 사이의 범위를 말한다.

원가는 제조활동과의 관련성에 따라 제조원가와 비제조원가로 분류된다. 제품을 생산하는 과정에서 발생되는 원가를 제조원가라고 하는데, 제조원가의 3가지 요소로서 재료비, 노무비, 경비 등이 있다. 비제조원가는 제조활동과 직접적인 관련성은 없지만 판매활동과 일반 관리활동에서 발생하는 원가로서, 판매비와 관리비라는 2가지 항목을 들 수 있다.

원가는 자산화 가능성에 따라 제품원가과 기간 비용으로도 분류된다. 제품원가는 발생원가가 특정한 생산물에 집계되어 자산으로 남아 있다가 제품이 판매, 처분되는 시점에서 비용으로 처리되는 원가를 말한다. 그리고 기간비용은 원가가 발생하는 즉시 비용으로 처리되는 것을 기간비용이라고 하는데, 판매비와 관리비가 이에 해당한다.

마지막으로 통제 가능성에 따른 분류에 대해서 알아보면 통제가능원가와 통제불능원가로 분류된다. 통제가능원가는 일정한 기간에 관리 책임자가 그 발생 여부와 발생수준을 통제할 수 있는 원가를 통제가능원가라고 한다. 그리고 통제불능원가란 관리 책임자가 통제할 수 없는 원가를 말하는데, 관리 책임자의 성과를 평가할 때는 평가 대상에서 제외해야 한다.

판매비와 관리비·제조경비의 계정 분류

판매비와 관리비 그리고 제조경비를 적절히 분류하지 않으면 손익이 왜곡될 수 있다. 왜냐하면 판매비와 관리비는 전액 당기비용이 되지만 제조경비는 그 일부가 기말재공품·제품 등의 재고자산에 포함되기 때문이다(예를 들면 제조경비를 판매비와 관리비로 잘못 처리하면 이익이 줄어드는 효과가 있다). 이처럼 판매비와 관리비, 제조경비의 분류는 기업회계상으로도 중요하지만 관리 목적상으로도 중요성이 크다. 기업에서 경비 지출의 관리를 하기 위해서도 중요하며, 수주원가계산 등 관리적 원가계산을 할 때도 비용 분류가 제대로 되어 있지 않으면 애로가 많다.

그리고 업종의 원가 구성과 비교해 원가절감의 포인트를 찾기 위해서도 비용의 적절한 분류는 중요하다. 따라서 비용의 분류와 계정과목 선택에도 주의를 기울여야 한다.

09 | 제조원가명세서 작성과 손익계산서와의 관계

제조기업의 경우 손익계산서를 작성하려면 반드시 제조원가명세서를 먼저 작성해야 한다.

제조원가명세서는 제조활동과 관련된 모든 원가흐름을 표로 작성한 것이므로 원가와 관련된 회계 시스템에 대해서 잘 모르더라도 제조원가명세서를 보고 그 내용을 읽을 수 있어야 한다. 우리나라 기업회계기준에서 규정하고 있는 양식으로 작성된 제조원가명세서의 사례를 보면서 여기에 나타난 항목들을 차례로 살펴보자.

다음 페이지의 표를 보면서 검토를 하도록 하자. 먼저 재료비와 관련된 내용을 살펴보면 이 회사가 기초에 갖고 있던 재료는 1만 원이었다. 그리고 당기 중에 3만 5천 원에 해당하는 재료를 매입했다. 그런데 이 중에서 당기의 제조활동에 투입된 재료가 3만 원이고 그 결과로 기말에 남아 있는 재료는 1만 5천 원이 되었다. 노무비는 원재료를 가공해서 제품을 생산하는 데 직접적으로 기여한 생산직 사원들의 임금이다. 그리고 이들의 근무년수가 늘어나면서 증가하는 퇴직금까지 노무비에 포함되는데, 퇴직급여 5천 원이 이에 해당하는 것으로 이해

| 제조원가명세서

202×년 1월 1일부터 12월 31일까지 (단위: 원)

과목	금액	
I. 재료비		30,000
1. 기초재료재고액	10,000	
2. 당기재료매입액	35,000	
계	45,000	
II. 노무비		25,000
1. 급여	20,000	
2. 퇴직급여	5,000	
III. 경비		20,000
1. 전력비	3,000	
2. 가스수도비	3,000	
3. 감가상각비	5,000	
4. 임차료	2,000	
5. 복리후생비	5,000	
6. 기타	2,000	
IV. 당기총제조비용		75,000
V. 기초재공품원가		20,000
VI. 합계		95,000
VII. 기말재공품원가		10,000
VIII. 타계정대체액		5,000
IX. 당기제품제조원가		80,000

하면 된다. 재료비와 노무비를 합쳐서 직접원가라고 부르기도 한다.

생산원가에서 직접원가(재료비와 노무비)를 제외한 나머지 부분은 경비다. 그래서 경비는 간접원가의 성격을 갖는데, 감가상각비, 전력비, 임차료 등이 이에 해당한다. 노무비와 경비는 모두 원재료를 가공하는

데 필요한 원가이기 때문에 가공원가라고 부르기도 한다.

당기총제조비용이란 당기 중에 제조공정으로 투입된 원가를 모두 집계한 것이다. 재료비는 3만 원, 노무비는 2만 5천 원, 그리고 경비는 2만 원으로 구성되어, 총 7만 5천 원이 당기총제조비용이다.

재공품이란 생산공정에 걸려 있는 미완성 제품을 말한다. 기초에 미완성 제품금액이 2만 원인데 여기에 당기 생산활동으로 발생된 당기총제조비용 7만 5천 원이 추가되었다. 그리고 당기 생산활동이 끝난 후에도 미완성 상태로 남아 있는 것이 1만 원이다.

제조 중인 자산이 판매를 위한 제품으로 대체되지 않고 다른 용도로 사용된 것을 타계정대체라고 말한다. 예를 들면 제품으로 만들던 것을 회사가 유형자산이나 광고용으로 사용하는 것을 말한다. 즉 자동차 회사가 공장에서 생산한 자동차를 판매 목적으로 창고에 입고시키면 제품이 되지만 영업 목적으로 직접 사용하면 유형자산이 된다. 그리고 만약 판매촉진을 위해서 자동차를 경품으로 제공하면 광고비가 된다. 아무튼 판매가 아닌 다른 목적으로 사용된 금액이 5천 원으로 나타나 있다.

당기제품제조원가란 당기 중에 재공품에서 제품으로 완성되어 대체된 원가를 말한다. 이 회사가 기초에 가공 중인 상태로 보유하고 있던 재공품은 2만 원이다. 여기에 당기 중 생산활동으로 재료비 3만 원, 노무비 2만 5천 원, 경비 2만 원 등 총 7만 5천 원의 제조비용이 투입되었다. 그런데 당기 중에 제품으로 완성된 금액은 8만 원, 다른 용도로 사용된 금액은 5천 원이고, 기말에 미완성 상태로 남아 있는 금액은 1만 원이다.

| 손익계산서

202×년 1월 1일부터 12월 31일까지   (단위: 원)

과목	금액	
I. 매출액		150,000
II. 매출원가		100,000
1. 기초제품재고액	30,000	
2. 제품제조원가	80,000	
3. 기말제품재고액	10,000	
III. 매출총이익		50,000
IV. 판매비와 관리비		20,000
V. 영업이익		30,000

이제 지금까지 언급한 제조원가명세서를 보면서 제조기업의 손익계산서와 어떤 관계가 있는지 살펴보자. 제조기업의 경우 매출원가는 제조 과정에서 발생한 여러 가지 항목으로 구성되어 있으며, 그 금액들은 제조원가명세서와 연계되어 있음을 알 수 있다.

제조기업의 매출원가를 앞의 제조원가명세서와 연관시켜 살펴보자. 기초에 이 회사의 창고에 있던 제품은 3만 원이다. 그리고 당기 중에 공장에서 완성되어 창고에 입고된 제품은 제조원가명세서상의 당기제품제조원가인 8만 원이다. 그런데 이 중에서 10만 원 어치가 15만 원에 팔렸다. 그래서 기말에 창고에 남아 있는 제품은 1만 원이다.

그런데 한 기업이 상품매매, 제품판매, 서비스매출 등 여러 유형의 매출활동을 함께 수행하는 경우도 많은데, 이때는 동일한 손익계산서상에 매출과 매출 유형별로 나타나게 된다.

CHAPTER 3

회계·노무 담당자라면
꼭 알아야 할 급여 업무

급여 신고와 관련한 기초적인 설명을 했다. 만약 창업을 할 계획이 있다면 중요한 부문이므로 꼭 여러 번 읽어보았으면 한다. 인건비 신고는 결국 주는 입장(회사 측)에서 해야 하는 업무이지만 그 귀속은 급여를 받는 입장(직원이나 소득자)에 직접적인 영향을 미친다는 점을 기억하기 바란다.

01 | 원천징수: 급여신고의 기초 개념

급여신고 관련 가장 기초적인 개념인 원천징수에 대해서 먼저 알아보자. 원천징수란 일반적으로 사업자가 종업원 등 소득자에게 각종 소득(급여, 사업·기타소득 등)을 지급할 때 소득자가 납부해야 할 세금을 미리 징수해 국가에 대신 납부하는 제도다. 다시 설명하면 일을 하면서 얻게 되는 급여나 수당 등에 대해서 지급받는 자가 직접 국세청에 신고하고 납부하지 않고 지급하는 자가 신고 납부하도록 하는 제도인 것이다.

일상에서 원천징수라는 말은 많이 들어봤을 것이다. 하지만 그것을 왜 하는지, 그것이 무엇인지를 생각해본 사람은 거의 없을 것이다. 일단 원천징수는 세금을 대상으로 한다. 그리고 좀 더 정확히 말하면 세금을 납부하는 방법 중 하나라고 생각하면 된다. 돈 받을 때마다 미리미리 내는 세금이라고 보면 될 것이다.

예를 들어 장동건 씨는 회사에 근무하고 100만 원의 월급을 받고 있다. 하지만 월급날에 100만 원보다 조금 적은 금액을 수령하게 된다. 바로 원천징수를 당하기 때문이다. 이는 장동건 씨의 기본적인 공제사

| 원천징수 제도

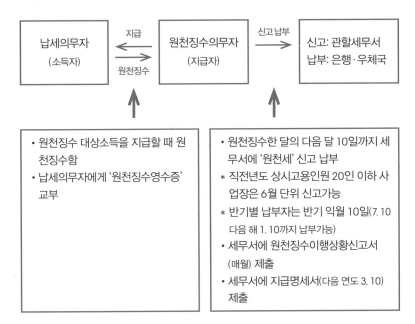

- 원천징수 대상소득을 지급할 때 원천징수함
- 납세의무자에게 '원천징수영수증' 교부

- 원천징수한 달의 다음 달 10일까지 세무서에 '원천세' 신고 납부
- * 직전년도 상시고용인원 20인 이하 사업장은 6월 단위 신고가능
- * 반기별 납부자는 반기 익월 10일(7. 10 다음 해 1. 10까지 납부가능)
- 세무서에 원천징수이행상황신고서 (매월) 제출
- 세무서에 지급명세서(다음 연도 3. 10) 제출

항을 반영해 임시로 계산해 세금을 미리 떼어낸 것이다. 이렇게 미리 징수한 세금은 실무상 회사가 보관하고 있다가 다음 달에 세무서에 납부하게 된다. 즉 국가에 매달 세금을 내고 있는 것이다. 이것을 최종적으로 1년에 한 번 다음 해 2월경에 정산해 확정하게 된다. 많이 들어본 연말정산을 통해 국민 개개인별로 총 급여액에서 각종 소득공제 등을 차감하고 정확한 세금을 산정해 그동안 납부한 세금에서 더 내야 하는지 또는 덜 내야 하는지 판단하고, 덜 내야 하는 게 맞았다면 연말정산에 따른 환급을 받게 된다.

즉 원천징수란 소득의 지급자(회사)가 소득자(근로자)에게 소득을 지급할 때 일정한 금액을 미리 공제하는 것을 말한다.

그럼 이 제도가 왜 필요한 것일까? 우리는 왜 원하지도 않았는데 월급을 받기도 전에 세금부터 내야 하는 것일까? 이유는 여러 가지가 있을 수 있지만 그중 하나는 납세의무자인 근로자가 복잡한 세금계산을 피할 수 있게 해서 보다 편리하게 세금을 납부할 수 있도록 하는 것이고, 다른 한 가지 이유는 정부가 세금을 떼이지 않고 안전하게 미리 징수하고자 하는 의미도 있다. 또한 국가가 세금을 미리 조금씩 걷어 국가 재정에 사용하기 위함이다. 근로자에게 월급이 지급될 때 바로 징수가 되기 때문에 정부 입장에서는 떼일 리가 없다는 장점이 있는 것이다.

어떤 소득에 대해 원천징수를 할까?

그러면 어떤 소득에 대해서 원천징수를 할까? 크게 보면 근로소득, 사업소득, 기타소득, 금융소득으로 나눌 수 있다.

국가에서는 회사에 근로소득 원천징수 의무를 부과했고, 그에 따라 회사는 근로자에게 급여를 지급할 때 일정한 소득세를 기준에 따라 원천징수하고 그 달의 다음 달 10일까지 세무서에 신고, 납부해야 한다. 이때 일정한 기준이라 함은 간이세액조견표를 말한다. 이는 근로자의 공제기준에 따라 미리 계산된 세액으로 업무의 편의를 위해 사전에 계산된 금액이라고 보면 된다. 이렇게 간이세액조견표에 의해 원천징수된 금액은 편의상의 금액일 뿐 정확한 금액이 아니므로 연말에 정산과정을 필요로 한다. 다음 해 2월 급여에 대한 원천징수 신고일인 3월 10일까지 연말정산을 하면 된다.

사업소득에 대한 원천징수는 일반적으로 말하는 사업자등록증이 있는 사람들의 소득과 관련된 것이 아니다. 원천징수의 대상이 되는 사업소득이란 일정한 인적용역 등을 말한다. 인적용역이란 프로선수나 보험모집인처럼 개인이 독립된 자격으로 제공하는 용역을 말한다. 즉 일부 사업소득의 경우는 원천징수의 대상이 되며 세법에서 명확히 규정되어 있으므로 반드시 해당 소득에 대해서 회사가 소득을 지급하면 원천징수를 해야 한다.

기타소득이란 일시적이거나 우발적으로 발생하는 소득으로 다른 소득 이외의 소득을 말한다. 예를 들면 특정 소득이 이자, 배당, 사업, 근로, 연금, 퇴직, 양도소득 중 하나에 해당하는 경우 그 소득으로 구분하고, 어떤 것에도 해당하지 않을 때만 기타소득으로 구분한다.

금융소득의 원천징수

금융소득의 원천징수는 일반적으로 경제활동을 하는 모든 국민에게 해당되는 내용이다. 즉 통장을 가지고 있고 통장에 일정 수준의 돈이 있으면 분기에 한 번씩 이자가 입금되는 것은 당연하다. 이때 이자가 입금되면서 이미 세금이 원천징수되어 세금 차감 후 이자가 입금되는 것이다.

즉 이자소득이나 배당소득이 있는 경우에는 소득을 지급받을 때 원천징수를 당하는 것이다. 이때 거래의 상대방은 주로 은행이나 투자한 회사가 될 테고 이들이 소득을 지급할 때 미리 원천징수한 금액을 주는 것이라 할 수 있다. 금융소득의 경우에는 2천만 원을 초과하지 않는 이상 일단 원천징수가 이루어지면 더 이상 세금으로 신경을 쓸 사항은 없다. 즉 원천징수로 인해 세금을 납부할 의무가 완전히 끝난 것이라고 생각하면 된다. 2천만 원을 초과하면 금융소득종합과세가 이

| 대표적인 원천징수대상소득과 원천징수세율

원천징수대상소득	원천징수세율
이자소득	일반: 14% 비영업대금이익: 25%
배당소득	일반: 14%
근로소득	일반급여: 종합소득세율 일용근로자: 8%
사업소득(봉사료 제외)	지급금액의 3%
봉사료	지급금액의 5%

뤄지는데 이는 뒤에서 다시 설명을 하도록 하겠다.

퇴직소득이란 근로자가 회사와 고용 관계를 종료할 때 받는 금액으로서 각종 수당을 포함한다. 퇴직소득도 근로소득과 마찬가지로 원천징수의 대상이 되며 소득의 지급자인 회사가 원천징수 의무자가 된다. 연금소득이란 사회보장제도로서의 국민연금이나 공적연금, 개인연금 등으로 수령하는 금액을 말하는 것으로 종합소득에 합산되어 과세된다.

일반적으로 연금의 개념은 세법의 적용을 위해 구분해 생각할 필요가 있는데, 종류별로 법의 적용이 다르기 때문이다. 간단히 정리하면 크게 공적연금과 사적연금으로 구분할 수 있다. 공적연금은 흔히 국민연금과 공무원연금 등을 말하고, 사적연금은 개인연금 등을 말한다. 공적연금만이 원천징수의 대상이 되기 때문에 꼭 구분해야 한다.

예를 들어서 사내 특강을 위해서 외부강사를 초빙한 경우 강의료로 50만 원을 지급했다고 하자. 이에 대해서 사업소득으로 소득세 3%와

세금 납부 의무

구분		원천징수대상 소득	원천징수대상 제외 소득
세금부담자(담세자)		소득자	소득자
세금납부자		소득을 지급하는 자	소득자
세금 납부 절차	세액계산	소득을 지급하는 자	소득자
	신고서 제출	소득을 지급하는 자	소득자
	납부시기	소득 지급 시마다 납부 (분납 효과 발생)	신고시기에 납부 (일시납부에 따른 부담 발생)

주민세 0.3%, 총 3.3%인 16,500원을 제외하고 483,500원만을 지급하고, 16,500원은 다음 달 10일까지 국세청에 신고 납부해야 한다. 회사입장에서는 그렇게 함으로써 50만 원에 대한 비용(교육훈련비) 처리가 가능하다.

(차변) 교육훈련비 500,000원   (대변) 현금   483,500원

예수금   16,500원

| 원천징수 대상 소득에 대한 신고, 납부

구분	소득 종류	신고 납부
근로소득	급여, 상여금	• 간이세액표에 의해 매월 급여에서 원천징수 • 다음 달 10일까지 홈택스 또는 세무서에 원천징수이행상황신고를 하고 은행 등에 납부 • 다음 연도 2월 급여 지급 시 연말정산하고 3월 10일까지 지급명세서를 홈택스 또는 관할 세무서에 제출
일용근로소득	일용근로자	• 일용근로소득 원천징수세액 계산방법에 따라 원천징수하고 다음 달 10일까지 신고 납부 • 지급일이 속하는 분기의 마지막 달의 다음 달 말일(4분기에 지급한 근로소득은 다음 과세기간의 2월 말일)까지 일용근로소득 지급명세서를 홈택스 또는 관할 세무서에 제출
퇴직소득	퇴직금, 퇴직위로금	• 퇴직소득과세표준에 원천징수세율을 적용하여 계산한 소득세를 원천징수하고 다음 달 10일까지 신고 납부 • 다음 연도 3월 10일까지 소득자별 퇴직소득 지급명세서를 홈택스 또는 관할 세무서장에 제출
기타소득	상금, 당첨금, 원고료 인세, 강연료, 알선 수수료 사례금, 위약금과 배상금 서화·골동품 양도소득	• 기타소득금액에 원천징수세율을 적용하여 계산한 소득세를 원천징수하고 다음 달 10일까지 신고 납부 • 다음 연도 2월 말일까지 소득자별 기타소득 지급명세서를 홈택스 또는 관할 세무서에 제출
사업소득	외부강사의 강사료 등 직업적 인적용역	• 지급금액에 원천징수세율을 적용하여 계산한 소득세를 원천징수하고 다음 달 10일까지 신고 납부 • 다음 연도 3월 10일까지 소득자별 사업소득 지급명세서를 홈택스 또는 관할 세무서장에 제출
이자·배당소득	은행예금이자, 배당금, 비영업대금이익	• 지급금액에 원천징수세율을 적용하여 계산한 소득세를 원천징수하고 다음 달 10일까지 신고 납부 • 다음 연도 2월 말일까지 지급명세서를 홈택스 또는 관할 세무서에 제출

02 | 인건비에서 중요한 것은 세금

인건비란 사용자와 근로자의 고용관계에서 근로의 대가로 지급하는 각종 비용을 말한다. 근로자의 입장에서는 급여, 상여, 수당, 복리후생비 등 명목으로 받게 된다.

이때 중요한 이슈가 바로 복리후생비다. 회사 입장에서는 실비변상적 비용으로 처리하지만, 받는 근로자 입장에서 해당 복리후생비에 대해서 원천징수를 하는지 여부가 중요하다.

세법(법인세법)에서의 복리후생비란 법인이 그 임원 또는 사용인을 위해 지출한 직장체육비, 직장연예비, 국민건강보험료 사용자 부담금, 기타 임원 또는 사용인에게 사회통념상 타당하다고 인정되는 범위 안에서 지급하는 경조사비 등을 말한다.

즉 회사 입장에서는 근로자의 복리후생 증진, 근무 환경 개선 등 각종 명목으로 지급하는 비용에 대해서 복리후생비 등으로 처리하지만, 받는 근로자 입장에서는 세금 부담을 해야 하는지가 또 다른 이슈가 될 수 있다. 이에 대해서도 세법은 아주 구체적으로 규정하고 있다. 소득세법에서는 근로소득에 포함되는 것으로서 종업원이 받는 공로금,

위로금, 학자금, 장학금(종업원의 자녀가 사용자로부터 받는 학자금·장학금 포함) 등 기타 이와 유사한 성질의 급여, 기밀비(판공비 포함), 교제비, 기타 이와 유사한 명목으로 받은 것으로서 업무를 위해 사용된 것이 분명하지 않은 급여 등 구체적으로 규정하고 있다.

법조문을 그대로 인용을 하다 보니 복잡할 수 있다. 쉽게 다시 몇 가지 예를 들어 설명해보겠다.

일부 회사에서는 직원이 어학원 등을 다니는 경우 회사 업무에 도움이 된다면 일정 학원비를 지원해주기도 한다. 이때 학원비 지원금은 복리후생비로 인건비 처리하게 되며 학원비를 지원받는 근로자 입장에서는 해당 지원금만큼 근로소득으로 잡혀 차후에 소득세를 부담하게 된다. 또한 영업사원이 영업활동 등을 위해 지출한 주유비, 식대 등에 대해서 증빙을 통해서 지출결의서를 올려 지급받는 경우에는 회사 입장에서 여비교통비 또는 접대비 등으로 회계 처리하되 근로자 입장에서는 소득이 아니므로 당연히 소득세(원천징수) 부담을 하지 않는다.

하지만 만약 증빙 등 확인이 안 되는 정액 기밀비 등을 받는 경우에는 회사 입장에서 이에 대해서 원천징수해서 근로자가 소득세 부담을 해야 한다. 일반적으로 이러한 일은 일반 근로자보다는 임원에게 발생하는 세무 이슈라고 보면 될 것이다. 증빙 없이 품위유지비 등으로 지급하게 되는 경우 회사 입장에서는 인건비로서 원천징수해야 한다.

급여와 관련한 계정과목은 여러 가지가 복합적으로 관련되는데, 이는 근로소득세와 4대 보험료에 대한 부분이 회사 측에서 계상을 해야 하기 때문이다.

계정과목

이번에는 급여 지급에서 가장 궁금해하는 계정과목에 대해 알아보자.

국민연금보험료 회사부담금은 세금과 공과금으로 처리하고, 건강보험료와 고용보험료 회사부담금은 복리후생비로 계상한다. 또한 산재보험료는 보통 보험료 계정과목을 사용한다. 그러나 이는 기준이 될 뿐이며, 구분의 실익은 크지 않다. 단지 계정과목을 한번 정하면 통일되게 계속 사용해야 하는 것이 더 중요하다.

급여와 함께 잡급이라는 계정도 있다. 이는 근로기간이 3개월 미만인 경우인 일용근로자에 대한 일당 개념의 지출이 있을 때 사용하는 계정이다. 구분 실익은 세무상 신고, 그리고 4대 보험 등에서 정규직 근로자와 차이가 있기 때문이다. 관리 측면에서도 당연히 별도로 계상을 해야 한다. 잡급 지급 시에는 지출증빙으로서 일용노무비 지급명세서를 작성해야 하며, 일용근로자의 신분증 사본 등을 보관해야 한다.

간단하게 급여 관련 회계처리에 대해서 설명을 하려면 2가지로 나눠서 할 수 있다.

첫째는 급여를 해당 월에 지급하는 경우다. 보통의 회사가 대부분 이에 해당한다. 1월 25일에 급여를 지급한다고 가정을 하면 1월 25일 통장에서 근로자에게 급여가 이체된 날에 회계처리를 해야 한다. 만약 200만 원인 A의 급여가 이때 지급되어야 한다고 가정하면, 예수금으로 근로소득세 등과 보험료에 해당하는 금액은 제외하고 지급하게 된다. 이는 회사가 차감한 후 국세청에 납부해야 하는 것이다.

두 번째는 급여를 해당 월에 지급하지 않고 다음 달에 지급하는 경우다. 보통 서비스업 회사가 이에 해당하는데, 이는 해당 월에 일정한 성과 측정이나 상여 등의 정산 또는 서비스업에서 발생하는 이직이 너무 잦은 경우에 주로 나타난다. 이때도 1월 31일에 급여에 대한 회계처리를 해야 한다. 그 대신 아직 지급하지 않은 급여에 대해서는 미지급급여로 부채로 인식을 해둔다. 미지급급여는 다음 달에 실제 이체할 때 상계 처리를 하게 된다.

급여와 관련된 회계처리

① 급여 미지급금 계상

- ㈜유진세무법인은 직원 대한 급여를 급여 귀속일이 속한 달의 다음 달 5일에 지급한다.
- 1월분 급여 300만 원을 1월 31일 결산 시점에 계상한다.

  (차변) 직원급여   3,000,000   (대변) 미지급비용   3,000,000

② 급여 지급 시 예수금 징수한 경우

- ㈜유진세무법인은 직원에 대한 1월분 급여를 2월 5일에 지급했다. 1월분 급여 300만 원이며 급여 지급 시 각종공제사항은 갑근세 2만 2천 원, 주민세 2,200원과 직원부담분 국민연금 8만 원, 임직원 부담분 건강보험료 5만 원, 임직원 부담분 고용보험료 2만 원이다.
* 고용보험은 사용자와 종업원이 나누어 부담을 하나 산재보험료는 회사에서만 부담한다.
* 고용보험과 산재보험은 연초나 분기에 개산보험료를 산출해 회사가 미리 납부를 하고 급여의 지급 시 고용보험은 공제를 하고, 산재

보험료는 회사만 부담을 하므로 급여에서 공제할 필요가 없다.

(차변) 미지급비용	3,000,000	(대변) 보통예금	2,826,800
		갑근세예수금	24,200
		국민연금예수금	80,000
		건강보험예수금	50,000
		고용보험예수금	20,000

③ 갑근세 납부 시

• 3월 10일에 1월분 급여에 대한 갑근세 및 주민세 24,200을 보통 예금에서 인출해 납부했다.

(차변) 갑근세 예수금	24,200	(대변) 보통예금	24,200

* 갑근세는 급여 지급일(1월분을 2월 5일에 지급)의 다음 달 10일까지 납부해야 하므로 이 경우 1월분 급여 지급 시 원천징수한 금액을 3월 10일까지 납부해야 한다.

• 급여월: 1월

• 급여지급일: 2월 5일 갑근세 및 주민세 징수

• 갑근세 납부일: 급여 지급 월(2월 5일)의 다음 달 10일(3월 10일)

④ 국민연금, 건강보험료를 납부 시

• 3월 10일에 1월분 국민연금 16만 원(직원부담금 8만 원, 회사부담금 8만 원)을 납부했다. 건강보험료 10만 원(종업원부담금 5만 원, 회사부담금 5만 원)을 보통예금통장에서 인출해 납부했다.

* 고용보험과 산재보험은 연초나 분기에 전년도 납부액에 따라 개산

보험료로서 미리 보험료를 납부하고 연말결산 시에 당기 발생한 보험료를 선급비용과 상계하며 추후 확정보험료에 따라 정산한다.

(차변) 국민연금예수금	80,000	(대변) 보통예금	260,000
건강보험예수금	50,000		
세금과공과$_1$	80,000		
복리후생비$_2$	50,000		

* 건강보험과 국민연금은 사용자와 종업원이 각각 1/2씩 부담하며, 공제액은 표준보수월액표에 따른다.

* 세금과공과$_1$: 국민연금 회사부담금 계정과목은 세금과공과로 보통 처리한다.

* 복리후생비$_2$: 건강보험 및 고용보험료 회사부담금 계정과목은 복리후생비로 처리한다.

03 | 복리후생비와 임원급여에 대한 세무상 중요 사항

　　복리후생비란 임직원의 복리후생을 위하여 지출하는 비용으로 사용인의 근로의욕의 고취, 생산성 제고, 사용인의 육체적·정신적 건전화와 경제적 지위의 향상, 근로환경 개선 등에 목적이 있다. 직원들에게 지원하는 교육비의 경우에는 회계상으로 복리후생비로 볼 수 있으며, 단지 일정한 교육비가 아닌 경우에는 세법상으로는 근로소득으로 봐야 한다.

　　앞에서 간단히 알아본 바와 같이 복리후생비로 회계 처리를 하지만, 세무상 인건비에 해당되는 경우가 있으므로 구분이 중요하다. 증빙도 그 구분에 따라 달라진다.

　　세무상 인건비에 해당되는 경우는 원천징수하므로 원천징수영수증을 보관하고, 그밖에는 내부적으로 지급품의서와 전표를 작성해 보관하면 된다. 외부와의 거래를 통한 복리후생비는 지출건당 3만 원 초과인 경우에는 세금계산서 등 법정지출증빙을 수취해야 한다.

　　종업원에 대한 의료비 지원금은 복리후생비로 처리하되, 그 금액은 해당 직원의 근로소득에 합산해 근로소득세를 원천징수해야 한다. 사

❙ 복리후생비의 종류

법적관련	건강보험료, 고용보험료 회사부담금 국민연금회사부담분은 세금과공과 또는 복리후생비로 처리함, 산재보험료는 보험료로 처리함
복리관련	직장보육시설의 운영비, 종업원을 위한 시설의 운영비 중 법인의 부담금(사택, 기숙사, 병원, 식당 등)
의료관련	정기건강진단료, 의무실 유지비, 의약품 구입비
소모품관련	피복비, 선물비, 다과비, 기타소모품
식대관련	휴일근무식비, 야근식비, 간식비, 회식비 등
기타	직장체육비, 야유회비, 주택보조금, 우리사주조합운영비

❙ 급여와 복리후생비의 구분

구분	인건비(급여, 상여 등)	복리후생비
의의	• 근로에 대한 대가 • 노동력의 유지를 위한 직접비	• 복리후생을 위한 지출 • 노동력의 유지·회복을 위한 생산성 향상목적
소득세과세 여부	• 근로소득세 과세 　(비과세소득 제외)	• 원천적으로 비과세

내 동호회에 지급하는 활동 지원비를 금전으로 지급하는 경우 복리후생비로 처리 가능하며, 대신 동호회에서 이를 사용할 때 관련된 지출 증빙자료를 보관해야 한다.

직원들에게 지원하는 교육비의 경우에는 회계상으로 복리후생비로 볼 수 있으며, 단지 일정한 교육비가 아닌 경우에는 세법상으로는 근로소득으로 봐야 한다. 소득세법상 비과세소득으로 보는 학자금에는

교육법에 의한 학교 및 근로자 직원훈련촉진법에 의한 직원능력개발
훈련시설의 입학금, 수업료 등을 의미한다. 즉 대학원 등록금을 지원
하는 경우에는 복리후생비로 처리하고, 근로소득으로도 보지 않기 때
문에 근로소득 원천징수도 불필요하다. 그러나 일반 어학원 수강료 지
원비에 대해서는 복리후생비이지만 근로소득 비과세가 아니기 때문에
근로소득 원천징수 문제가 발생한다.

임직원에게 지급하는 경조사비는 복리후생비로 처리 가능하며, 관
련된 청첩장 등의 자료를 첨부해 보관해야 한다.

임원급여

임원급여는 대표이사, 전무, 상무, 이사, 감사 등 법인기업체의 임원
에게 지급하는 급여로서 상여금도 포함된다. 임원급여를 직원에게 지
급하는 급여와 구분할 필요가 있는 경우에만 계정과목을 임원급여로
분류하며, 임원급여를 구분할 필요가 없는 경우 급료 및 임금으로 처
리한다. 임원급여, 직원급여(급료 및 임금), 제수당 등의 구분은 외부보

고 목적에서는 구분의 실익이 없으므로 기업회계기준은 통합하고 있으며, 내부관리 목적으로는 구분해 관리하는 것이 효율적이다. 임원급여가 중요한 이유는 바로 세무상 문제가 발생하기 때문이다.

임원의 인건비는 원칙적으로 손금에 산입한다. 그러나 다음에 해당하는 경우는 손금산입하지 않는다. 그 예를 보면 ①합명회사 또는 합자회사의 노무출자사원에게 지급한 보수, ②비상근임원의 보수 중 부당행위 계산부인의 대상이 되는 부분(과다보수로 인정되는 것), ③법인이 지배주주인 임원 또는 사용인에게 정당한 사유 없이 동일 직위에 있는 지배주주 등 외의 임원 또는 사용인에게 지급하는 금액을 초과하여 지급한 보수 등이 이에 해당한다.

법인이 사용인에게 상여금을 지급하고 이를 손비로 처리한 경우에는 전액 손금에 산입한다. 반면에 임원상여금 지급 시는 상여금 지급기준이 있는지 확인하고 지급해야 한다.

임원에게 지급하는 상여금은 정관·주주총회·사원총회 또는 이사회의 결의에 의하여 결정된 급여지급기준에 따라 지급하는 금액은 손금산입하고, 지급기준을 초과하거나 지급기준 없이 지급하는 상여금은 손금산입하지 않는다.

04 | 인건비 신고 자세히 들여다보기

인건비 신고는 몇 가지로 나눌 수 있다. 정규직으로 보는 일반 근로소득자에 대한 인건비 신고, 흔히 아르바이트라고 하는 일용직 근로자에 대한 인건비 신고, 그 외 학원 사업장에서 강사에 대해 인건비를 지급할 때 사용하는 사업소득자에 대한 인건비 신고가 있다. 그 외에도 퇴직소득, 외국인근로자 등에 대해서도 구체적으로 알아볼 것이며 마지막으로 연말정산에 대해서 검토하고자 한다.

근로소득과 다른 소득에 대한 구분

근로소득과 다른 소득에 대해서 좀 더 구체적으로 구분을 해봐야 할 필요가 있다. 왜냐하면 회계 업무를 함에 있어서 인건비를 지급하는 데 해당 인건비 신고를 근로소득으로 해야 할지, 사업소득으로 해야 할지, 또는 기타소득으로 해야 할지 등이 헷갈리는 경우가 종종 있기 때문이다. 일반적으로 고용관계 또는 이와 유사한 계약에 따라 비독립적 인적 용역인 근로를 제공하고 그 대가로 지급받은 소득을 말하며, 급

소득의 종류

구분	내용	특징	4대 보험 검토
근로소득자		갑근세 (갑종근로소득세)	건강보험, 국민연금, 고용보험, 산재보험 가입 및 납부 의무
일용근로자			일반적으로 없다고 생각할 수 있으나, 절대 그렇지 않다. 이에 대해서는 다른 챕터에서 검토하고자 한다.
사업소득자	법령에서 정한 원천징수 대상 사업소득을 지급하는 경우 이를 지급하는 자는 소득세를 원천징수해야 한다. 사업자등록을 한 사업자와는 다른 개념이다.	3.3% (소득세 3% 및 지방소득세 0.3%) 원천징수	인건비를 지급하는 자는 부담하지 않고, 사업소득자 본인이 지역가입자에 가입될 수 있다.
기타소득	기타소득은 이자소득·배당소득·사업소득·근로소득·연금소득·퇴직소득 및 양도소득 외의 소득으로 법령에서 규정하고 있다.		

여 기타 이와 유사한 성질의 것으로 급여·봉급·급료·세비·상여금 등이 근로소득에 해당된다.

고용관계나 이와 유사한 계약에 의해 근로를 제공하고 지급받는 대가는 근로소득에 해당하고, 고용관계 없이 독립된 자격으로 계속적으로 용역을 제공하고 지급받는 대가는 사업소득에 해당하는 것이며,

| 강의료

구 분	소득 종류
학교에 강사로 고용되어 지급받은 급여	근로소득
일시적으로 강의를 하고 지급받은 강사료	기타소득
독립된 자격으로 계속적·반복적으로 강의를 하고 받는 강사료	사업소득
학교와 학원이 계약을 체결하고 당해 학원에 고용된 강사로 하여금 강의를 하고 그 대가로 학원이 지급받는 금액	당해 학원의 사업소득

| 고문료

구 분	소득 종류
거주자가 근로계약에 의한 고용관계에 의하여 비상임자문역으로 경영자문용역을 제공하고 받는 소득 (고용관계 여부는 근로계약 내용 등을 종합적으로 판단)	근로소득
전문직 또는 컨설팅 등을 전문적으로 하는 사업자가 독립인 지위에서 사업상 또는 부수적인 용역인 경영자문용역을 계속적 또는 일시적으로 제공하고 얻는 소득	사업소득
근로소득 및 사업소득 외의 소득으로서 고용관계 없이 일시적으로 경영자문용역을 제공하고 얻는 소득	기타소득

일시적으로 용역을 제공하고 지급받는 대가는 기타소득에 해당된다.

강의와 고문료에 대한 대가를 예로 들어보면 위의 표와 같다.

다음은 근로소득으로 보는 주요 사례다.

— 근로계약이 아닌 연수협약에 의해 연수생에게 지급하는 연수수당

— 장기근속 근로자에게 지급하는 금품(포상금)

— 근로자가 정상근무시간 외에 사내교육을 실시하고 지급받는 강사료

— 퇴직 후 지급받는 성과금

— 해고되었던 자가 해고무효판결에 의해 일시에 받는 부당해고기간의 대가

  [※ 당해 소득의 귀 속시기는 근로를 제공한 날(해고기간)임]

— 퇴직교원이 초빙계약제의 기간제 교원으로 임용되어 초등학교에서 근로를 제공하고 공무원보수(수당)규정에 의해 월정액으로 지급받는 보수

— 사외이사가 고용관계나 이와 유사한 계약에 의하여 독립적인 자격 없이 직무를 수행하고 지급받는 월정액급여 및 이사회 참석 시 별도로 지급받는 수당

— 일정기간 동안 회사에 근무하기로 근로계약(약정 근로 기간 근무하지 않는 경우 반환조건)을 체결하고 당해 계약에 따라 지급받는 사이닝보너스 (Signing Bonus)

— 사립유치원(「유아교육법」 제7조 제3호에 따라 사인이 설립·경영하는 유치원을 포함함) 및 보육시설(「영유아보육법」 제10조에 따른 가정보육시설, 부모협동보육시설, 민간보육시설을 포함함)이 해당 유치원의 원장 및 보육시설의 장에게 지급하는 급여

— 근로자파견계약에 따라 파견근로자를 사용하는 사업주가 직접 파견근로자에게 별도로 지급하는 수당 등

05 | 기타소득에 대해서 더 알아보자

사업을 하는 개인사업자 또는 회사의 임직원이라도 간혹 외부에서 강의 등을 하고 강사료를 받는다거나 복권이나 경품에 뽑혀 당첨금을 받는 등 일시적·불규칙적으로 발생하는 소득이 있을 수 있다. 세법에서는 이를 '기타소득'으로 분류한다.

기타소득이란 이자소득·배당소득·부동산임대소득·사업소득·근로소득·일시재산소득·연금소득·퇴직소득·양도소득·산림소득 이외에 일시적·불규칙적으로 발생하는 소득을 말한다. 기타소득은 일반 사람들에게는 자주 발생하는 소득이 아니므로 대부분 잘 모르는 세금의 종류다. 회계 담당자 입장에서의 예를 들면 회사에서 외부강사가 와서 직무교육을 해주는 경우 이에 대해서 기타소득으로 할지 사업소득으로 인건비를 신고할지 잘 생각해봐야 한다.

실무적으로 가장 간단한 처리 방법은 해당 강사가 1년에 한 번 정도 와서 직무교육이나 직원을 위한 특강을 해주는 경우 기타소득으로 신고하고, 그렇지 않은 전문 강사의 경우 사업소득으로 신고하는 것이 일반적이다.

기타소득 과세방법

구체적으로 기타소득에 대한 과세방법에 대해서 알아보자. 즉 기타소득으로 받는 자 입장에서 알아보려고 한다. 고용관계가 없는 자가 다수인에게 강연을 하고 받는 강사료는 기타소득에 해당한다. 기타소득은 다른 소득과 합산해 과세하는 것이 원칙이다. 하지만 기타소득금액의 연간 합계액이 300만 원 이하인 경우에는 납세자가 원천징수에 의해 납세의무가 종결되는 분리과세를 택하든지, 다른 소득과 합해 종합과세를 적용받든지 선택을 할 수 있다. 기타소득금액이 300만 원을 초과하는 경우에는 선택의 여지가 없이 종합과세된다.

여기서 기타소득금액이 300만 원이라 하면, 강연료의 경우 70%를 필요경비로 공제한 금액이므로 실제 강연료는 1천만 원이다. 다만 실제 소요된 필요경비가 70% 초과할 경우 실제 소요경비다(이는 2018년 4월 1일부터 적용된 비율이며, 2019년 1월 1일부터는 60%로 조정된다).

기타소득금액(300만 원)=1,000만 원-(1,000만 원×70%)

단, 2019년 1월 1일 이후 750만 원-(750만 원×60%)

문제는 분리과세가 유리한지 아니면 종합과세가 유리한지를 따져보아야 한다. 원천징수세율은 20%이고 종합소득세율은 최저 6%에서 최고 38%까지 있으므로 자신의 다른 소득금액이 얼마나 되느냐에 따라 달라진다. 기타소득과 근로소득만이 있는 사람이라면 기타소득금액의 합계액과 연말정산한 근로소득원천징수 영수증상의 과세표준을 합한 금액(종합소득과세표준)이 4,600만 원 이하인 경우에는 종합과세를

분리과세 구분

무조건 분리과세	복권당첨소득, 승마투표권 등 환급금, 슬롯머신 당첨금품
무조건 종합과세	1. 계약의 위약 또는 해약으로 인하여 받는 위약금·배상금 (계약금이 위약금·배상금으로 대체되는 경우에 한함) 2. 뇌물, 알선수재에 따라 받은 금품
선택적 분리과세	1년 동안 기타소득금액이 300만 원 이하인 경우에는 납세자가 선택적으로 본인의 근로소득 등과 합산하지 않을 수 있다.

적용받으면 세액의 일부를 환급받을 수 있다. 이는 종합소득과세표준이 1,200만 원 이하면 6%, 4,600만 원 이하면 15%의 세율이 적용되나 원천징수를 할 때는 20%의 세율을 적용하기 때문이다. 종합소득과세표준이 4,600만 원을 초과하면 24%의 세율이 적용되므로 분리과세를 받는 것이 유리하다.

기타소득과 근로소득 외에 부동산임대소득이 있는 때는 기타소득금액 및 부동산임대소득금액의 합계액과 근로소득원천징수 영수증상의 과세표준을 합한 금액이 4,600만 원을 초과하는지 여부를 보고 판단하면 된다.

분리과세를 받을 경우에는 강사료 등을 받을 때 소득세를 원천징수했으므로 별다른 조치가 필요없으며, 종합과세를 적용받고자 하는 경우에는 다음 해 5월에 종합소득세 확정신고를 하면 된다.

기타소득금액 계산

기타소득금액은 총수입금액에서 필요경비를 공제해 계산한다. 사업소득의 경우는 장부와 증빙서류에 의해 지출 사실이 인정되어야 필요경비로 인정해주지만, 기타소득은 비용이 지출되지 않는 경우가 많으며 비용이 지출되더라도 증빙을 갖추기 어려운 경우가 대부분이다. 기타소득의 필요경비도 사업소득에 대한 필요경비와 같이 총수입금액을 얻기 위해 지출한 비용을 인정해주는 것이 원칙이나 다음의 경우 70%(2019년 1월 1일부터 60%로 이하 동일)를 필요경비로 인정해주고 있다. 다만 실제 소요된 필요경비가 70%(서화·골동품의 보유기간이 10년 이상인 경우 90%)에 상당하는 금액을 초과하면 그 초과하는 금액도 필요경비로 인정한다.

기타소득금액 = 총수입금액 − 필요경비

지급금액의 70%를 필요경비로 인정하는 기타소득은 다음과 같다.

① 공익법인이 주무관청의 승인을 얻어 시상하는 상금과 부상
② 다수가 순위경쟁 하는 대회에서 입상자가 받는 상금과 부상
③ 광업권·어업권·산업재산권·산업정보, 산업상 비밀, 상표권·영업권, 토사석(土砂石)의 채취허가에 따른 권리, 지하수의 개발·이용권, 기타 이와 유사한 자산이나 권리를 양도 또는 대여하고 받는 금품
④ 지역권·지상권을 설정 또는 대여하고 받는 금품
⑤ 문예·학술·미술·음악 또는 사진에 속하는 창작품에 대한 원작자로서 받는 원고료, 인세 등
⑥ 다음의 인적용역을 일시적으로 제공하고 받는 대가
— 고용 관계 없는 자가 다수인에게 강연을 하고 받는 강연료 등

― 라디오, 텔레비전 방송 등을 통해 해설·계몽 또는 연기의 심사 등을 하고 받는 보수 등

― 변호사, 공인회계사, 세무사, 건축사, 측량사, 변리사, 그 밖에 전문적 지식 또는 특별한 기능을 가진 자가 그 지식 또는 기능을 활용하여 용역을 제공하고 받는 보수 등

― 그 밖에 고용관계 없이 용역을 제공하고 받는 수당 등

⑦ 계약의 위약 또는 해약으로 인해 받는 위약금과 배상금 중 주택입주 지체상금

⑧ 점당 6천만 원 이상인 서화·골동품(국내 생존 작가의 작품 제외)을 양도하고 받는 금품

마지막으로 회계 담당자의 입장에서 회사에 와서 특강을 해준 강사에게 기타소득 강사료를 지급할 때 실무적으로 어떤 과정을 거치면 될까? 바로 기타소득의 원천징수를 먼저 떠올리면 된다. 앞에서 설명했지만 세무는 반복이 중요하다. 그렇기 때문에 다시 한 번 기타소득에 대해서 검토 후 회계 담당자로서 기타소득에 대한 원천징수에 대해서 재확인하고자 한다.

원천징수세액은 지급금액을 필요경비를 뺀 금액에 원천징수세율(20%)을 곱해 계산한다. 이때는 소득세의 10%인 지방소득세 소득분도 함께 원천징수한다.

원천징수할 세액 = (지급액 − 필요경비)×20%

원천징수 대상이 되는 기타소득을 지급하고도 원천징수를 하지 않으면 지급하는 자가 세금을 물어야 한다. 따라서 기타소득을 지급할 때는 원천징수 대상인지 여부를 반드시 확인해 보아야 한다. 원천징수 대상은 다음과 같다.

① 상금, 현상금, 포상금 등
② 복권, 경품권 그 밖의 추첨권에 당첨되어 받는 금품
③ '사행행위 등 규제 및 처벌특례법'에 규정하는 행위에 참가해 얻은 재산상의 이익
④ 경마의 승마투표권 및 경륜, 경정의 승자투표권의 당첨금품
⑤ 저작자, 음반제작자, 방송사업자가 아닌 사람이 받는 저작권 양도 대금 또는 사용료
⑥ 영화 필름, 라디오, 텔레비전방송용 테이프 또는 필름에 대한 자산 또는 권리의 양도, 대여 또는 사용의 대가로 받는 금품
⑦ 광업권, 어업권, 산업상 비밀, 상표권, 영업권, 토사석 채취권 등을 양도하거나 대여하고 그 대가로 받는 금품(해당 대여가 부가가치세법상 사업에 해당하는 경우 제외)
⑧ 물품 또는 장소를 일시적으로 대여하고 그 대가로 받는 금품
⑨ 지역권, 지상권(지하 또는 공중에 설정된 권리 포함)을 설정 또는 대여하고 받는 금품
⑩ 유실물의 습득 또는 매장물의 발견으로 인해 보상금을 받거나 새로 소유권을 취득하는 경우 그 보상금 또는 자산
⑪ 무주물의 점유로 소유권을 취득하는 자산

⑫ 특수관계인으로부터 받는 경제적 이익으로서 급여, 배당 또는 증여로 보지 아니하는 금품(소액주주인 우리사주조합원이 조합을 통해 취득한 당해 법인 주식의 취득가액과 시가와의 차액으로 인해 발생하는 소득은 제외)

⑬ 슬롯머신 등을 이용해 행위에 참가해 받는 당첨금품 등

⑭ 예술창작품(삽화 및 만화, 번역 포함)에 대한 원작자로서 받는 원고료, 인쇄 등

⑮ 재산권에 관한 알선수수료

⑯ 사례금

⑰ 소기업, 소상공인 공제부금의 해지일시금

⑱ 인적용역을 일시적으로 제공하고 지급받는 대가(⑮~⑰이 적용되는 경우 제외)

― 강연료, 방송해설사례금 등

― 전문직종사자의 일시사례금

― 기타 고용관계 없이 수당 또는 이와 유사한 성질의 대가를 받고 제공하는 용역

⑲ 법인세법에 의하여 기타소득으로 처분된 소득

⑳ 연금저축에 가입하고 저축 납입계약기간 만료 전에 해지하여 일시금을 받거나 만료 후 연금 외의 현태로 받는 소득

㉑ 퇴직 전에 부여받은 주식매수선택권을 퇴직 후에 행사하거나 또는 고용관계 없이 주식매수선택권을 부여받아 이를 행사함으로써 얻는 이익

㉒ 개당, 점당 또는 조당 양도가액이 6천만 원 이상인 서화, 골동품의 양도로 발생하는 소득(생존해 있는 국내 원작자 작품은 제외)

06 | 근로소득에 대한 인건비 신고하기

우리가 흔히 말하는 정규직 근로자뿐만 아니라 계약직 근로자도 모두 일반 근로소득자에 해당해 일반근로소득에 대한 인건비 신고를 해야 한다. 즉 일정한 고용계약에 의해서 사업주에게 근로를 제공하고 대가를 지급받는 자를 근로소득자로 하며, 여기에는 일용직 근로자는 포함되지 않는다. 좀 어려운 말로 하면, 고용관계 또는 이와 유사한 계약에 의해 비독립적 인적용역인 근로를 제공하고 그 대가로 지급받은 소득을 말하며, 급여 기타 이와 유사한 성질의 것으로 급여·봉급·급료·세비·상여금 등이 근로소득에 해당된다.

근로소득이란 근로계약에 의해 근로를 제공하고 지급받은 대가지만, 비과세되는 근로소득도 있다. 즉 회사에서 아래의 항목으로 받는 돈은 세금을 내지 않아도 된다.

① 실비변상적인 급여

— 일·숙박료, 여비

― 자가운전보조금(월 20만 원 이내 금액)

② 국외근로소득

― 국외에서 근로를 제공하고 받는 급여: 월 100만 원 이내 금액

― 원양어업선박, 외국항행선박의 종업원이 받는 급여, 국외 건설현장 등에서 근로를 제공하고 받는 보수: 월 150만 원 이내 금액

③ 월 10만 원 이하의 식사대(식사·기타 음식물을 제공받지 않는 경우에 한함) 등

④ 기타 비과세되는 소득

― 장해급여, 유족급여, 실업급여 등

― 근로자 본인의 학자금

― 출산·보육수당(월 10만 원 이내)

⑤ 생산직 근로자의 연장시간근로수당 등

좀 더 쉽게 예를 들어보자. 250만 원의 급여를 받는 사람의 경우 본인 차량이 있으면서 업무에 사용하는 경우 20만 원 비과세 적용되고, 점심 식사를 회사에서 지원하지 않는 경우 추가로 10만 원 비과세되며, 현재 5세의 아이가 한 명 있다면 추가로 10만 원 비과세 적용된다. 따라서 갑근세는 원천징수는 40만 원 비과세를 제외한 210만 원을 기준으로 원천징수하는 세금 계산을 하는 것이다.

근로소득자 부담

근로소득자는 국세청에서 관할하는 근로소득세(국세), 지방자치단체(시청·구청 등)에서 관할하는 지방소득세를 부담해야 하며, 4대 보험 공단에서 관할하는 건강보험, 국민연금, 산재보험, 고용보험 등에 가입

되고 일부 부담도 해야 한다.

이와 관련해 인건비 신고는 다음과 같다.

근로소득에 대한 인건비 관련 신고 3가지

① 매월: 갑근세 간이세액표 기준으로 원천징수이행상황신고 및 납부,
4대 보험 신고 및 납부

② 1년에 한 번 매년 3월 10일까지(1월 급여): 직전 1년간 연말정산된 세금
과 2월 간이세액에 대한 원천징수이행상황신고

③ 1년에 한 번 매년 3월 10일까지: 지급명세서 신고

연말정산이라는 것은 매년 초에 1년에 한 번 그동안 간이세액표에
따라 임시로 원천징수했던 세금에 대해서 정산을 하는 것이다. 모든
근로자마다 부양가족이나 다양한 소득공제 항목이 있는데, 이에 대해
서 매월 변동사항 등을 파악하여 신고할 수가 없으므로 근로자 개인별
로 1년에 한 번씩 1년 동안의 급여를 기준으로 개개인에 따른 소득세
부담을 정산하는 구조다.

가장 중요한 부분이 결국은 매월 하는 원천징수이행상황신고이며,
해당 서류는 다음 페이지를 참고하자. 이에 대한 구체적인 작성방법은
실질적으로 일반 회사에서는 회계 프로그램 또는 국세청에서 가능하
므로 생략하기로 한다. 단지 갑근세 간이세액표에 대해서는 좀 더 설
명을 하도록 하겠다. 다음 박스글을 읽어보자.

①신고구분						☑ 원천징수이행상황신고서 □ 원천징수세액환급신청서		②귀속연월	2013년 6월
매월	반기	수정	연말	소득 처분	환급 신청			③지급연월	2013년 6월

원천징수 의 무 자	법인명(상호)	○○○	대표자(성명)	△△△	일괄납부 여부	여, 부
					사 업 자 단 위 과 세 여 부	여, 부
	사업자(주민) 등록번호	xxx-xx-xxxxx	사업장 소재지	○○○○○	전 화 번 호	xxx-xxx-xxxx
					전자우편주소	00@00.00

❶ 원천징수 명세 및 납부세액(단위 : 원)

소득자 소득구분		코드	원천징수명세					⑨ 당월 조정 환급세액	납부 세액	
			소득지급			징수세액				
			④ 인원	⑤ 총지급액	⑥ 소득세등	⑦농어촌 특별세	⑧ 가산세		⑩ 소득세 등 (가산세 포함)	⑪ 농어촌 특별세
개 인 거 주 자 · 비 거 주 자	근로 소득 간 이 세 액	A01	10	35,000,000	1,000,000					
	근로 소득 중 도 퇴 사	A02	1	24,573,000	△520,000					
	근로 소득 일 용 근 로	A03								
	근로 소득 연 말 정 산	A04								
	근로 소득 가 감 계	A10	11	59,573,000	480,000				480,000	
	퇴직 소득 연 금 계 좌	A21								
	퇴직 소득 그 외	A22	1	138,000,000	6,600,000					
	퇴직 소득 가 감 계	A20	1	138,000,000	6,600,000				6,600,000	
	사업 소득 매 월 징 수	A25								
	사업 소득 연 말 정 산	A26								
	사업 소득 가 감 계	A30								
	기타 소득 연 금 계 좌	A41								
	기타 소득 그 외	A42	1	300,000	12,000					
	기타 소득 가 감 계	A40	1	300,000	12,000				12,000	
	연금 소득 연 금 계 좌	A48								
	연금 소득 공적연금(매월)	A45								
	연금 소득 연 말 정 산	A46								
	연금 소득 가 감 계	A47								
	이자소득	A50	1	1,600,000	400,000				400,000	
	배당소득	A60								
	저축해지 추징세액 등	A69								
	비거주자 양도소득	A70								
법인	내·외국법인원천	A80								
수정신고(세액)		A90								
총합계		A99	14	199,473,000	7,492,000				7,492,000	

❷ 환급세액 조정(단위 : 원)

전월 미환급 세액의 계산			당월 발생 환급세액				⑱ 조정대상 환급세액 (⑭+⑮+⑯+⑰)	⑲ 당월조정 환급세액계	⑳차월이월 환급세액 (⑱-⑲)	㉑ 환 급 신청액
⑫ 전 월 미환급 세 액	⑬ 기 환 급 신청세액	⑭ 차감잔액 (⑫-⑬)	⑮ 일반환급	⑯ 신탁재산 (금융회사 등)	그밖의 환급세액					
					⑰ 금융 회사 등	합병 등				

근로소득 간이세액표

- 근로소득 간이세액표는 소득세법 제129조 제3항에 따라 원천징수의무자가 근로자에게 매월 급여를 지급하는 때 원천징수해야 하는 세액을 급여수준 및 가족 수별로 정한 표이며 매년 바뀌게 된다.
- 근로소득 간이세액표에 따라 매월 원천징수한 세액의 연간 합계액이 과세 기간 중 지출한 보험료, 의료비, 교육비, 기부금 등을 반영한 실제 세부담(연말정산 시 결정세액)보다 큰 경우 근로소득자는 연말정산에서 그 차액을 환급받을 수 있고, 실제 세부담보다 적은 경우 연말정산에서 그 차액을 추가 납부해야 한다.

▌근로소득 간이세액표 일부 발췌

(단위 : 원)

월급여액(천원) [비과세및학자금제외]		공제대상가족의 수									
이상	미만	1	2	3	4	5	6	7	8	9	10	11
2,430	2,440	35,980	26,340	15,130	11,760	8,380	5,010	1,630	0	0	0	0
2,440	2,450	36,790	26,660	15,330	11,950	8,580	5,200	1,830	0	0	0	0
2,450	2,460	37,590	26,980	15,530	12,150	8,780	5,400	2,030	0	0	0	0
2,460	2,470	38,390	27,300	15,730	12,350	8,980	5,600	2,230	0	0	0	0
2,470	2,480	39,200	27,630	15,920	12,550	9,170	5,800	2,420	0	0	0	0
2,480	2,490	40,000	27,950	16,120	12,750	9,370	6,000	2,620	0	0	0	0
2,490	2,500	40,800	28,270	16,320	12,950	9,570	6,200	2,820	0	0	0	0
2,500	2,510	41,630	28,600	16,530	13,150	9,780	6,400	3,030	0	0	0	0
2,510	2,520	42,490	28,940	16,740	13,360	9,990	6,610	3,240	0	0	0	0
2,520	2,530	43,340	29,280	16,950	13,580	10,200	6,830	3,450	0	0	0	0
2,530	2,540	44,200	29,630	17,160	13,790	10,410	7,040	3,660	0	0	0	0
2,540	2,550	45,050	29,970	17,370	14,000	10,620	7,250	3,870	0	0	0	0
2,550	2,560	45,910	30,310	17,590	14,210	10,840	7,460	4,090	0	0	0	0
2,560	2,570	46,770	30,650	17,800	14,420	11,050	7,670	4,300	0	0	0	0
2,570	2,580	47,620	31,000	18,010	14,630	11,260	7,880	4,510	1,130	0	0	0
2,580	2,590	48,480	31,340	18,220	14,850	11,470	8,100	4,720	1,350	0	0	0
2,590	2,600	49,330	31,830	18,430	15,060	11,680	8,310	4,930	1,560	0	0	0

지급명세서

마지막으로 중요한 지급명세서(원천징수영수증)에 대해서 알아보자.

앞에서 알아본 바와 같이 매월 회사 직원에 대한 급여에 대해서 원천세 신고를 하게 되며, 이는 간이세액표 기준으로 원천징수이행상황신고 및 납부다. 이렇게 매월 간이세액표 기준으로 임시로 세액 신고를 한 후 그 다음 해 2월에 연말정산을 통해 정확한 세금을 계산(정산)하게 되는 것이다. 이때 직원 개인별 정산된 내용을 기재한 것이 지급명세서다. 즉 직원 개인별로 연말정산에 따른 각종 소득공제 등이 나타나고 1년 동안의 소득에 대한 정확한 개인별 세금 납부내용이 나온 서류를 지급명세서라고 하며, 원천징수영수증이라고도 한다.

회사 직원들은 2월 초에 연말정산 관련 본인의 각종 서류를 회사에 제출하게 되고 회사는 이러한 개인별 소득공제 등 내용을 지급명세서에 기재해 국세청에 3월 10일까지 신고하게 된다.

원천징수 영수증 1

■ 소득세법 시행규칙 [별지 제24호서식(1)] 〈개정안〉

거주구분	거주자1/비거주자2
거주지국	거주지국코드
내 · 외국인	내국인1 / 외국인9
외국인단일세율적용	여 1 / 부 2
외국법인소속 파견근로자 여부	여 1 / 부 2
국적	국적코드
세대주 여부	세대주1, 세대원2
연말정산 구분	계속근로1, 중도퇴사2

관리
번호

[ ]근로소득 원천징수영수증
[ ]근로소득 지 급 명 세 서

([ ]소득자 보관용 [ ]발행자 보관용 [ ]발행자 보고용)

징 수 의무자	① 법인명(상 호)	② 대 표 자(성 명)
	③ 사업자등록번호	④ 주 민 등 록 번 호
	⑤ 소 재 지(주소)	
소득자	⑥ 성 명	⑦ 주 민 등 록 번 호(외국인등록번호)
	⑧ 주 소	

	구 분	주(현)	종(전)	종(전)	⑯-1 납세조합	합 계
Ⅰ 근 무 처 별 소 득 명 세	⑨ 근 무 처 명					
	⑩ 사업자등록번호					
	⑪ 근무기간	~	~	~	~	~
	⑫ 감면기간	~	~	~	~	~
	⑬ 급 여					
	⑭ 상 여					
	⑮ 인 정 상 여					
	⑮-1 주식매수선택권 행사이익					
	⑮-2 우리사주조합인출금					
	⑮-3 임원 퇴직소득금액 한도초과액					
	⑮-4					
	⑯ 계					
Ⅱ 비 과 세 및 감 면 소 득 명 세	⑱ 국외근로	M0X				
	⑱-1 야간근로수당	O0X				
	⑱-2 출산 · 보육수당	Q0X				
	⑱-4 연구보조비	H0X				
	⑱-5					
	⑱-6					
	~					
	⑱-28					
	⑲ 수련보조수당	Y22				
	⑳ 비과세소득 계					
	⑳-1 감면소득 계					

	구 분		⑱ 소 득 세	⑲ 지방소득세	⑳ 농어촌특별세
Ⅲ 세 액 명 세	⑫ 결 정 세 액				
	기납부 세 액	⑬ 종(전)근무지 (결정세액란의 세 액을 적습니다)	사업자 등록 번호			
		⑭ 주(현)근무지			
	⑮ 납부특례세액				
	⑯ 차 감 징 수 세 액(⑬-⑭-⑮-⑯)				

위의 원천징수액(근로소득)을 정히 영수(지급)합니다.

년   월   일

징수(보고)의무자

(서명 또는 인)

세 무 서 장 귀하

210mm×297mm[백상지 80g/㎡(재활용품)]

원천징수 영수증 2

	㉑ 총급여(⑯, 다만 외국인단일세율 적용 시에는 연간 근로소득)				㊽ 종합소득 과세표준			
	㉒ 근로소득공제				㊾ 산출세액			
	㉓ 근로소득금액							
	기본공제	㉔ 본 인			세액감면	㊿ 「소득세법」		
		㉕ 배 우 자				51 「조세특례제한법」(52 제외)		
		㉖ 부 양 가 족(명)				52 「조세특례제한법」 제30조		
	추가공제	㉗ 경 로 우 대(명)				53 조세조약		
		㉘ 장 애 인(명)				54 세 액 감 면 계		
		㉙ 부 녀 자						
		㉚ 한 부 모 가 족				55 근로소득		
	연금보험료공제	㉛ 국민연금보험료				56 자녀	공제대상자녀 (명)	
		공적연금보험료공제 32	㉮ 공무원연금				6세 이하 (명)	
			㉯ 군인연금				출산·입양자 (명)	
			㉰ 사립학교교직원연금		연금계좌	57 과학기술인공제	공제대상금액	
Ⅳ 정산명세	종합소득공제		㉱ 별정우체국연금				세액공제	
		보험료 33	㉮ 건강보험료(노인장기요양보험료포함)			58 「근로자퇴직급여 보장법」에 따른 퇴직연금	공제대상금액	
			㉯ 고용보험료				세액공제	
		특별소득공제	주택자금 34	㉮ 주택임차차입금원리금상환액	대출기관		59 연금저축	공제대상금액	
					거주자			세액공제	
				㉯ 장기주택저당차입금이자상환액	2011년이전차입분	15년 미만			
						15년~29년		60 보험료	보장성	공제대상금액
						30년 이상				세액공제
					2012년이후차입분	고정금리이거나 비거치상환 대출			장애인전용보장성	공제대상금액
						그 밖의 대출				세액공제
					2015년이후차입분	15년이상	고정금리이면서 비거치상환 대출	61 의료비	공제대상금액	
세액공제							고정금리이거나 비거치상환 대출		세액공제	
							그 밖의 대출	62 교육비	공제대상금액	
						10년~15년	고정금리이거나 비거치상환 대출		세액공제	
특별세액공제			35 기부금(이월분)			기부금 63	㉮ 정치자금기부금	10만원 이하	공제대상금액
			36 계						세액공제
		37 차 감 소 득 금 액						10만원 초과	공제대상금액
		38 개인연금저축							세액공제
		39 소기업·소상공인 공제부금					㉯ 법정기부금	공제대상금액	
		40 주택마련저축소득공제	㉮ 청약저축					세액공제	
			㉯ 주택청약종합저축				㉰ 우리사주조합기부금	공제대상금액	
			㉱ 근로자주택마련저축					세액공제	
		41 투자조합출자 등					㉴ 지정기부금(종교단체외)	공제대상금액	
		42 신용카드등 사용액						세액공제	
		43 우리사주조합 출연금					㉵ 지정기부금(종교단체)	공제대상금액	
		44 고용유지 중소기업 근로자						세액공제	
		45 장기집합투자증권저축				64 계			
		46 그 밖의 소득공제 계				65 표준세액공제			
		47 소득공제 종합한도 초과액				66 납세조합공제			
						67 주택차입금			
						68 외국납부			
						69 월세액	공제대상금액		
							세액공제		
						70 세 액 공 제 계			
						71 결 정 세 액(㊾-54-70)			

07 │ 연말정산은 13번째 월급?

매년 12월이면 신문에 나오는 기사가 있다. 바로 연말정산이다. "13번째 월급, 잊지 말고 챙기자." 선동적 제목만 보면 정말 13번째 월급이 있는 것처럼 왠지 기대감에 부풀게 되고, 세금에 대해 잘 모르는 사람들은 당연히 '연말정산 = 13번째 월급 = 간만의 용돈 = 못 받으면 바보'라고 생각하기도 한다.

그러나 사실은 항상 그렇지 않다. 13번째 월급은커녕 오히려 추가로 돈을 내는 경우도 있다. 상당히 억울하다고 느껴질 수 있지만 당연한 것이고, 연말정산에 대해서 잘 모르고 하는 이야기인 것이다.

정산이라는 단어는 꼭 세금에 대한 업무를 하지 않았어도 회사 업무에서는 누구나 들어봤을 것이다. 출장을 자주 나가는 영업직이라면 교통비 정산, 식대 정산이라는 말을 많이 사용해봤을 것이다.

정산의 사전적 의미는 정밀하게 계산한다는 것이다. 그렇다면 연말정산이란 무엇일까? 연말에 한 번 정확하게 계산한다는 의미다. 그렇다면 이런 생각이 들 법하다. '아니 처음부터 정확하게 계산하면 되지. 연중엔 뭐하다가 연말에 와서 정확하게 계산한다는 거지?' 왜 그럴까?

매월 급여 명세서를 보면 국민연금, 건강보험료 등 각종 보험료와 더불어 구석에 조그맣게 '소득세'라고 쓰여 있는 것을 보았을 것이다. 즉 우리는 월급을 받으면서 세금을 미리 떼고 받고 있다. 그렇게 12개월 동안 월급을 받음과 동시에 세금을 미리미리 내게 된다. 이미 앞에서 설명했듯이 매월 원천징수를 하고 있는 것이다.

올 한 해 내야 할 세금 vs. 매월 월급에서 나갔던 세금
- 내야 할 세금 > 매월 월급에서 나간 세금 = 추가로 납부
- 내야 할 세금 < 매월 월급에서 나간 세금 = 돌려받음

이 두 금액을 비교해서 매월 월급에서 나간 세금이 더 많으면 돌려받는 것(연말정산 환급, 13월의 급여)이고, 그 금액이 더 적으면 추가로 내야 하는 것이다. 즉 연말정산을 한다고 무조건 받는 것이 아니고, 금액을 서로 비교해서 돌려받을 수도, 더 낼 수도 있는 것이다.

연말정산의 개념에서 살펴본 것처럼 연말정산을 하면 두 금액을 비교해서 그 차액을 돌려받거나 더 내게 되어 있다. 그런데 연말정산의 묘미는 바로 내야 할 세금을 줄일 수 있다는 것에 있다.

연말정산의 구조상 내야 될 세금이 줄어들면 돌려받을 가능성이 커지고, 줄이면 줄일수록 차액은 점점 커지게 돼서 돌려받는 금액도 커진다. 그 줄이는 역할을 하는 것이 바로 '공제'다. 우리가 현금으로 물건을 사면서 끊었던 현금영수증, 교회에 다니면서 냈던 현금, 근무시간에 몰래 쇼핑몰에 들어가서 지르는데 사용했던 신용카드 등이 한 해 동안 벌어들인 소득을 줄여줘서 내야 할 세금이 줄어들고 결국엔 돌려

받을 확률을 크게 만들어주는 '공제' 역할을 하는 것이다.

물론 전액 다 빼주는 것은 아니기 때문에 카드를 몇 억 원을 썼던, 현금을 수억 원을 냈던 무조건 낸 세금을 환급받는 것은 아니지만, 그만큼 확률은 높아진다.

국세청 연말정산 서비스

요즘은 국세청에서 다음과 같은 서비스를 제공하기 때문에 본인의 공제액이 얼마인지 손쉽게 알아볼수 있지만, 모든 공제액을 다 알려주는 것은 아니기 때문에 해당되는 사항이 있다면 빠뜨리지 말고 해당 서류를 제출해서 공제를 받아야 한다.

▎ 연말정산 간소화 서비스

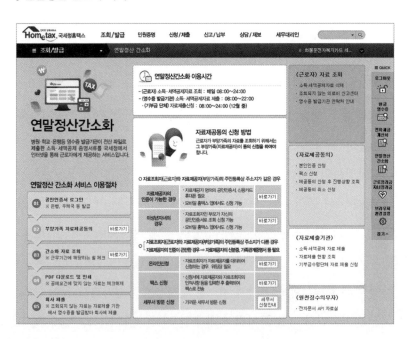

근로소득 연말정산 세액 계산방법

총급여세액 (비과세 소득제외)

총급여액	근로소득공제금액
500만 원 이하	총급여액의 100분의 70
500만 원 초과 1,500만 원 이하	350만 원+(총급여액-500만 원)×40%
1,500만 원 초과 4,500만 원 이하	750만 원+(총급여액-1,500만 원)×15%
4,500만 원 초과 1억 원 이하	1,200만 원+(총급여액-4,500만 원)×5%
1억 원 초과	1,475만 원+(총급여액-1억 원)×2%

－

근로소득공제

＝

근로소득금액

－

인적공제

기본공제	추가공제
• 본인	• 경로우대자·한부모
• 배우자	• 장애인
• 부양가족	• 부녀자

－

연금보험료공제

－

특별소득공제

• 건강보험료 등, 고용보험료 • 월세액 • 주택임차차입금 원리금상환액
• 장개주택저당차입금 이자상환액 • 기부금(이월분)

－

그 밖의 소득공제

• 개인연금저축 • 주택마련저축 • 소기업·소상공인 공제부금
• 투자조합출자 등 • 신용카드 등 • 우리사주조합 출연금 • 기부금
• 장기집합투자증권저축 • 고용유지중소기업 • 목돈 안드는 전세 이자상환액

＝

과세표준	×	세금

＝

산출세액

과세표준구간	세율
1,200만 원 이하	6%
1,200만 원~4,600만 원	15%-108만 원
4,600만원~8,300만 원	24%-522만 원
8,800만 원~1.5억 원	35%-1,490만 원
1.5억 원~3억 원	38%-1,940만 원
3억 원~5억 원	40%-2,540만 원
5억 원 초과	42%-3,540만 원

－

세액공제·감면

＝

결정세액

• 근로소득 • 특별세액공제(정치자금기부금 포함) • 주택자금이자
• 외국납부세액 등 • 소득세법 및 조세특례제한법상 세액감면

－

기납부세액

• 매월 급여에 대해 근로소득 간이세액표에 따라 원천징수한 세액의 연간 합계액

＝

차감징수세액

• 결정세액 > 납부세액: 차액을 납부
• 결정세액 > 납부세액: 차액을 환급

CHAPTER 4

회계·노무 담당자라면
꼭 알아야 할 세금

회계 등을 통해서 정리된 자료를 바탕으로 결국은 세금신고를 하게 된다. 회사 입장에서 영업이익만큼 세금이 과도하게 지출되면 결국 이익이 줄어들게 되므로 반드시 꼼꼼히 공부하길 바란다. 특히 업무를 잘못 진행하다 보면 무거운 가산세 부담을 받을 수 있으므로 매우 신중하게 해야 하는 업무 중 하나다.

01 | 세금의 종류

　　　　막상 세금이라고 하면 언뜻 연말정산에 따른 갑근세가 생각난다. 하지만 근로자가 아닌 사업자 입장에서는 그 외에도 많은 세금이 있다.

　일상생활 속에서도 알게 모르게 많은 세금을 내고 있다. 사업을 해서 돈을 벌었으면 소득세를 내야 하고, 번 돈을 가지고 집이나 자동차를 사면 취득세를 내야 하며, 집이나 자동차 등을 가지고 있으면 재산세·종합부동산세·자동차세 등을 내야 한다. 그뿐만 아니라 부동산을 팔아 돈을 벌면 양도소득세를 내야 하고, 자식에게 증여를 하면 증여세를, 부모가 사망해 재산을 물려받게 되면 상속세를 내야 한다.

　지금까지 말한 세금은 그래도 알고 내는 세금이지만 우리가 알지도 못하는 사이에 내는 세금도 한두 가지가 아니다. 물건을 사거나 음식을 먹으면 그 값에 부가가치세가 포함되어 있고, 고급 가구 등을 사면 개별소비세가, 술값에는 주세가, 담배값에는 담배소비세가 포함되어 있다. 그뿐만 아니라 계약서를 작성하면 인지세를, 면허를 가지고 있으면 면허세를 내야 한다.

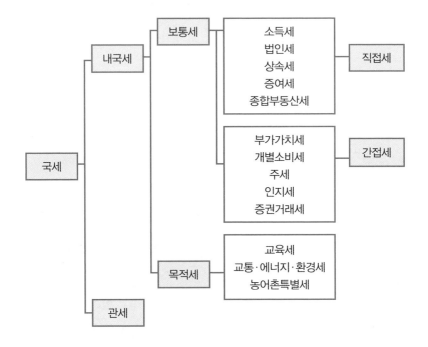

그러나 우리의 일상생활 속에서 세금 문제는 피할 수가 없다. 소득과 재산이 있거나 거래가 이루어지는 곳에는 항상 세금이 따라 다니기 때문이다. 현재 우리나라 세금의 종류는 위의 표와 같다.

내국세란 우리나라의 영토 안에서 사람이나 물품에 대해 부과하는 세금으로 국세청에서 담당하고 있으며, 관세란 외국으로부터 물품을 수입할 때 부과하는 세금으로 관세청에서 담당하고 있다.

보통세와 목적세는 세금을 징수하는 목적에 따라 구분하는 것이다. 보통세는 국방·치안·도로건설 등 일반적인 국가운영에 필요한 경비를 조달하기 위해 내는 세금이며, 목적세는 교육환경 개선 등 특정한 목적의 경비를 조달하기 위해 내는 세금이다.

지방세는 지역의 공공서비스를 제공하는 데 필요한 재원으로 쓰기 위해 지방자치단체별로 각각 과세하는 세금이다. 자동차를 보유하고 있으면 납부해야 하는 자동차세는 지방세인 것이다. 즉 국세청이 아닌 시청이나 구청에서 부과하게 된다.

❙ 지방세의 종류

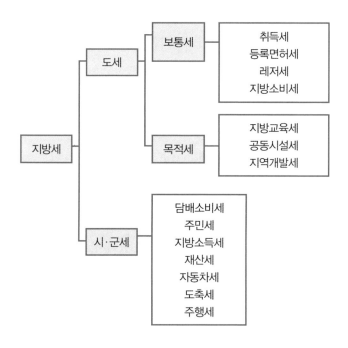

02 | 부가가치세를 알아보자

부가가치세라는 것을 들어봤을 것이다. 일상생활에서 부가가치세라는 것을 많이 보기도 하고, 내기도 했다. 신용카드를 쓸 때마다 대부분 부가세라고 자주 보게 되며, 그때마다 우리들은 부가가치세를 납부하고 있는 것이다.

호텔을 이용하면 흔히 말하는 '텐텐(10-10)'이 붙는다는 것도 알고 있다. 그중 텐은 부가가치세, 그리고 나머지 텐은 봉사료를 말하는 것이다. 보통 간접세라고 표현한다. 그 이유는 우리가 밖에서 먹는 음식, 쇼핑하는 물건, 그런 것들의 가격 속에 포함되어 있어서 그렇다. 물건값을 지불하면서 간접적으로 세금을 낸다는 것이다. 즉 매일매일 자주 내긴 했지만 잘 생각이 나지 않은 이유는 직접 세금을 낸 게 아니라 음식값을 통해서 냈기 때문이다.

부가가치세의 납세의무자는 사업자(사업 목적이 영리이든 비영리이든 관계없이 사업상 독립적으로 재화 또는 용역을 공급하는 자)로서 개인·법인(국가·지방자치단체와 지방자치단체조합을 포함), 법인격이 없는 사단·재단 또는 그 밖의 단체로 규정하고 있다.

| 부가세

[영 수 증]

```
[매장명]
[사업자]
[주 소]
층
[대표자]              [TEL]
[매출일] 2018-11-19 18:56:00
[영수증] 20181119-01-0070

 상 품 명     단 가   수 량   금  액

올리브치아바타샌   7,900    1    7,900

합 계 금 액                   7,900

     부가세 과세물품가액      7,182
     부    가    세          718

받 을 금 액              7,900

받 은 금 액              7,900
```

부가세(재화 또는 용역의 공급에 붙는 세금)는 소비자가 내고, 납세의무자는 사업자다. 즉 재화를 공급받는 소비자가 부가가치세를 내는 것이나, 그에 대한 납세의무자는 원천징수처럼 사업자다.

사업목적이 영리이든 비영리이든 관계없기 때문에 개인 등도 부가가치세 납세의무를 가지게 된다. 하지만 사업성이 없는 일시적인 공급에 대해서까지 부가가치세 납세의무를 지게 되면 그 납세부담이 커질 것이므로 사업성이 있느냐를 따질 수밖에 없다. 이러한 사업성은 실질적인 사업형태를 갖추고 계속적이고 반복적으로 재화 등을 공급하느냐에 따라서 판단하게 된다. 또한 다른 사람에게 고용되어 있거나 사업 자체가 대외적으로 독립되어야 납세의무자가 된다. 따라서 우리가 돈을 벌려고(영리 목적) 회사를 다니고 계속적이고 반복적으로 근로를 제공하지만 부가가치세를 내지 않는 이유는 독립된 위치에서 근로를 공급하는 것이 아니기 때문이다. 결국 핵심은 독립적으로 계속 반복적으로 재화 등을 공급하느냐다.

부가가치세의 과세대상은 사업자가 행하는 재화 또는 용역의 공급과 재화의 수입이다. 하지만 재화 또는 용역 그 자체가 과세대상이 되는 것이 아니다. 우리가 물건을 살 때나 음식을 먹고 음식값을 낼 때 그 물건 값에 부가가치세가 포함되어 있기 때문에 물건이나 음식 그 자체에 부가가치세가 붙는다고 오해를 한다. 하지만 사실은 물건 등을 우리에게 공급하는 그 행위에 부가가치세가 붙는 것이다.

또한 이러한 공급과 수입의 행위에는 돈이 오가는 것이 일반적이지만 반드시 유상으로 공급하는 것만을 과세대상으로 하는 것은 아니다. 재화는 무상으로 공급하는 경우에도 그 시가를 과세표준으로 해서 과세하고 있다. 반면에 용역을 무상으로 공급했을 때는 그 서비스의 가격이 얼마인지에 대한 측정이 어렵기 때문에 과세대상에서 제외된다.

부가가치세 면제 제도

일정한 재화 또는 용역의 공급에 대해 부가가치세의 납세의무를 면제하는 제도가 있다.

재화 및 용역의 공급, 재화의 수입은 과세함이 원칙이나 이에 대한 예외적 성격으로 납세의무 자체를 면제하는 것이므로 매출세액이 존재하지 않으며, 매입 시 거래징수당한 매입세액을 환급받을 수 없다. 따라서 부가가치세의 부담이 완전히 제거되지 않기 때문에 부분면세라고도 한다. 부가가치세법상 면세대상은 법에 열거된 재화 또는 용역에 한한다. 그러므로 실무상 어떤 재화 또는 용역의 공급이 과세대상인지 면세대상인지의 여부를 판정할 때는 법에 열거된 면세재화 또는 용역에 정확하게 부합되는 경우에만 면세로 판정하고, 기타의 것은 모두 과세대상으로 보면 되는 것이다.

다음과 같이 일부 생활필수품을 판매하거나 의료·교육 관련 용역의 공급에는 부가가치세가 면제된다.

┃ 부가가치세 면제대상

• 곡물, 과실, 채소, 육류, 생선 등 가공되지 않은 식료품의 판매	• 연탄, 무연탄, 복권의 판매
• 허가 또는 인가 등을 받은 학원, 강습소, 교습소 등 교육 용역업	• 병·의원 등 의료보건 용역 (성형수술 등 일부 용역은 과세)
• 도서, 신문, 잡지(광고 제외)	

※ 부가가치세 면세사업자는 부가가치세를 신고할 의무가 없으나 사업장 현황신고는 해야 한다.
※ 1년간의 매출액과 동일 기간 내에 주고받은 세금계산서와 계산서 합계표를 다음 해 2월 10일까지 사업장 관할세무서에 신고해야 한다.

03 | 일반과세자와 간이과세자, 부가세 신고하기

일반적으로 사업자등록증을 보면 가로 표시에 일반과세자 또는 면세사업자, 간이과세자, 법인사업자 등 부제목이 기재되어 있다. 이는 부가가치세를 기준으로 보면 쉽다. 일반과세자는 개인사업자 중에서 부가가치세 과세사업자를 의미한다. 또한 간이과세자는 부가가치세 적용을 간이로 적용받는 영세사업자를 의미한다. 정확히 말하면 간이과세자란 1년간 매출액이 4,800만 원 미만인 소규모 사업자를 말한다. 단, 소규모라고 모두 간이과세를 적용할 수 있는 것은 아니다. 간이과세 배제기준에 해당되는 사업자의 경우는 소규모이더라도 간이과세자를 적용받을 수 없다. 일반과세자와 간이과세자의 차이점은 다음 페이지 표를 참고하자.

부가가치세 과세기간

부가가치세는 원칙적으로 6개월을 과세기간(1월 1일~6월 30일, 7월 1일~12월 31일)로 해서 그 과세기간이 끝난 후 25일 이내에 신고 납부해야 한다. 이를 확정신고라고 한다. 그러나 부가가치세 일시납부에 따른

┃ 일반과세자와 간이과세자의 차이점

구분	일반과세자	간이과세자
	1년간 매출액 4,800만 원 이상이거나 간이과세 배제되는 업종·지역인 경우*	1년간 매출액 4,800만 원 미만이고 간이과세 배제되는 업종·지역에 해당되지 않는 경우
매출세액	공급가액×10%	공급대가× 업종별 부가가치율×10%
세금계산서 발급	발급의무 있음	발급할 수 없음
매입세액 공제	전액공제	매입세액× 업종별 부가가치율
의제매입세액 공제	모든 업종에 적용	음식점업과 제조업에만 적용

※ 광업·제조업·도매업·전문직 사업자·다른 일반과세 사업장을 이미 보유한 사업자·간이
　과세배제기준(종목·부동산임대업·과세유흥장소·지역)에 해당되는 사업자 등은 간이과세
　적용이 배제된다.
※ 간이과세자로서 당해 과세기간(1.1~12.31) 공급대가(매출액)가 2,400만 원 미만인 경우 부
　가가치세 신고는 하되, 세금 납부는 면제된다. 단, 당해 과세기간에 신규로 사업을 개시한
　경우는 그 사업개시일부터 과세기간 종료일까지의 공급대가 합계액을 1년으로 환산한 금
　액이 2,400만 원 미만인 경우에 세금 납부가 면제된다.

┃ 부가가치세 과세기간

사업자	과세기간	확정신고대상	확정신고 납부기간
일반과세자	제1기 1.1~6.30	1.1~6.30 간의 사업실적	7.1~7.25
	제2기 7.1~12.31	7.1~12.31 간의 사업실적	다음 해 1.1~1.25
간이과세자	1.1~12.31	1.1~12.31 간의 사업실적	다음 해 1.1~1.25

사업자의 부담을 해소해주기 위해서 과세기간을 3개월 단위로 나누어 신고 납부할 수도 있다. 이를 예정신고라고 한다. 사업자는 각 과세기간 중 예정신고기간의 종료 후 25일 이내에 예정신고기간에 대한 과세표준과 납부세액 또는 환급세액을 사업장 관할세무서장에게 신고 납부해야 한다. 3개월마다 부가가치세를 신고 납부하는 것이 원칙이나, 신고에 따른 납세자의 불편을 축소하고 행정력의 절감을 위해 개인 일반과세자(법인 및 간이과세자 제외)에 대해서는 직전과세기간 납부세액의 1/2을 고지 결정해 예정신고의무를 축소하고 있다.

간이과세자는 예전에는 6개월에 한 번씩 신고 납부를 해야 했으나, 이제는 1년에 한 번, 즉 매년 1월 25일까지 신고 납부하면 된다.

세금신고의 가장 중요한 2가지가 바로 소득세와 부가가치세인 점을 생각해보면, 일반과세자인 일반 규모의 사업자인 경우 두 달에 한 번 꼴로 신고 또는 납부를 해야 하는 것이 된다. 1월, 4월, 7월, 10월에 부가가치세 신고 또는 납부(예정고지분), 그리고 5월과 11월에 종합소득세 신고 또는 납부를 하게 된다. 매우 자주 세무서에서 뭔가를 주고(세금) 받는(납부서) 꼴이 되는 것이다.

부가가치세는 표의 과세기간으로 해서 확정신고 납부해야 한다. 일반과세자의 경우 4월과 10월, 간이과세자의 경우 7월에 세무서장이 직전 과세기간 납부세액이 40만 원 이상인 경우 그 금액의 1/2를 예정고지하며, 당해 예정고지세액은 다음 확정신고 납부 시에 공제된다. 단, 예외적인 경우는 사업자의 선택에 의해 예정신고를 할 수 있다. 예정신고는 다음 페이지 표를 참고하자.

| 예정신고 납부

예정신고할 수 있는 개인 사업자		과세기간	예정신고 납부기한
일반	• 예정고지된 사업자라도 사업부진·조기 환급 등을 받고자 하는 경우	제1기 예정신고 (1.1~3.31 실적)	4.1 ~ 4.25
		제2기 예정신고 (7.1~9.30 실적)	10.1 ~ 10.25
간이	• 휴업·사업부진 등으로 예정부과기간의 공급대가 (납부세액)가 직전 과세기간의 공급대가(납부세액)의 1/3에 미달하는 경우	예정부과기간 (1.1~6.30 실적)	7.1 ~ 7.25

※ 법인사업자의 경우에는 예정신고 납부(4월, 10월) 및 확정신고 납부(7월, 다음 해 1월)를 모두 해야 한다.

부가가치세 계산

이번에는 부가가치세는 어떻게 계산을 하게 되는가 알아보자.

일반과세자의 부가가치세는 매출세액에서 매입세액을 차감해 계산한다. 매우 간단하다. 즉 매출액의 10%에서 매입액의 10%를 차감해 신고 납부하면 된다.

일반과세자

납부세액 = 매출세액(매출액×10%) − 매입세액(매입액×10%)

간이과세자의 부가가치세는 업종별 부가가치율을 적용한 매출세액에서 업종별 부가가치율을 적용한 매입세액을 차감하여 계산한다. 한

업종	부가가치율
전기·가스·증기 및 수도사업	5%
소매업, 재생용 재료 수집 및 판매업, 음식점업	10%
제조업, 농·임·어업, 숙박업, 운수 및 통신업	20%
건설업, 부동산임대업, 기타 서비스업	30%

마디로 (1−업종별부가가치율)만큼 일반과세자가 납부할 세금에서 깎아주는 것이다. 소규모 영세사업자이기 때문에, 다시 말하면 영세하기 때문에 소비자들에게 10% 부가가치세를 전가시키지 못할 규모라고 보는 것이다. 예를 들면 호텔에서 식사를 하는 사람들은 부가가치세 10% 때문에 이용 고객이 줄지 않을 것이다. 그러나 월 200만 원 매출도 안 되는 식당의 경우 음식값 10%는 아주 큰 영향을 미친다.

간이과세자

납부세액 = 매출액 × 부가가치율 × 10% − 공제세액

(세금계산서상 매입세액 × 부가가치율)

마지막으로 일반과세자와 간이과세자가 부가가치세를 계산할 때 어떤 흐름을 거치는지 살펴보자. 또한 신고 시 필요한 서류도 살펴보자.

| 일반과세자 부가가치세 흐름도

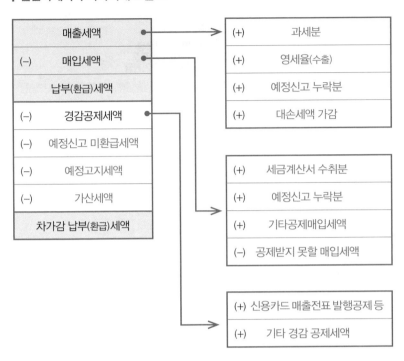

| 간이과세자 부가가치세 흐름도

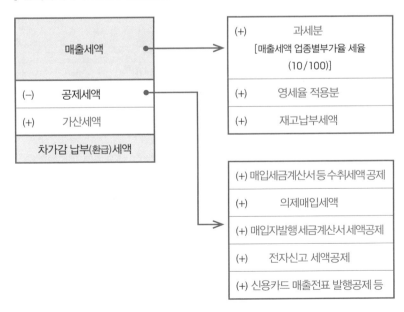

일반과세자 부가가치세 신고서 1

■ 부가가치세법 시행규칙 [별지 제21호서식]

홈택스(www.hometax.go.kr)에서도 신청할 수 있습니다.

일반과세자 부가가치세   [ ]예정 [ ]확정   [ ]기한후과세표준   신고서   [ ]영세율 등 조기환급

(제1장 앞쪽)

| 관리번호 | | | | | 처리기간 | 즉시 | |

신고기간 년 제 기 (월 일 ~ 월 일)

사업자	상 호 (법인명)		성 명 (대표자명)		사업자등록번호		-	-
	주민(법인) 등록번호	-	전화번호		사업장	주소지		휴대전화
	사업장 주소				전자우편 주소			

❶ 신 고 내 용

구 분				금 액	세율	세 액
과세 표준 및 매출 세액	과세	세금계산서 발급분	(1)		10 / 100	
		매입자발행 세금계산서	(2)		10 / 100	
		신용카드 · 현금영수증 발행분	(3)		10 / 100	
		기타(정규영수증 외 매출분)	(4)			
	영세율	세금계산서 발급분	(5)		0 / 100	
		기 타	(6)		0 / 100	
	예 정 신 고 누 락 분		(7)			
	대 손 세 액 가 감		(8)			
	합 계		(9)		㉮	
매입 세액	세금계산서 수취분	일 반 매 입	(10)			
		고정자산 매입	(11)			
	예 정 신 고 누 락 분		(12)			
	매입자발행 세금계산서		(13)			
	그 밖의 공제매입세액		(14)			
	합 계 (10)+(11)+(12)+(13)+(14)		(15)			
	공제받지 못할 매입세액		(16)			
	차 감 계 (15)-(16)		(17)		㉯	
납부(환급)세액 (매출세액 ㉮ - 매입세액 ㉯)					㉰	
경감· 공제 세액	그 밖의 경감 · 공제세액		(18)			
	신용카드매출전표등 발행공제 등		(19)			
	합 계		(20)		㉱	
예 정 신 고 미 환 급 세 액			(21)		㉲	
예 정 고 지 세 액			(22)		㉳	
사업양수자의 대리납부 기납부세액			(23)		㉴	
매입자 납부특례 기납부세액			(24)		㉵	
가 산 세 액 계			(25)		㉶	
차감 · 가감하여 납부할 세액(환급받을 세액)(㉰-㉱-㉲-㉳-㉴-㉵+㉶)			(26)			
총괄 납부 사업자가 납부할 세액(환급받을 세액)						

❷ 국세환급금 계좌신고 (환급세액이 2천만원 미만인 경우)	거래은행	은행 지점	계좌번호

❸ 폐 업 신 고	폐업일		폐업 사유	

❹ 과세표준명세

	업 태	종 목	생산요소	업종 코드	금 액
(27)					
(28)					
(29)					
(30)수입금액제외					
(31)합 계					

「부가가치세법」 제48조 · 제49조 또는 제59조와 「국세기본법」 제45조의3에 따라 위의 내용을 신고하며, 위 내용을 충분히 검토했고 신고인이 알고 있는 사실 그대로를 정확하게 적었음을 확인합니다.

년 월 일

신고인: (서명 또는 인)

세무대리인은 조세전문자격자로서 위 신고서를 성실하고 공정하게 작성했음을 확인합니다.

세무대리인: (서명 또는 인)

세무서장 귀하

첨부서류   뒤쪽 참조

세무대리인	성 명		사업자등록번호		전화번호	

일반과세자 부가가치세 신고서 2

※ 이 쪽은 해당 사항이 있는 사업자만 사용합니다.

사업자등록번호 ☐☐☐-☐☐-☐☐☐☐☐ *사업자등록번호는 반드시 적으시기 바랍니다.

예정신고 누 락 분 명 세	(7)매출	과세	세 금 계 산 서	(32)	금 액	10 / 100	세 액
			기 타	(33)		10 / 100	
		영세율	세 금 계 산 서	(34)		0 / 100	
			기 타	(35)		0 / 100	
			합 계	(36)			
	(12)매입		세 금 계 산 서	(37)			
			그 밖의 공제매입세액	(38)			
			합 계	(39)			

(14) 그 밖의 공제 매 입 세 액 명 세		구 분			금 액	세율	세 액
	신용카드매출전표등 수령명 세서 제출분	일 반 매 입		(40)			
		고정자산매입		(41)			
	의 제 매 입 세 액			(42)		뒤쪽 참조	
	재 활 용 폐 자 원 등 매 입 세 액			(43)		뒤쪽 참조	
	과 세 사 업 전 환 매 입 세 액			(44)			
	재 고 매 입 세 액			(45)			
	변 제 대 손 세 액			(46)			
	외국인 관광객에 대한 환급세액			(47)			
	합 계			(48)			

(16) 공제받지 못할 매입세액 명세	구 분		금 액	세율	세 액
	공제받지 못할 매입세액	(49)			
	공통매입세액 면세사업등분	(50)			
	대 손 처 분 받 은 세 액	(51)			
	합 계	(52)			

(18) 그 밖의 경감·공제 세액 명세	구 분		금 액	세율	세 액
	전 자 신 고 세 액 공 제	(53)			
	전자세금계산서 발급세액 공제	(54)			
	택 시 운 송 사 업 자 경 감 세 액	(55)			
	현금영수증사업자 세액공제	(56)			
	기 타	(57)			
	합 계	(58)			

(25) 가산세 명세		구 분		금 액	세 율	세 액
	사 업 자 미 등 록 등		(59)		1 / 100	
	세 금 계 산 서	지연발급 등	(60)		1 / 100	
		지연수취	(61)		1 / 100	
		미발급 등	(62)		2 / 100	
	전자세금계산서 발급명세 전송	지연전송	(63)		1 / 1,000	
		미전송	(64)		3 / 1,000	
	세금계산서 합계표	제출 불성실	(65)		1 / 100	
		지연제출	(66)		5 / 1,000	
	신고불성실	무신고(일반)	(67)		뒤쪽참조	
		무신고(부당)	(68)		뒤쪽참조	
		과소·초과환급신고(일반)	(69)		뒤쪽참조	
		과소·초과환급신고(부당)	(70)		뒤쪽참조	
	납 부 불 성 실		(71)		뒤쪽참조	
	영세율 과세표준신고 불성실		(72)		5 / 1,000	
	현금매출명세서 불성실		(73)		1 / 100	
	부동산임대공급가액명세서 불성실		(74)		1 / 100	
	매입자 납부특례	거래계좌 미사용	(75)		뒤쪽참조	
		거래계좌 지연입금	(76)		뒤쪽참조	
	합 계		(77)			

면세사업 수입금액	업 태	종 목	코 드 번 호	금 액
	(78)			
	(79)			
	(80) 수입금액 제외			
			(81)합 계	

계산서 발급 및 수취 명세	(82) 계산서 발급금액	
	(83) 계산서 수취금액	

04 | 소득세란? 기준경비율 vs. 단순경비율?

일반적으로 근로소득자의 경우 급여를 받을 때마다 급여명세서를 받아볼 수 있는데 자세히 보면 구석에 조그맣게 '소득세'라고 쓰여 있다. 왜 그럴까? 헌법에는 국민으로서 살아가기 위한 몇 가지 의무를 규정하고 있는데, 그중 헌법 38조에 "모든 국

| 급여명세서 예시

202×년 9월분 급상여명세서

사원코드 :	2012080101	사 원 명 :	장동건	입 사 일 :	20120801
부 서 :	재무본부	직 급 :	과장	호 봉 :	

지 급 내 역	지 급 액	공 제 내 역	공 제 액
기본급	2,801,458	국민연금	124,240
상여		건강보험	83,860
차량유지비		고용보험	18,200
식대		장기요양보험료	5,490
육아수당	100,000	소득세	196,390
연장수당	100,000	지방소득세	19,630
야간수당	743,750	농특세	
휴일수당	123,958	기타공제	
기타	297,500		
특별수당			
유급연차수당			
발명수당			
중소기업취업청년소득세감면			
		공 제 액 계	447,810
지 급 액 계	4,166,666	차 인 지 급 액	3,718,856

※귀하의 노고에 감사드립니다.   유진세무회계

민은 법률이 정하는 바에 의하여 납세의 의무를 진다"고 규정하고 있다. 국민으로서 사회활동을 하려면 '납세의무'를 이행해야 하는데, 그 중 가장 기본적인 것이 소득이 발생하면 소득세를 신고 납부해야 한다는 것이다. 회사가 돈을 벌면 그중에 일부는 세금으로 내야 하듯 우리도 돈이 생기면 일정 부분을 세금을 내는 것이다.

이것을 개인에게 소득이 생기면 내는 세금이라 해서 개인소득세라고 하며 더 줄여서는 소득세라고 한다. 소득세는 개인이 지난해 1년간의 경제활동으로 얻은 소득에 대해 납부하는 세금이다. 모든 과세대상 소득을 합산해 계산하고, 다음 해 5월 1일부터 5월 31일(성실신고확인 대상 사업자는 6월 30일)까지 주소지 관할 세무서에 신고 납부해야 한다.

종합소득이 있는 사람은 다음 해 5월 1일부터 5월 31일(성실신고확인 대상 사업자는 6월 30일)까지 종합소득세를 신고 납부해야 한다. 이때 종합소득은 이자·배당·사업(부동산임대)·근로·연금·기타소득을 말한다.

단, 다음의 경우에 해당되면 종합소득세를 확정신고하지 않아도 된다.

- 근로소득만 있는 사람으로서 연말정산을 한 경우
- 직전 과세기간의 수입금액이 7,500만 원 미만이고, 다른 소득이 없는 보험모집인 및 방문판매원의 사업소득으로서 소속회사에서 연말정산을 한 경우
- 비과세 또는 분리과세 되는 소득만이 있는 경우
- 연 300만 원 이하인 기타 소득이 있는 자로서 분리과세를 원하는 경우 등

장부 기록

소득세는 사업자가 스스로 본인의 소득을 계산해 신고 납부하는 세금이므로, 모든 사업자는 장부를 비치 기록해야 한다.

장부를 비치 기장한 사업자의 소득금액은 다음과 같이 계산한다.

소득금액 = 총수입금액 − 필요경비

장부를 비치 기장하지 않은 사업자의 소득금액은 다음과 같이 계산한다.

기준경비율적용 대상자 소득금액 = 수입금액 − 주요경비 − (수입금액 × 기준경비율)

단순경비율적용 대상자 소득금액 = 수입금액 − (수입금액 × 단순경비율)

사업자는 사업과 관련된 모든 거래사실을 복식부기 또는 간편장부에 의해 기록 비치하고 관련 증빙서류 등과 함께 5년간 보관해야 한다.

장부를 기장하는 경우의 혜택은 다음과 같다. 첫째, 스스로 기장한

| 부가가치세 과세기간

복식부기의무자	직전년도 수입금액이 일정금액 이상인 사업자와 전문직 사업자
간편장부대상자	당해연도에 신규로 사업을 개시했거나 직전년도 수입금액이 일정금액 미만인 사업자(전문직 사업자는 제외)

| 복식부기의무자와 간편장부대상자 판정기준 수입금액

업종구분	직전년도 수입금액
가. 농업 및 임업, 어업, 광업, 도매업 및 소매업, 부동산 매매업, 아래 '나' 및 '다'에 해당되지 아니하는 업	3억 원
나. 제조업, 숙박 및 음식점업, 전기·가스·증기 및 수도사업, 하수·폐기물처리·원료재생 및 환경복원업, 건설업, 운수업, 출판·영상·방송통신 및 정보 서비스업, 금융 및 보험업, 상품중개업	1억 5천만 원
다. 부동산임대업, 부동산관련 서비스업, 임대업, 서비스업(전문·과학·기술·사업시설관리·사업지원·교육), 보건업 및 사회복지 서비스업, 예술·스포츠 및 여가관련 서비스업, 협회 및 단체, 수리 및 기타 개인서비스업, 가구 내 고용활동	7,500만 원

※ 전문직 사업자는 수입금액에 관계없이 복식부기의무가 부여됨

실제소득에 따라 소득세를 계산하므로 적자(결손)가 발생한 경우 10년 간 소득금액에서 공제받을 수 있다. 둘째, 간편장부대상자가 복식부기로 기장 시 단순경비율 기준경비율에 의해 소득금액을 계산하는 경우보다 최고 40%까지 소득세 부담을 줄일 수 있다[100만 원 한도로 기장세액공제(복식부기시에 한함 20%) 적용, 무기장가산세(20%) 적용 배제].

소득세 산출세액은 다음과 같이 계산한다.

산출세액 = 과세표준(소득금액 - 소득공제) × 세율(해당연도 소득기준)

좀 더 간단히 계산방법을 알아보자. 사업소득을 예로 들어 생각해보면, 앞에서 알아본 부가가치세 신고 때 매출이 확정되었을 것이다. 왜냐하면 매출의 10%와 매입의 10%를 차감해 부가가치세를 신고 납부

종합소득세 세액 계산 흐름도

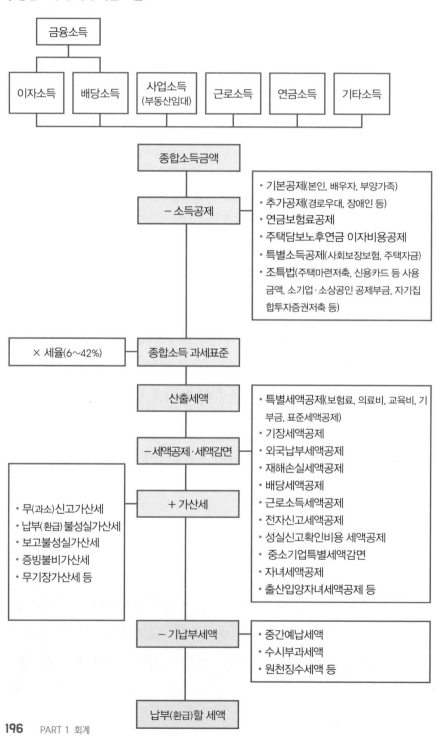

금융소득

이자소득 / 배당소득 / 사업소득(부동산임대) / 근로소득 / 연금소득 / 기타소득

종합소득금액

− 소득공제
- 기본공제(본인, 배우자, 부양가족)
- 추가공제(경로우대, 장애인 등)
- 연금보험료공제
- 주택담보노후연금 이자비용공제
- 특별소득공제(사회보장보험, 주택자금)
- 조특법(주택마련저축, 신용카드 등 사용금액, 소기업·소상공인 공제부금, 자기집합투자증권저축 등)

× 세율(6~42%) ─ 종합소득 과세표준

산출세액

− 세액공제·세액감면
- 특별세액공제(보험료, 의료비, 교육비, 기부금, 표준세액공제)
- 기장세액공제
- 외국납부세액공제
- 재해손실세액공제
- 배당세액공제
- 근로소득세액공제
- 전자신고세액공제
- 성실신고확인비용 세액공제
- 중소기업특별세액감면
- 자녀세액공제
- 출산입양자녀세액공제 등

+ 가산세
- 무(과소)신고가산세
- 납부(환급)불성실가산세
- 보고불성실가산세
- 증빙불비가산세
- 무기장가산세 등

− 기납부세액
- 중간예납세액
- 수시부과세액
- 원천징수세액 등

납부(환급)할 세액

| 종합소득세 세율(2018년 귀속)

과세표준	세율	누진공제
1,200만 원 이하	6%	–
1,200만 원 초과 4,600만 원 이하	15%	108만 원
4,600만 원 초과 8,800만 원 이하	24%	522만 원
8,800만 원 초과 1억 5천만 원 이하	35%	1,490만 원
1억 5천만 원 초과 3억 원 이하	38%	1,940만 원
3억 원 초과 5억 원 이하	40%	2,540만 원
5억 원 초과	42%	3,540만 원

했기 때문이다. 즉 5월 종합소득세 신고 시점에서는 이미 세무서에 매출 보고가 이뤄진 상태다. 따라서 매출(총수입금액)에서 필요경비를 차감하면 사업소득금액이 되는 것이다. 즉 소득세는 부가가치세 신고 때 신고한 매출을 기준으로 부가가치세 신고 때 신고한 매입과 그 외 필요경비(인건비 및 기타 비용)를 차감한 소득금액을 기준으로 위 표에 따라 소득공제를 차감하고 종합소득세율을 적용해 세금을 계산한다.

마지막으로 종합소득세 관련 신고기한에 대해서는 간단히 표로서 알아보자. 가장 일반적인 사업자를 기준으로 보면 매년 5월에 신고 및 납부(확정신고 납부)를 해야 하며, 추가적으로 매년 11월에 납부(중간예납)를 또 한 번 해야 한다.

┃ 종합소득세 관련 신고기한

법정신고기한	• 다음연도 5월 1일~5월 31일 • 성실신고확인 대상 사업자는 다음연도 5월 1일~6월 30일 • 거주자가 사망한 경우: 상속개시일이 속하는 달의 말일부터 6개월이 되는 날까지 • 국외이전을 위해 출국하는 경우: 출국일 전날까지

제출대상서류	1. 종합소득세·농어촌특별세 과세표준확정신고 및 자진납부계산서(소득자에 따라: 단일소득자용, 복수소득자용)
	2. 소득금액계산명세서, 소득공제신고서, 주민등록등본
	3. 재무상태표 및 손익계산서와 그 부속서류, 합계잔액시산표 및 조정계산서와 그 부속서류(복식부기의무자), 간편장부 소득금액계산서(간편장부대상자), 추계소득금액계산서(기준·단순경비율에 의한 추계신고자), 성실신고확인서(성실신고확인대상사업자)
	4. 공동사업자별 분배명세서(공동사업자)
	5. 세액공제신청서, 성실신고확인비용 세액공제신청서
	6. 세액감면신청서
	7. 일시 퇴거자가 있는 경우
	  • 일시퇴거자 동거가족 상황표
	  • 퇴거 전 주소지와 일시퇴거지의 주민등록등본
	  • 재학증명서, 요양증명서, 재직증명서, 사업자등록증 사본
	8. 장애인공제 대상인 경우
	  • 장애인등록증, 국가보훈처가 발행한 증명서
	  • 장애인수첩 사본
	9. 위탁아동이 있는 경우
	  • 가정위탁보호확인서
	10. 동거 입양자가 있는 경우
	  • 입양관계증명서, 입양증명서

11월에도 소득세를 내야 한다고?

중간예납이란 종합소득이 있는 거주자에 대해 1월 1일부터 6월 30일까지의 기간(이하 중간예납기간)으로 해서 전년도의 종합소득에 대한 소득세로서 납부했거나 납부해야 할 세액(이하 중간예납기준액)의 1/2에 상당하는 금액(이하 중간예납세액)을 납부해야 할 세액으로 결정해 납부하게 된다. 이후 확정신고 납부 시에는 확정된 종합소득세액에서 이미 납부한 중간예납세액을 차감해 정산하게 된다.

단, 신규사업자와 휴폐업자, 일정한 소득만 있는 자, 납세조합가입자, 부동산매매업자, 소액부징수자는 제외된다. 일반적으로는 관할세무서에서 알아서 중간예납 대상 납세자들에게 납세고지서를 고지하게 된다.

05 | 기분경비율과 단순경비율

기준(단순)경비율 제도란 장부를 기록하지 않았을 경우 소득금액을 계산하는 제도로 기준경비율 적용대상사업자와 단순경비율 적용대상 사업자로 구분된다. 기준경비율은 홈택스(www.hometax.go.kr)에서 조회할 수 있다.

음식점의 경우도 매우 자세하게 업종 구분이 되어 있으며, 구체적으로 경비율이 조금씩 다르다.

┃ 업종별 기준경비율, 단순경비율 조회

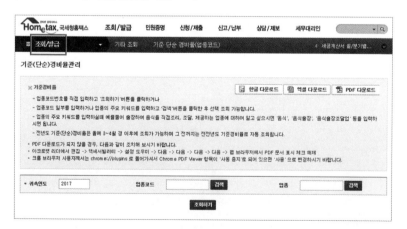

음식점 및 주점업의 경비율

코 드 번 호	종 목 세 분 류	세세분류	적 용 범 위 및 기 준	단 순 경비율	기 준 경비율
55. 음식점 및 주점업					
552. 음식점업					
552101	일반 음식점업	·한식 음식점업	ㅇ 일반한식 •갈비집, 도시락집(음식점), 죽전문점 등	89.7	9.7
552102	일반 음식점업	·중식 음식점업	ㅇ 일반 중국음식 •탕수육전문점 등	87.1	10.0
552103	일반 음식점업	·일식 음식점업	ㅇ 일반 일본음식 •독립된 객실없이 일식우동 등을 판매하는 소규모 업소 •객실이 없는 생선회센타 포함	85.2	8.2
552104	일반 음식점업	·서양식 음식점업 ·기타 외국식 음식점업	ㅇ 일반서양음식(한식뷔페 포함) •경양식 •패밀리레스토랑 ㅇ 기타 외국식 음식 • 베트남음식, 인도음식	85.3	10.3
552105	출장 및 이동 음식업	·출장 음식 서비스업	ㅇ 연회장 등과 같은 특정장소에 출장하여 고객이 주문한 음식물을 소비자를 대상으로 직접 조리·조달·제공하는 업	83.5	11.6
552107	기타 음식점업	·피자, 햄버거, 샌드위치 및 유사 음식점업 ·치킨전문점	ㅇ피자, 햄버거, 치킨, 간이양식, 아이스크림, 샌드위치, 토스트 등 체인화된 음식을 취급하는 업소 * 예) 치킨체인점, 피자체인점, 햄버거체인점, 아이스크린체인점 * 단, 사업자가 직접 조리하여 제공하는 소규모 업소(부가가치세법상 간이과세자에 한함)는 제외 (→ 552108 또는 552305 적용)	84.6	8.6

위 표를 보면 알 수 있듯이 단순경비율은 매우 높고, 기준경비율은 낮다는 것을 알 수 있다. 즉 단순경비율을 적용해서 소득세 계산을 한다면 매출에서 경비를 차감하기 때문에 그만큼 소득금액이 낮아지고 세금 또한 적게 부담하게 되는 것이다. 그렇다면 모든 사업자가 단순경비율을 적용할 수 있을까? 당연히 그렇지 않다. 일정한 사업자만 단순 경비율을 적용해 소득세 신고를 할 수 있다.

| 단순경비율 적용대상 사업자

업종구분	직전년도 수입금액	당해연도 수입금액
가. 농업·임업, 어업, 광업, 도매업 및 소매업, 부동 산매매업, 아래 '나 '및 '다'에 해당되지 않는 사업	6천만 원	3억 원
나. 제조업, 숙박 및 음식점업, 전기·가스·증기 및 수도사업, 하수·폐기물처리, 원료재생 및 환경복 원업, 건설업, 운수업, 출판·영상·방송통신 및 정보 서비스업, 금융 및 보험업	3,600만 원	1억 5천만 원
다. 부동산임대업, 서비스업(전문·과학·기술·사업시설 관리·사업지원·교육), 보건 및 사회복지사업, 예 술·스포츠 및 여가관련 서비스업, 협회 및 단체, 수리 및 기타개인서비스업, 가구내 고용활동	2,400만 원	7,500만 원

　　단순경비율 적용대상 사업자는 직전년도 수입금액이 위 표의 기준
금액에 미달하거나 해당연도 신규사업자가 해당한다. 한마디로 영
세한 사업자를 말한다. 부가가치세에 대해서 간이과세자 적용되는
범위가 있듯이 소득세 계산에서도 일정한 영세사업자는 혜택을 주
는 것이다.

　　장부를 기록하지 않는 사업자 중 직전년도(신규사업자는 당해연도) 수
입금액이 위의 표 기준금액 이상인 사업자는 기준경비율 적용대상 사
업자가 된다. 즉 경비율이 매우 낮게 적용된다. 다시 말하면 장부에 기
록하는 기장을 통해서 소득세 신고를 해야 한다는 것이다. 소득세 신
고서 첫 장을 보면 기장의 유형이 가장 먼저 나온다. 즉 일정 규모 사
업을 하는 경우에는 소득세 신고 때 기장을 해야 절세를 할 수 있는

과세표준확정신고 및 납부계산서

관리번호	-

(년 귀속)종합소득세·농어촌특별세·지방소득세
과세표준확정신고 및 납부계산서

거주구분	거주자1 /비거주자2
내·외국인	내국인1 /외국인9
외국인단일세율적용	여 1 / 부 2
거주지국	거주지국코드

❶ 기본사항

① 성 명	② 주민등록번호	-

③ 주 소

④ 주소지 전화번호	⑤ 사업장 전화번호

⑥ 휴 대 전 화	⑦ 전자우편주소

⑧ 기 장 의 무	①복식부기의무자	②간편장부대상자	③비사업자

⑨ 신 고 유 형	⑪자기조정 ⑫외부조정 ⑭성실신고확인 ⑳추계-기준율 ㉒추계-단순율 ㊵비사업자

⑩ 신 고 구 분	⑩정기신고 ⑳수정신고 ㉚경정청구 ㊵기한후신고 ㊿추가신고(인정상여)

❷ 환급금 계좌신고 (2천만원 미만인 경우)

⑪ 금융기관/체신관서명	⑫ 계좌번호

❸ 세무대리인

⑬성 명	⑭ 사업자등록번호	-	-	⑮ 전화번호
⑯대리구분 ①기장 ②조정 ③신고 ④성실확인	⑰ 관리번호			⑱ 조정반번호 -

❹ 세액의 계산

구 분		종합소득세	지방소득세	농어촌특별세
종 합 소 득 금 액	⑲			
소 득 공 제	⑳			
과 세 표 준(⑲-⑳)	㉑		㊶	㊳
세 율	㉒		㊷	㊸
산 출 세 액	㉓		㊸	㊹
세 액 감 면	㉔		㊹	
세 액 공 제	㉕		㊺	
결 정 세 액(㉓-㉔-㉕)	㉖		㊻	㊴
가 산 세	㉗		㊼	㊵
추 가 납 부 세 액 (농어촌특별세의 경우에는 환급세액)	㉘		㊽	㊶
합 계(㉖+㉗+㉘)	㉙		㊾	㊷
기 납 부 세 액	㉚		㊿	㊸
납 부(환급) 할 총 세 액(㉙-㉚)	㉛		⑤	⑥
납부특례세액	차 감	㉜			
	가 산	㉝			㊿
분 납 할 세 액 2개월 내	㉞			
신고기한 이내 납부할 세액(㉛-㉜+㉝-㉞)	㉟		⑤	⑦

신고인은 「소득세법」 제70조, 「농어촌특별세법」 제7조, 「지방세법」 제95조 및 「국세기본법」 제45조의3에 따라 위의 내용을 신고하며, 위 내용을 충분히 검토하였고 신고인이 알고 있는 사실 그대로를 정확하게 적었음을 확인합니다. 위 내용 중 과세표준 또는 납부세액을 신고하여야 할 금액보다 적게 신고하거나 환급세액을 신고하여야 할 금액보다 많이 신고한 경우에는 「국세기본법」 제47조의3에 따른 가산세 부과 등의 대상이 됨을 알고 있습니다.

년 월 일	(서명 또는 인)

세무대리인은 조세전문자격자로서 위 신고서를 성실하고 공정하게 작성하였음을 확인합니다. 무기장·부실기장 및 소득세법에 따른 성실신고에 관하여 불성실하거나 허위로 확인된 경우에는 「세무사법」 제17조에 따른 징계처분 등의 대상이 됨을 알고 있습니다.

	접수(영수)일
세무대리인 (서명 또는 인)	

세무서장 귀하

첨부서류(각 1부)		전산입력필	(인)

주요경비의 범위

매입비용 (사업용 고정자산의 매입은 제외)	재화의 매입(상품·제품·원료·소모품 등 유형적 물건과 동력·열 등 관리할 수 있는 자연력의 매입)과 외주가공비 및 운송업의 운반비
임차료	사업에 직접 사용하는 건축물 및 기계장치 등 고정자산에 대한 임차료
인건비	종업원의 급여와 임금 및 퇴직급여

증빙서류의 종류

매입비용 및 임차료는 세금계산서, 계산서, 신용카드 매출전표, 현금영수증 등 정규 증빙서류를 받아야 하며, 일반영수증이나 간이세금계산서 등을 받은 경우에는 '주요경비지출명세서'를 제출해야 합니다.

인건비는 관련 원천징수영수증 또는 지급명세서를 관할세무서에 제출해야 합니다. 제출할 수 없는 부득이한 사유가 있는 경우에는 지급관련 증빙서류를 비치·보관합니다.

것이다.

기준경비율이 적용되는 사업자의 경우 주요경비는 증빙에 의해 지출이 확인되는 금액, 그 외의 경비는 정부가 정한 기준경비율로 필요경비를 인정해 소득금액을 계산한다. 다만 2015년 귀속분까지는 기준경비율에 의한 소득금액이 단순경비율에 의한 소득금액에 기획재정부장관이 정하는 배율을 곱한 금액보다 큰 경우, 단순경비율에 의한 소득금액에 기획재정부장관이 정하는 배율을 곱한 금액으로 할 수 있다.

소득금액 = 수입금액 − 주요경비 − (수입금액 × 기준경비율)^{*1} ··· ①

소득금액 = {수입금액 − (수입금액 × 단순경비율)} × 배율^{*2} ··· ②

⇒ ①, ② 중 작은 금액으로 선택 가능

*1 복식부기의무자의 경우에는 수입금액에 기준경비율의 1/2을 곱해
계산한 금액

*2 2012년 귀속의 경우 간편장부대상자 2.4배, 복식부기의무자 3.0배(소
득세법시행규칙 제67조)

단순경비율이 적용되는 사업자는 정부가 정한 단순경비율로 필요경
비를 인정해 다음 소득금액을 계산한다.

소득금액 = 수입금액 − (수입금액×단순경비율)

06 | 간편장부를 알아보자

간편장부란 소규모 사업자를 위해 국세청에서 특별히 고안한 장부다. 수입과 비용을 가계부 작성하듯이 회계지식이 없는 사람이라도 쉽고 간편하게 작성할 수 있도록 했다. 즉 기장을 함에 있어서 복식부기와 간편장부로 나뉘는데, 수입금액(매출) 기준 이하인 사업자는 간편장부로 소득금액을 산정해도 인정하겠다는 것이다.

일정 규모 이하는 어느 정도일까? 이전에도 계속 나왔던 이야기 같은데, 다시 한 번 정리를 해보자. 우리나라에서 사업을 하는 경우 일정 소규모 사업자에게 혜택을 주는 부분이 있다. 부가가치세에서는 연간 매출이 4,800만 원 미만인 경우 간이과세자로서 부가가치세 부담을 줄여주고, 소득세에서는 장부를 통해 신고를 해야 하지만 일정 규모 이하인 경우 복식부기에 의한 장부가 아닌 가계부 수준의 간편장부를 통해서 산출된 소득금액에 대해서도 인정을 해주고 있다. 또한 장부작성을 못했더라도 추계에 의해 단순경비율을 적용해 소득세 신고를 할 수 있도록 배려하고 있는 것이다.

간편장부대상자는 다음과 같다. 당해연도 신규로 사업을 개시한 사업자 또는 직전년도 수입금액이 다음에 해당하는 사업자다. 단, 아래에 규정하는 전문직 사업자를 제외한다.

| 간편장부대상자

업종구분	간편장부대상자	복식부기의무자
가. 농업, 임업, 어업, 광업, 도매업, 소매업, 부동산매매업, 그 밖의 '나' 및 '다'에 해당하지 않는 사업	3억 원 미만	3억 원 이상
나. 제조업, 숙박 및 음식점업, 전기·가스·수도사업, 하수·폐기물처리·원료재생 및 환경복원업, 건설업, 운수업, 출판·영상·방송통신 및 정보서비스업, 금융·보험업	1억 5천만 원 미만	1억 5천만 원 이상
다. 부동산임대업, 사업서비스업, 교육서비스업, 보건 및 사회복지사업, 예술·스포츠 및 겨가 관련 서비스업, 협회 및 단체, 수리 및 기타 개인서비스업, 가구내 고용활동	7,500만 원 미만	7,500만 원 이상

※ 전문직 사업자의 범위: 부가가치세 간이과세배제 대상 사업서비스, 변호사, 심판변론인, 변리사, 법무사, 공인회계사, 세무사, 경영지도사, 기술지도사, 감정평가사, 손해사정인, 통관업, 기술사, 건축사, 도선사, 측량사, 공인노무사, 의료·보건용역을 제공하는 자, 의사, 치과의사, 한의사, 수의사, 약사, 한약사
※ 복식부기의무자가 간편장부 또는 추계에 따라 신고하는 경우 확정신고를 하지 않은 것으로 보아 산출세액의 20%와 수입 금액의 7/10,000 중 큰 금액을 무신고가산세로 부담하여야 하고, 전문직 사업자는 2008년 귀속분부터 단순경비율 적용 배제

간편장부 기장 혜택

국세청 자료에 근거한 간편장부와 관련한 혜택과 손해를 알아보자. 간편장부를 기장하면 다음과 같은 혜택이 있다.

첫째, 스스로 기장한 실제소득에 따라 소득세를 계산하므로 적자(결손)가 발생한 경우 10년간 소득금액에서 공제할 수 있다(부동산임대 사업소득에서 발생한 이월결손금은 해당 부동산임대 사업소득에서만 공제). 둘째, 감가상각비, 대손충당금 및 퇴직급여충당금을 필요경비로 인정받을 수 있다. 셋째, 장부를 기장하지 않는 경우보다 소득세 부담을 최고 20%까지 줄일 수 있다. 무기장가산세 20%가 적용배제되고, 간편장부대상자가 간편장부로 기장 신고하는 경우에는 2011년 귀속분부터 기장세액공제가 폐지되었다. 그러나 간편장부대상자가 복식부기로 기장·신고하는 경우에는 기장세액공제 20% 공제가 가능하다.

간편장부대상자가 복식부기나 간편장부를 기장하지 않으면 이러한 불이익이 있다.

첫째, 실제소득에 따라 소득세를 계산할 수 없어 적자(결손)가 발생한 경우에는 그 사실을 인정받지 못한다. 둘째, 장부를 기장하는 경우보다 무기장가산세 20%를 더 부담하게 된다. 셋째, 소득탈루 목적의 무기장자인 경우 세무조사 등으로 선정될 수 있다.

간편장부 작성방법

간편장부 작성방법은 거래가 발생한 날짜 순서대로 매출액 등 수입에 관한 사항, 매입액 등 비용 지출에 관한 사항, 고정자산의 증감에 관한 사항을 기록하면 된다. 복잡하게 생각할 필요 없이 문방구에 가서 가계부를 하나 사서 작성하면 되는 것이다.

▌ 간편장부 예시

<table>
<tr><th colspan="10" style="text-align:center">간 편 장 부</th></tr>
<tr>
<th rowspan="2">①
날짜</th>
<th rowspan="2">②
거래내용</th>
<th rowspan="2">③
거래처</th>
<th colspan="2">④수입(매출)</th>
<th colspan="2">⑤비용(원가
관련매입 포함)</th>
<th colspan="2">⑥고정자산 증감</th>
<th rowspan="2">⑦비고</th>
</tr>
<tr>
<th>금액</th><th>부가세</th>
<th>금액</th><th>부가세</th>
<th>금액</th><th>부가세</th>
</tr>
<tr><td></td><td></td><td></td><td></td><td></td><td></td><td></td><td></td><td></td><td></td></tr>
<tr><td></td><td></td><td></td><td></td><td></td><td></td><td></td><td></td><td></td><td></td></tr>
<tr><td></td><td></td><td></td><td></td><td></td><td></td><td></td><td></td><td></td><td></td></tr>
<tr><td></td><td></td><td></td><td></td><td></td><td></td><td></td><td></td><td></td><td></td></tr>
<tr><td></td><td></td><td></td><td></td><td></td><td></td><td></td><td></td><td></td><td></td></tr>
<tr><td></td><td></td><td></td><td></td><td></td><td></td><td></td><td></td><td></td><td></td></tr>
<tr><td></td><td></td><td></td><td></td><td></td><td></td><td></td><td></td><td></td><td></td></tr>
<tr><td></td><td></td><td></td><td></td><td></td><td></td><td></td><td></td><td></td><td></td></tr>
<tr><td></td><td></td><td></td><td></td><td></td><td></td><td></td><td></td><td></td><td></td></tr>
<tr><td></td><td></td><td></td><td></td><td></td><td></td><td></td><td></td><td></td><td></td></tr>
<tr><td></td><td></td><td></td><td></td><td></td><td></td><td></td><td></td><td></td><td></td></tr>
<tr><td></td><td></td><td></td><td></td><td></td><td></td><td></td><td></td><td></td><td></td></tr>
<tr><td></td><td></td><td></td><td></td><td></td><td></td><td></td><td></td><td></td><td></td></tr>
<tr><td></td><td></td><td></td><td></td><td></td><td></td><td></td><td></td><td></td><td></td></tr>
<tr><td></td><td></td><td></td><td></td><td></td><td></td><td></td><td></td><td></td><td></td></tr>
<tr><td></td><td></td><td></td><td></td><td></td><td></td><td></td><td></td><td></td><td></td></tr>
<tr><td></td><td></td><td></td><td></td><td></td><td></td><td></td><td></td><td></td><td></td></tr>
</table>

※ 간편장부대상자가 위 간편장부의 기재사항을 추가해 사용하거나 별도의 보조부 또는 복식부기에 의한 장부를 기장해도 적법함

간편장부를 기장한 경우 종합소득세 신고절차는 다음 페이지를 참고하자.

| 간편장부를 기장한 경우 종합소득세 신고절차

가. 간편장부 기장
매일매일의 수입과 비용을 간편장부 작성요령에 따라 기록합니다.

나. 총수입금액 및 필요경비명세서 작성(소득세법시행규칙 별지 제82호 서식 부표)
간편장부상의 수입과 비용을 〈총수입금액 및 필요경비명세서〉의 "장부상 수입금액"
과 "필요경비" 항목에 기재합니다.

다. 간편장부 소득금액계산서 작성(소득세법시행규칙 별지 제82호 서식)
〈총수입금액 및 필요경비명세서〉에 의해 계산된 수입금액과 필요경비를 세무 조정해
당해연도 소득금액을 계산합니다.

라. 종합소득세 신고서 작성(소득세법시행규칙 별지 제40-1호 서식)
〈간편장부 소득금액계산서〉에 의한 당해연도 소득금액을 종합소득세 신고서 ⑦ 부동
산임대 사업소득과 부동산임대 외의 사업소득 명세서의 해당항목에 기재합니다.
※ 종합소득세 신고는 신고서와 '나'의 서식과 '다'의 서식을 제출하는 것입니다.

그리고 간편장부를 기장하는 경우에도 관련 증빙 등을 당연히 수취, 보관해야 한다. 장부 및 증빙서류는 소득세 확정신고기한이 지난 날부터 5년간 보관해야 한다. 사업자가 사업과 관련해 다른 사업자로부터 재화 또는 용역을 공급받고 그 대가를 지출하는 경우 거래건당 금액(부가가치세 포함) 3만 원을 초과하는 경우에는 법정 지출증빙서류(세금계산서, 계산서, 신용카드 매출전표, 현금영수증 등)를 수취해야 한다.

07 | 법인세: 법인이 납부하는 세금

법인세란 법인격을 가진 기업이 일정기간 동안 사업을 통해 얻은 소득에 대해서 부과하는 조세로서 국세 중 직접세에 해당하는 세금이다. 개인에게는 소득세가 부과되듯이 법인에게는 법인세가 부과되는 것이다. 그런데 세율이나 기타 여러 차이가 발생한다. 왜 그럴까? 동일 경제 상황에서 치열하게 이익을 위해서 같은 경제활동을 통해서 같은 이익을 얻게 되면 동일한 세금 방식에 의해서 세금을 납부해야 하는 것이 맞지 않을까? 가장 두드러지는 특징은 개인은 열거된 소득원천에 대해서만 세금을 부과하지만, 법인은 순자산증가설에 의해서 소득금액이 발생함에 따라 세금을 부과한다. 또한 세율도 차이가 발생한다.

이러한 주된 이유에는 여러 가지가 있다. 법인과 개인의 원천적 태생 차이이며, 그 책임 등에 대한 이전 가능성 등이다. 태생 차이라 함은 개인은 영리를 위해서 태어난 객체가 아니다. 살아가기 위해서 소득을 필요로 하고 그에 따라 열거된 몇 가지 소득에 대해서 과세를 하는 것이다. 그러나 법인은 영리를 위해서 태어난 법에서 인정한 객체

| 법인구분별 납세의무 차이

법인의 종류		각사업연도소득에 대한 법인세	토지등양도소득에 대한 법인세	청산소득
내국법인	영리법인	국내외의 모든 소득	○	○
	비영리법인	국내외의 열거된 수익사업에서 발생하는 소득	○	×
외국법인	영리법인	국내원천소득	○	×
	비영리법인	국내외원천소득 중 열거된 수익사업에서 발생한 소득	○	×

법인세의 종류	산출내용	개인과 비교
각 사업연도소득	익금-손금	종합소득세
토지등양도소득	양도가액-장부가액	양도소득세
청산소득	잔여재산(자산-부채)-자기자본	상속세

인 것이다. 물론 비영리법인도 있지만 비영리법인은 수익사업에 대해서만 세금을 부과하므로 결국은 동일한 개념이 된다. 또한 법인은 주식을 양도함에 따라 소유자가 바뀔 수 있으며 그 책임 또한 일부 이전할 수가 있지만 개인은 그러할 수가 없다.

즉 법인은 영리를 위해서 태어난 객체이고 객관적인 장부 등에 의해서 기록 관리되므로, 모든 소득에 대해서 순자산이 증가된 만큼 세금을 부과할 수 있는 의미와 환경이 이뤄지는 것이다. 법인세의 과세대상은 크게 3가지로 나뉘게 된다. 각사업연도소득과 토지등양도소득, 그리고 청산소득이다. 각사업연도소득은 일정 회계연도(사업연도)마다 영리활동을 수행함으로써 이익을 얻게 되는데 이를 각사업연도소득이라고 한다. 다시 말해 각 사업연도 기준으로 발생된 이익을 기준으로 법인세를 신고 납부하게 된다. 이는 개인의 종합소득세와 유사하다.

토지등양도소득이란 법인이 사업연도 중 토지나 건물 등을 양도한 경우로서 세법이 정한 일정한 요건에 해당하는 경우에는 토지 등의 양소득에 대해서 별도의 법인세를 납부해야 하는데 이를 토지등양도소득에 대한 법인세라고 한다. 이는 개인의 양도소득세와 유사하다.

마지막으로 법인이 사망하는 경우로서 청산이 되는 경우 법인의 남아 있는 자산과 부채 등을 상계해 순재산가액에 대해서 세무상 자기자본을 차감한 부분에 대해서 최종적인 법인세를 납부해야 한다. 이는 개인의 상속세와 유사하다.

법인세 계산방법을 알아보자. 다음 페이지에 표로 정리해두었으니 한눈에 들어올 것이다. 결산서상 당기순이익이란 손익계산서상의 당기순이익을 말한다. 결산이 이뤄지고 재무제표가 만들어지면 세무회계를 통해서 다음과 같은 약간 복잡한 과정을 통해서 법인세 세액이 계산된다.

법인세 계산

구분	계산구조	내용
1. 각사업연도 소득금액의 계산	결 산 서 상 당 기 순 이 익 (+) 익금산입 및 손금불산입 (−) 손금산입 및 익금불산입 차 가 감 소 득 금 액 (+) 기 부 금 한 도 초 과 액 (−) 기부금한도초과이월액의손금산입 각 사 업 연 도 소 득 금 액	⋯→ 소득금액조정합계표에 기재 ⋯→ 소득금액조정합계표에 기재되지 않음
2. 과세표준의 계산	각 사 업 연 도 소 득 금 액 (−) 이 월 결 손 금 (−) 비 과 세 소 득 (−) 소 득 공 제 과 세 표 준	10년(2006년 이전 발생분은 5년) 이내 발생한 세법상 이월결손금 ⋯→ 법인세법·조세특례제한법상 비과세 ⋯→ 법인세법·조세특례제한법상 소득공제
3. 산출세액의 계산	과 세 표 준 (×) 세 율 산 출 세 액	(2018년 귀속분부터) ⋯ 과세표준 2억 원 이하 10% 2억 원 초과 200억 원 이하 20% 200억 원 초과 3천억 원 이하 22% 3천억 원 초과 25%
4. 차감납부 세액의 계산	산 출 세 액 (−) 감 면 · 공 제 세 액 (+) 가 산 세 (+) 감 면 분 추 가 납 부 세 액 총 부 담 세 액 (−) 기 납 부 세 액 차 감 납 부 합 세 액	⋯→ 법인세법·조세특례제한법상 감면·공제세액 ⋯→ 미사용준비금 등으로 인한 이자상당액 등 ⋯→ 중간예납세액·원천징수세액·수시부과세액

다음 페이지는 '법인세 과세표준 및 세액신고서'와 '법인세 과세표준 및 세액조정계산서'는 법인세 신고에 들어가는 가장 중요한 실제 신고 양식이다.

법인세 과세표준 및 세액신고서

■ 법인세법 시행규칙 [별지 제1호서식] 〈개정 2015.3.13.〉

홈택스(www.hometax.go.kr)에서도 신고할 수 있습니다.

법인세 과세표준 및 세액신고서

※ 뒤쪽의 신고안내 및 작성방법을 읽고 작성하여 주시기 바랍니다. (앞쪽)

①사업자등록번호				②법인등록번호		
③법 인 명				④전 화 번 호		
⑤대 표 자 성 명				⑥전자우편주소		
⑦소 재 지						
⑧업 태		⑨종 목			⑩주업종코드	
⑪사 업 연 도	. . ~ . .			⑫수시부과기간	. . ~ . .	
⑬법 인 구 분	1. 내국 2.외국 3.외투(비율 %)			⑭조 정 구 분	1. 외부 2. 자기	

⑮종 류 별 구 분	중소기업	일반			⑯외부 감사 대상	1. 여 2. 부
		중견기업	상호출자제한기업	그외기업	당기순이익과세	

		중소기업	중견기업	상호출자제한기업	그외기업	당기순이익과세	⑰신 고 구 분	
영리법인	상 장 법 인	11	71	81	91			1. 정기신고
	코스닥상장법인	21	72	82	92			2. 수정신고(가.서면분석, 나.기타)
	기 타 법 인	30	73	83	93			3. 기한후 신고
비영리법인		60	74	84	94	50		4. 중도폐업신고
								5. 경정청구

⑱법인유형별구분		코드		⑲결 산 확 정 일	
⑳신 고 일				㉑납 부 일	
㉒신고기한 연장승인	1. 신청일			2. 연장기한	

구 분	여	부	구 분	여	부
㉓주식변동	1	2	㉔장부전산화	1	2
㉕사업연도의제	1	2	㉖결손금소급공제 법인세환급신청	1	2
㉗감가상각방법(내용연수)신고서 제출	1	2	㉘재고자산등평가방법신고서 제출	1	2
㉙기능통화 채택 재무제표 작성	1	2	㉚과세표준 환산시 적용환율		
㉛동업기업의 출자자(동업자)	1	2	㉜국제회계기준(K-IFRS)적용	1	2
㊼내용연수승인(변경승인) 신청	1	2	㉝감가상각방법변경승인 신청	1	2
㊽기능통화 도입기업의 과세표준 계산방법			㊾미환류소득에 대한 법인세 신고	1	2

구 분	법	인	세		
	법 인 세	토지 등 양도소득에 대한 법인세	미환류소득에 대한 법인세	계	
㉝수 입 금 액	(		)		
㉞과 세 표 준					
㉟산 출 세 액					
㊱총 부 담 세 액					
㊲기 납 부 세 액					
㊳차 감 납 부 할 세 액					
㊴분 납 할 세 액					
㊵차 감 납 부 세 액					

구 분		㊸조정자	성 명	
㊶조 정 반 번 호				
㊷조정자관리번호			사업자등록번호	
			전 화 번 호	

국세환급금 계좌 신고 (환급세액 2천만원 미만인 경우)	㊹예 입 처	은행 (본)지점	
	㊺예금종류		
	㊻계 좌 번 호	예금	

신고인은 「법인세법」 제60조 및 「국세기본법」 제45조, 제45조의2, 제45조의3에 따라 위의 내용을 신고하며, 위 내용을 충분히 검토하였고 신고인이 알고 있는 사실 그대로를 정확하게 적었음을 확인합니다.

년 월 일

신고인(법 인) (인)
신고인(대표자) (서명)

세무대리인은 조세전문자격자로서 위 신고서를 성실하고 공정하게 작성하였음을 확인합니다.

세무대리인 (서명 또는 인)

세무서장 귀하

첨부서류	1. 재무상태표 2. (포괄)손익계산서 3. 이익잉여금처분(결손금처리)계산서 4. 현금흐름표(「주식회사의 외부감사에 관한 법률」 제2조에 따른 외부감사의 대상이 되는 법인의 경우만 해당합니다), 5. 세무조정계산서	수수료 없음

210mm×297mm[백상지 80g/㎡ 또는 중질지 80g/㎡]

법인세 과세표준 및 세액조정계산서

■ 법인세법 시행규칙[별지 제3호서식] 〈개정 2016.3.7.〉　　(앞쪽)

| 사 업 연 도 | ~ | 법인세 과세표준 및 세액조정계산서 | 법 인 명 | |
| | | | 사업자등록번호 | |

① 각 사업연도 소득계산

항목	번호	금액
⑩ 결산서상 당기순손익	01	
소득조정금액 ⑩ 익 금 산 입	02	
⑩ 손 금 산 입	03	
⑩ 차 가 감 소 득 금 액 (⑩ + ⑩ - ⑩)	04	
⑩ 기 부 금 한 도 초 과 액	05	
⑯ 기부금한도초과이월액 손금산입	54	
⑩ 각 사업연도소득금액 (⑩+⑯-⑯)	06	

② 과세표준계산

항목	번호	금액
⑱ 각 사업연도 소득금액 (⑱=⑩)		
⑩ 이 월 결 손 금	07	
⑩ 비 과 세 소 득	08	
⑪ 소 득 공 제	09	
⑫ 과 세 표 준 (⑱ - ⑩ - ⑩ - ⑪)	10	
⑯ 선 박 표 준 이 익	55	

③ 산출세액계산

항목	번호	금액
⑭ 과 세 표 준(⑫+⑯)	56	
⑮ 세 율	11	
⑯ 산 출 세 액	12	
⑰ 지 점 유 보 소 득 (「법인세법」제96조)	13	
⑱ 세 율	14	
⑲ 산 출 세 액	15	
⑩ 합 계 (⑯ + ⑲)	16	

④ 납부할세액계산

항목	번호	금액
⑩ 산 출 세 액(⑩ = ⑲)		
⑩ 최저한세 적용대상 공제감면세액	17	
⑫ 차 감 세 액	18	
⑩ 최저한세 적용제외 공제감면세액	19	
⑩ 가 산 세 액	20	
⑮ 가 감 계(⑩-⑩+⑩)	21	
기한내납부세액 ⑯ 중 간 예 납 세 액	22	
⑰ 수 시 부 과 세 액	23	
⑱ 원 천 납 부 세 액	24	
⑩ 간접투자회사등의 외국납부세액	25	
⑩ 소 계(⑯ + ⑰ + ⑱ + ⑩)	26	
⑪ 신고납부전가산세액	27	
⑫ 합 계(⑩+⑪)	28	

항목	번호	금액
⑬ 감면분추가납부세액	29	
⑭ 차 감 납 부 할 세 액 (⑫-⑫+⑬)	30	

⑤ 토지등양도소득에 대한 법인세계산

항목	번호	금액
양도차익 ⑮ 등 기 자 산	31	
⑯ 미 등 기 자 산	32	
⑰ 비 과 세 소 득	33	
⑱ 과 세 표 준 (⑮+⑯-⑰)	34	
⑲ 세 율	35	
⑩ 산 출 세 액	36	
⑪ 감 면 세 액	37	
⑫ 차 감 세 액 (⑩-⑪)	38	
⑬ 공 제 세 액	39	
⑱ 동업기업 법인세 배분액 (가산세 제외)	58	
⑭ 가 산 세 액 (동업기업 배분액 포함)	40	
⑮ 가 감 계(⑫-⑬+⑭+⑱)	41	
기납부세액 ⑯ 수 시 부 과 세 액	42	
⑱ ( )세 액	43	
⑩ 계 (⑯+⑱)	44	
⑩ 차감납부할세액(⑮-⑩)	45	

⑥ 미환류소득 법인세

항목	번호	금액
⑯ 과세대상 미환류소득	59	
⑯ 세 율	60	
⑱ 산 출 세 액	61	
⑭ 가 산 세 액	62	
⑯ 이 자 상 당 액	63	
납부할세액(⑯+⑭+⑯)	64	

⑦ 세액계

항목	번호	금액
⑤ 차 감 납 부 할 세 액 계 (⑭ + ⑲ + ⑯)	46	
⑯ 사실과 다른 회계처리 경정세액공제	57	
⑱ 분 납 세 액 계 산 범 위 액 (⑤-⑫-⑯-⑯+⑱)	47	
분납할세액 ⑭ 현 금 납 부	48	
⑮ 물 납	49	
⑯ 계 (⑭ + ⑮)	50	
차감납부세액 ⑯ 현 금 납 부	51	
⑯ 물 납	52	
⑩ 계 (⑯ + ⑯) (⑯=(⑤-⑯-⑩))	53	

210mm×297mm[백상지 80g/㎡ 또는 중질지 80g/㎡]

08 세무조사를 준비하는 마음을 갖자

사업을 하면서 많은 사람들이 흔히 "세금 때문에 못해먹겠다"고 한다. 실제로 우리나라는 세금뿐만 아니라 사업관련 준조세 성격의 각종 부담금 등이 무척 많다. 그렇기 때문에 일부 사업자들은 탈세를 당연히 받아들이고 있는 것이 사실이다. 하지만 '탈세'는 세무조사 등을 통해 사업에 큰 타격을 줄 수 있으므로 최대한 합법적으로 절세할 수 있는 방법을 강구해야 한다.

세무조사를 받는 사람들

그럼 과연 누가 세무조사를 받게 되는 걸까? 세무조사를 받게 되어 찾아오는 사람들을 보면 어느 정도 공통분모를 발견하게 된다.

첫째, 사업장의 외형(매출액)이다. 매출액이 큰 경우 국세청 전산에 의해 무작위 추출 선정대상이 될 가능성이 있다. 즉 어쩔 수 없는 경우다. 그러나 털어서 먼지 안 나오는 사람이 어디 있을까? 따라서 항상 사업과 관련한 지출에 대해서는 적격증빙을 바탕으로 꼼꼼하게 기장을 해야 하며, 인건비 등이 지출되는 경우 잊지 말고 정확히 누락 없이 신고를 해야 한다.

하지만 사업 초기에서는 이러한 부분이 비전문가 입장에서 매우 힘들고 여유도 없을 것이다. 이때는 되도록 통장에서 이체될 수 있도록 하고 인터넷뱅킹으로 해당 지출 내용이 무엇인지 자세하게 남기도록 하자. 이것만으로도 지출에 대해서 누락없이 간접적으로 기록된 효과를 볼 수가 있기 때문이다.

둘째, 동종 업종의 평균 신고소득률보다 신고소득률이 낮은 경우다. 예를 들면, 같은 동네에 5천만 원의 매출을 올리는 치킨집이 두 곳이 있다고 치자. 한 곳은 이익이 1천만 원으로 소득률이 20%라고 신고했는데, 다른 한 곳은 1년 동안 이익이 250만 원으로 소득률이 5%밖에 안 된다고 신고하는 경우다.

같은 상권에서 동종 업종이고 매출도 비슷한데 소득률 차이가 많이 나는 경우에는 위험하다고 볼 수 있다. 보통 국세청에서는 동종 업종의 소득률을 가지고 분석하는 경우가 있다고 한다. 하위 소득률 신고 사업자에 대해서는 담당 공무원을 통해 실제 사업장 현황 등을 조사하도록 지침이 내려온다고 한다.

셋째, 부동산 등의 재산이 급격히 증가한 경우다. 예를 들면 치킨집을 10년간 운영하던 장동건 씨는 그동안 소득세 신고 때 연간 소득이 1천만 원도 안 된다고 신고를 했었다. 그런데 갑자기 강남에 10억 원짜리 아파트를 구입했다면 부동산 취득에 대한 '자금출처 소명 요구' 통지를 받을 수 있다.

만약 자금출처 소명을 제대로 하지 못한다면, 이는 사업을 통해 획득한 소득으로 추정하고 엄청난 세금을 부과 받게 될 것이다. 보통 자금 출처는 사업자가 아닌 경우에는 증여나 상속을 받은 것으로 볼 수가 있고, 사업자인 경우에는 사업과 관련한 매출누락이나 소득누락 혐의를 받을 수가 있다.

세 번째 경우는 특히 요즘 자주 발생한다. 왜냐하면 국세청 전산이 그만큼 발달되어 있고 소유권이전등기가 이뤄지면 즉각적으로 국세청에 통보되어 자체 분석에 들어가기 때문이다. 즉 연령이나 소득이 구입한 부동산의 규모와 맞지 않는 경우에는 거의 100% 소명통지서가 온다고 보면 된다.

세무조사대상이 된 것을 단순히 운이 없다고 생각하면 안 된다. 위와 같은 내용만 유념해도, 불필요한 세무조사를 받는 경우를 줄일 수가 있을 것이다. 사업자들은 항상 합법적으로 절세할 수 있는 방법을 꾸준히 연구하고 몸에 익혀야 한다. 탈세는 안 되지만, 절세의 길은 무수히 많다.

세무조사대상 선정 방법 (국세청 자료)

세무조사대상자는 신고내용의 적정성을 검증하기 위하여 정기적으로 선정하거나, 신고내용에 탈루나 오류의 혐의가 있는 경우에 선정할 수 있다. (국세기본법 제81조의6)

○ 정기선정은 다음과 같은 사유로 선정한다.

1. 신고내용에 대한 정기적인 성실도 분석결과 불성실 혐의가 있는 경우
2. 4과세기간(또는 4사업연도) 이상 동일 세목의 세무조사를 받지 아니하여 신고내용의 적정성 여부를 검증할 필요가 있는 경우

3. 무작위추출방식에 의한 표본조사를 하는 경우

※ 성실도 분석은 전산 분석시스템을 활용하여 세금신고상황, 납세협력 의무 이행상황 등을 객관적으로 종합하여 평가하고 있다.

○ 비정기선정은 다음과 같은 사유로 선정한다.

1. 무자료거래, 위장·가공거래 등 거래내용이 사실과 다른 혐의가 있는 경우

2. 납세자에 대한 구체적인 탈세제보가 있는 경우

3. 신고내용에 탈루나 오류의 혐의를 인정할 만한 명백한 자료가 있는 경우

세무조사의 종류

그럼 세무조사를 받게 되면 어떤 것들을 볼까?

세금은 순이익을 근간으로 과세가 된다. 순이익은 매출에서 지출을 차감한 금액이다. 즉 매출이 과연 적정한지를 파악한다. 무자료 매입에 의한 매출누락, 현금 매출의 과소신고, 매출단가 조작, 부동산임대업의 경우 임대료 축소신고 등을 파악한다.

매입의 적정성 파악할 때는 기말 재고자산의 임의적 조정, 대표이사의 개인경비를 회사경비로 처리한 것, 발생하지도 않은 인건비를 비용으로 처리하는 경우 등을 중점으로 보게 된다. 또한 접대비 성격의 지출을 복리후생비로 처리한 경우도 대표적인 세무조사 대상이다. 접대비는 일정 한도만 비용으로 인정되기 때문에 복리후생비로 많이 돌려서 신고를 하는 경우가 종종 있다. 세무조사를 통해 세금을 추징받게

되는 경우 법인의 입장에서는 가산세뿐만 아니라, 대표자 상여로도 과세해 매우 크게 부담을 느낄 수가 있다. 따라서 합법적으로 절세할 수 있는 방법을 세무사와 항상 논의를 하고, 지출에 대해서 누락 없이 기록될 수 있도록 해야 한다.

다음은 국세청에서 세무조사와 관련한 안내 자료다. 이는 어떻게 불성실한 세금신고에 대해서 내부적으로 어떻게 관리하고 조사할지를 간접적으로 알려주는 자료라고 할 수 있다. 따라서 탈세가 아닌 절세의 길을 찾아야 한다. 우량 사업을 하던 기업도 가산세 등으로 휘청할 수 있다.

법인세 신고수준별 차등관리

법인세 신고는 일체의 세무간섭 없는 자율신고에 맡기되, 몰라서 불이익을 받지 않도록 축적된 과세자료와 각종 신고서를 연계 분석하여 틀리기 쉬운 항목 중심으로 사전 안내함으로써 성실신고를 지원하는 한편, 법인세 신고가 끝나는 즉시 신고내용을 분석하여 업종·규모별 신고소득률 상위법인은 명백한 탈루혐의가 없는 한 세무간섭을 배제하는 등 우대관리하며, 불성실 신고법인은 조사대상으로 선정하는 등 엄정하게 관리할 예정입니다.

○ 성실신고 지원을 위한 전산·개별분석 안내

1. 전산자료와 신고상황을 비교 분석하여 문제항목 제시

- 해외체류 유학 및 병역근무 등으로 실제 근무하지 않는 기업주 가족에게 인건비를 지급하거나 법인카드를 피부미용실, 성형외과 등에서

사적으로 사용하고 법인비용으로 공제하지 않도록 안내

− 접대성 경비 분산처리 혐의, 재고조절을 통한 원가과다계상 혐의, 세무조사 이후 신고 소득률이 급격히 하락한 법인 등 안내

2. 신고에 도움을 주는 자료 제공

− 비사업용 토지 양도법인, 재평가 토지 양도법인, 외부 세무조정대상 법인, 수입배당금 익금불산입 법인 등 안내

3. 영업실적에 비해 신고수준이 낮은 호황업종 영위법인과 세원관리 취약업종 및 자영업법인 등에 대하여 수집된 각종 정보자료, 과세자료 등에 의한 개별분석을 통하여 문제점 도출·안내

○ 불성실 신고법인에 대한 엄정한 사후관리

1. 신고 종료 후 분석 안내한 사항이 신고에 제대로 반영되었는지 성실 신고 여부를 조기 검증한 후 탈루혐의가 큰 법인은 조사대상으로 조기 선정하여 즉시 세무조사 착수

세무조사 진행과정

세무조사 사전통지	• 조사개시 10일 전까지 「세무조사 사전 통지」를 송달합니다. • 세무조사 시작 전에 「세무조서 오리엔테이션」을 실시합니다. • 세무조사 연기나 조사장소 변경을 신청할 수 있습니다.
세무조사 개시	• 조사공무원의 신분을 확인합니다. • 납세자권리헌장에 대해 설명을 듣습니다. • 조사공무원과 함께 청렴서약서를 작성합니다.
세무조사 진행	• 세무대리인의 조력을 받을 수 있습니다. • 「중간설명」을 통해 조사 진행 상황을 알려드립니다. • 「납세자보호담당관」이 납세자의 권익을 보호해 드립니다.
세무조사 종료	• 예정된 조사기간 내에 종결합니다. (다만 부득이한 경우 연장될 수 있습니다.) • 「세무 컨설팅의 날」에 세무조사 결과에 대해 상세히 알려드립니다.
세무조사 결과통지	• 조사가 종료되면 20일 이내에 「세무조사 결과 통지」를 송달합니다. (다만 부득이한 경우 늦어질 수 있습니다.) • 통지 내용에 이의가 있는 경우 30일 이내에 「과세전적부심사」를 청구할 수 있습니다.
고지서 발부	• 「납세고지서」를 발송합니다. • 고지내용에 이의가 있는 경우 90일 이내에 이의신청 등 불복을 청구할 수 있습니다. • 일시적 자금압박을 겪고 있다면 징수유예를 신청할 수 있습니다.

09 억울한 세금 통지에 대처하기

　사업을 하다 보면 불합리하거나 억울하게 과다한 세금을 납부하게 되는 경우가 있다. 특히 담당 직원이나 대표자의 잘못된 처리방식, 회계처리 등으로 사업초창기에는 종종 발생한다. 이때는 그냥 좋은 게 좋다는 식으로 넘어가지 말고 확실하게 권리구제가 가능한 사안인지를 검토해야 한다. 왜냐하면 매출 과소신고 등을 실수로 수정신고를 하지 않고 넘어간 경우 나중에 무거운 가산세와 함께 신고불성실 사업자로 전산에서 특별 관리될 수도 있기 때문이다. 한번 걸린 사람은 계속적으로 주의 관찰하는 식이다.

　그럼 억울한 세금에 대해서 세무서 등에 의사 전달할 수 있는 방법에는 무엇이 있을까?

　첫째, 과세전적부심사청구 제도가 있다. 세무조사결과통지 또는 과세예고통지를 받은 날로부터 30일 이내에 과세관청에 부당하다고 생각하는 내용과 입증자료를 첨부해 과세전적부심사청구를 할 수 있다. 납세자가 과세전적부심사를 청구할 경우에는 결정 전 통지를 받은 날로부터 20일 이내에 통지서를 보낸 세무서장 또는 지방국세청장에게 심사청구서를 제출하면 된다. 그러면 세무서장 등은 이를 심사해 30일 이내에 결정한 후 납세자에게 통지해야 한다.

둘째, 이의신청제도가 있다. 납세고지서를 이미 받은 납세자가 고지된 세금내용에 이의가 있는 경우에는 당해 고지를 한 세무서장에게 이의 시정을 신청하는 제도다. 고지를 받은 날로부터 90일 이내에 관할 세무서에 신청해야 한다.

사전 권리구제 제도(과세전적부심사청구)

세무조사결과통지 또는 과세예고통지를 받은 날로부터 30일 이내에 통지관청에 부당하다고 생각하는 내용과 입증자료를 첨부해 과세전적부심사청구를 할 수 있다.

이의신청	납세고지서를 받은 날로부터 90일 이내에 과세관청에 신청
심사청구	납세고지서를 받은 날 또는 이의신청의 결정통지를 받은 날로부터
심판청구	90일 이내에 국세청에 심사청구를 하거나 조세심판원에 심판청구
행정소송	심사청구·심판청구 결과통지를 받은 날로부터 90일 이내에 행정법원에 고지한 세무서장을 상대로 소송을 제기

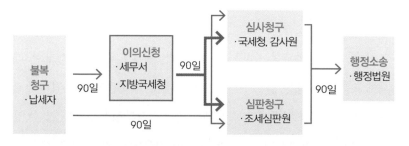

※ 이의신청을 거치지 아니하고 심사청구, 심판청구, 감사원 심사청구를 할 수 있으나, 행정소송은 반드시 심사청구, 심판청구, 감사원 심사청구를 거쳐야 한다.

셋째, 심사청구, 심판청구 그리고 행정소송 제도다. 납세고지를 받은 날로부터 90일 이내에 고지한 세무서에 심사청구나 심판청구를 해야 하며, 만약 이의신청을 한 경우에는 이의신청 결정통지를 받은 날로부터 90일 이내에 청구해야 한다. 행정소송은 위의 청구 결과에 이의가 있을 경우에 결과통지를 받은 날로부터 90일 이내에 행정법원에 소송을 제기해야 한다.

마지막으로 납세자보호담당관 제도다. 세금에 관한 고충이나 궁금한 사항이 있으면 관할 세무서의 납세자보호담당관을 찾아가 이용할 수 있다. 법으로는 해결이 안 되지만 너무나 억울한 세금 관련 문제가 발생했을 경우 이용하면 좋을 것이다.

당장 세금과 관련한 어려움이 없더라도 위와 같은 권리구제 제도가 있다는 것을 알고 있다면 당황하지 않고 잘 해결할 수 있으리라 생각된다.

한편 세법에서는 일정 기간 안에서만 세금을 부과할 수 있도록 하고 그 기간이 지나면 세금을 부과할 수 없도록 하고 있는데 이를 '국세부과의 제척기간'이라고 한다. 일반적으로 5년이라고 알고 있으나 이는 큰 오산이다. 사기 기타 부정한 행위로 국세를 포탈하거나 환급 또는 공제받은 경우에는 신고기한의 다음 날부터 10년이다. 또한 기업을 경영하다 보면 상속세와 증여세와는 매우 밀접한 관계를 갖게 되는데 상속세와 증여세의 경우에는 최대 15년간이 국세부과 제척기간이다.

국세청에 제기한 불복청구에 대한 진행 상황을 인터넷으로 직접 확인할 수 있다.

권리보호요청 제도안내

▣ 권리보호요청 제도란?

세무조사 등 국세행정의 집행과정에서 납세자의 권리를 부당하게 침해하거나 침해가 예상되는 경우 신속하게 구제해 주는 제도다.

▣ 권리보호요청 방법

권리침해사실을 권리보호요청서*에 작성해 관할 세무서 납세자보호담당관에게 제출하면 된다.

*권리보호요청서 서식은 국세청 홈페이지(www.nts.go.kr)에서 내려받을 수 있으며, 양식에 관계없이 권리침해사실을 자유롭게 작성해 제출해도 된다.

▌권리침해 유형과 조치사항

권리침해 유형	조치사항
• 명백한 조세탈루 혐의없이 이미 조사한 부분 (같은 세목 및 과세기간)에 대한 중복조사와 세법령을 위반하여 조사하는 행위	세무조사중지 (조사반 철수)
• 조사기간이나 조사범위를 임의로 연장하거나 확대하는 행위	시정요구, 시정명령
• 금품·향응 및 사적 편의요구 • 기타 침해행위 2회 이상 반복	조사반 교체, 징계요구
• 세금의 부과·징수와 관련없는 자료 또는 소명을 무리하게 요구 • 고충민원·불복청구 등 절차가 이행되었으나 결정취소·환급 등후속처분을 지연하는 행위	시정요구, 시정명령

| 구체적인 권리침해 사례와 구제내용

이미 조사가 이루어진 사업연도에 대한 중복조사
- 2011~2012년 귀속분에 대한 자금출처조사는 2014년 세무조사 당시 이미 조사대상 물건에 대한 검토 및 자금출처 등을 조사한 사실이 확인되어 중복조사이므로 즉시 조사를 철회함

세무조사 후 세무조사결과 미통지
- 세무조사 종결 후 20일 이내 조사결과를 통지하지 않은 사실이 확인되어 즉시 조사결과를 통지하도록 조치

압류해제 지연처리
- 체납된 국세를 이미 납부했음에도 장기간 압류해제가 이뤄지지 않은 사실이 확인되어 즉시 압류된 예금계좌를 해제하도록 조치

과세예고 통지를 하지 아니하고 세금 고지
- 고지세액 3백만 원 이상은 반드시 과세예고 통지 이후에 세금을 고지하도록 규정되어 있으나, 과세예고 통지 없이 고지한 사실이 확인되어 즉시 고지된 세금을 취소하도록 조치

납세자권리헌장

납세자의 권리는 헌법과 법률이 정하는 바에 의하여 존중되고 보장되어야 합니다. 이를 위하여 국세공무원은 납세자가 신성한 납세의무를 신의에 따라 성실하게 이행할 수 있도록 필요한 정보와 편익을 최대한 제공해야 하며, 납세자의 권리가 보호되고 실현될 수 있도록 최선을 다하여야 할 의무가 있습니다.

이 헌장은 납세자가 보장받을 수 있는 권리를 구체적으로 알려드리기 위해 제정된 것입니다.

1. 납세자는 기장·신고 등 납세협력 의무를 이행하지 않았거나 구체적인 조세 탈루혐의 등이 없는 한 성실하며 납세자가 제출한 세무자료는 진실한 것으로 추정됩니다.
2. 납세자는 법령이 정하는 경우를 제외하고는 세무조사의 사전통지와 조사결과의 통지를 받을 권리가 있고, 불가피한 사유가 있는 경우에는 조사의 연기를 신청하고 그 결과를 통지 받을 권리가 있습니다.
3. 납세자는 세무조사시 조세전문가의 조력을 받을 권리가 있고, 법령이 정하는 특별한 사유가 없는 한 중복조사를 받지 않을 권리가 있습니다.
4. 납세자는 법령이 정하는 바에 따라 세무조사 기간이 연장되는 경우에, 그 사유와 기간을 문서로 통지받을 권리가 있습니다.
5. 납세자는 자신의 과세정보에 대한 비밀을 보호받을 권리가 있습니다.
6. 납세자는 권리의 행사에 필요한 정보를 신속하게 제공받을 권리가 있습니다.
7. 납세자는 위법적인 또는 부당한 처분을 받거나 필요한 처분을 받지 못함으로써 권리 또는 이익을 침해당한 경우에 적법하고 신속하게 구제받을 권리가 있습니다.
8. 납세자는 위법적인 또는 부당한 처분으로 권리 또는 이익을 침해당할 우려가 있는 경우에, 그 처분을 받기 전에 적법하고 신속하게 구제받을 권리가 있습니다.
9. 납세자는 국세공무원으로부터 언제나 공정한 대우를 받을 권리가 있습니다.

국세청장

PART 2 노무

노동력을
가장 효율적으로
이용하기 위한 방법

CHAPTER 5

회계·노무 담당자라면
꼭 알아야 할 근로계약 관리

정말로 시작이 반이다. 아니, 근로계약서만 잘 적어두어도 노무의 70~80%
는 준비된 것이다. 수습이며, 아르바이트, 정체를 알 수 없는 복잡다단한 근
로계약에 대해서 초등학생도 알 수 있게 정리했다. 너무 바쁘면 이 챕터만
이라도 보라. 우리 회사 인력 문제의 80~90%는 해결할 수 있다.

01 | 근로계약서에 꼭 적어야 하는 항목

신규 직원을 채용했다. 근로계약서를 작성해야 하는데, 인터넷을 뒤져보니 '근로계약서', '연봉계약서', '고용계약서', 한 장짜리, 서너 장짜리 등등 너무나 다양한 양식이 있다. 어떤 내용을 어떻게 적어야 하는지 막막하다. 과연 근로계약서에는 어떠한 내용이 담겨야 하고, 어떻게 적어야 하는 것인가?

근로계약 시 결정사항

우리나라는 직원을 채용하고 일주일 정도는 지나야 근로계약서를 쓴다. 외국 사람들은 이런 관행에 뜨악해한다. 어떻게 남의 노동력을 계약서도 하나 안 적어두고 그냥 이용할 수 있느냐면서…. 반면 우리나라는 오히려 얼굴 보자마자 계약서부터 꺼내서 적자고 하는 것을 더 멋쩍어한다. 물건 거래에는 익숙하지만, 노동력 거래에는 상당히 미숙한 모양을 보인다. 유독 노동력 거래에서는 파는 사람이나 사는 사람 모두 계산이 흐릿하다.

집을 매매할 때만 계약서가 중요한 것이 아니다. 노동력을 사고팔

때 역시 계약서는 필요불가결한 존재다. 상대를 믿는 것과 귀찮은 것과는 엄연히 다르다. 사람 괜찮아 보이니, 대충 잘해주겠지, 대충 더 주겠지 하는 것보다는 계약서에 노동력을 어떻게 제공하고, 그에 대해 얼마를 어떻게 주겠다는 것인지를 명확하게 적어둘 필요가 있다.

근로계약 시 필요적 기재사항

근로계약은 노동력을 사고파는 계약으로, 쌀을 사고파는 계약과 비슷하다. 쌀을 농사 지은 농부는 농협에 쌀을 가져다 판다. 판매 시 농협 수매 담당자와 함께 결정해야 하는 것은 무엇인가? 바로 판매할 수량과 가격이다.

노동력을 사고파는 계약 역시 수량과 가격을 결정해야 한다. 노동력의 수량에 대한 내용이 바로 '근로시간', '휴게', '휴일', '휴가'이고, 노동력의 가격이 바로 '임금'이다. 근로기준법은 노동력의 수량과 가격인 근로시간, 휴게, 휴일, 휴가와 임금에 관한 사항들을 근로계약서에 필수적으로 기재해야 하는 사항으로 규정하고 있다.

근로시간·휴게

일하기로 약속한 시간을 '소정근로시간'이라고 한다. 보통 '하루에 몇 시간', '일주일에 몇 시간'이라고 적는다. 여기서 한 가지 유의할 점은 소정근로시간은 법정근로시간을 초과할 수는 없기 때문에, 소정근로시간은 1일 8시간, 1주 40시간의 범위 내에서 기재되어야 한다는 점이다. 통상 1일 9시간씩 5일을 근무하게 되는 회사라면, 소정근로시간은 1일 8시간, 1주 40시간이 되는 것이고, 나머지 근무시간은 연장근로가 되는 셈이다.

1일 8시간을 근무하기로 정했더라도 8시간을 줄곧 일만 할 수는 없다. 화장실도 가야 하고, 밥도 먹어야 하고, 담배를 피우거나, 커피도 한 잔 마셔야 한다. 시업시간과 종업시간 사이에 업무를 하지 않는 시간, 즉 휴게시간이 필요하다. 물론 업무 도중의 시간이라 하더라도 업무를 하지 않으니, 휴게시간에 대해서 임금을 지급할 의무는 없다.

법은 4시간 근무에 대해 30분, 8시간 근무에 대해 1시간의 휴게시간을 근무시간 도중에 부여하도록 정하고 있다. 통상의 점심시간이 여기에 해당한다. 1일 4시간을 근무하는 직원이 도중에 휴게시간을 가지지 않고, 4시간을 연속으로 근무하고 퇴근하기를 원하는 경우라 하더라도, 근로계약서상에는 직원이 쉴 수 있는 휴게시간이 30분 이상 보장되어 있어야 한다.

휴일·휴가

휴일과 휴가는 '쉬는 날'이라는 면에서는 유사해 보이지만, 법률적인 의미는 조금 다르다. 휴일은 원래부터 근로 제공의 의무가 없는 날이고, 휴가는 근로 제공의 의무가 있는 날이지만 직원의 신청에 의해 근로 제공 의무를 회사가 면제해준 날이다.

통상 휴일은 사전에 회사가 미리 정해두고 있고, 휴가는 근로자가 신청한 날로 정해진다. 원래부터 근로제공의 의무가 없는 날인 휴일에 근무를 하게 되는 것은 '휴일근로'로서 근로계약이 정한 약속을 어기는 것이므로, 일종의 페널티가 회사에 주어진다. 회사는 휴일근로에 대해서는 일한 대가 외에 가산 임금 50%를 더 주어야 한다.

임금

임금에 관한 사항에 대해서는 특히 분쟁이 많이 발생할 수 있으므로, 근로기준법은 보다 자세하게, '임금의 구성항목은 무엇인지', '임금의 계산방법은 어떤지', '임금은 어떤 방법으로 지급할 것인지' 등에 대해서도 계약서에 자세하게 적어둘 것을 의무화하고 있다.

임금의 구성항목과 관련해서는 임금을 구성하는 항목들은 무엇이 있는지, 즉 어떤 사유로 지급받게 되는 어떠한 금전인지를 기재하게 된다. 기본적인 근로의 대가인지(기본급), 직책 수행에 대한 대가인지(직책수당) 등이 근로계약서에 적혀야 한다.

임금의 계산방법과 관련해서는 임금을 일 단위로 할지, 주 단위로 할지, 월 단위로 할지 등을 결정하고, 월급으로 정한 경우 며칠부터 며칠까지의 임금을 언제 지급할지를 적게 된다.

임금의 지급 방법에 대해서는 근로자가 지정하는 계좌로 입금을 할 것인지, 현금으로 줄 것인지 등을 구체적으로 적어두어야 한다.

기간제 근로자 및 단시간 근로자의 특수 기재사항

일정 근로계약기간을 정해서 쓰는 기간제 근로자에 대해서는 위 사항 외에도 근로계약기간이 꼭 기재되어야 한다. 근로계약서상에 근로계약기간이 특정되어 기재되어 있지 않으면, 기간제 근로자임을 주장하기 어렵다. 또한 기간제 근로자의 근로계약서에는 취업시킬 장소와 종사할 업무를 적어두어야 한다.

단시간 근로자란 통상의 근로자보다 적은 근로시간을 일하는 사람을 말한다. 하루 8시간 미만으로 근무하든지, 아니면 일주일에 2~3일

구분	월요일	화요일	수요일	목요일	금요일
근로시간	8시간	4시간	8시간	–	8시간
시업시각	9:00	9:00	9:00		9:00
종업시각	18:00	13:30	18:00		18:00
휴게시간	12:00~ 13:00	11:00~ 11:30	12:00~ 13:00		12:00~ 13:00

만 나오든지 하는 경우들인데, 실무적으로는 아르바이트라고 불리는 경우가 많다. 단시간 근로자의 근로계약서는 위의 사항들 외에 '근로일 및 근로일별 근로시간'을 적어두도록 하고 있다.

근로계약서 양식

근로제공과 이에 대한 반대급부로서 임금을 지불하기로 하는 계약이 근로계약이다. 따라서 '연봉계약서', '연봉근로계약서', '고용계약서' 등 명칭을 불문하고, 이를 내용으로 하는 계약은 모두 근로계약이 되고, 특별한 양식이 필요한 것은 아니다. 근로제공과 임금지급의 조건이 담긴 내용이면 합의서든 편지 형태든 무관하다.

고용노동부는 근로계약서를 어떻게 작성해야 할지 모르는 사업자나 근로자들을 위해 일종의 '표준약관'처럼 표준화된 근로계약서 양식을 제공하고 있다. 하지만 여기에만 의지할 것이 아니라, 우리 회사의 현실과 고용형태 등을 꼼꼼히 살펴서 향후 다툼의 소지가 없도록 근로와 관련된 세세한 조건들을 작성해둘 필요가 있다.

근로계약서에 꼭 기재되어야 하는 사항

① 근무시간에 대하여: 몇 시부터 몇 시까지 근무하게 될지, 총 근무시간은 1일 간, 1주간 몇 시간인지

　예시) 근로시간: 1일 8시간, 1주 40시간

② 휴게에 대하여: 근무 도중 몇 시부터 몇 시까지는 쉬거나 점심식사를 다녀 올 수 있는 것인지

　예시) 시업·종업 및 휴게시간: 09:00 ~ 18:00 / 휴게시간 12:00 ~ 13:00

③ 휴일에 대하여: 1년 중에 회사 안 나와도 되는 날은 언제 언제인지

　예시) 휴일: 주휴일은 일요일로 한다. 이외 휴일에 대해서는 취업규칙이 정
　　　 하고 있는 바에 따른다.

④ 휴가에 대하여: 개인적인 용무를 위해 며칠의 휴가를 사용할 수 있는지

　예시) 1년을 계속 근로한 경우에는 15일의 연차휴가를 사용할 수 있다.

⑤ 임금에 대하여

　– 임금의 구성항목: 기본적인 근로의 대가, 직책 수행에 대한 수당 등 임금
　　 을 구성하고 있는 항목은 어떻게 되는지

　예시) 기본급: 150만 원

　　　　직책수당: 20만 원

　　　　만근수당: 30만 원 (1개월 근무일 만근 시 지급)

　– 임금의 계산방법: 일급으로 정할지, 월급으로 정할지 등을 결정하고, 월
　　 급으로 정한 경우 며칠부터 며칠까지의 임금을 언제 지급하는지 등

　예시) 매월 1일부터 말일까지의 임금을 익월 5일 지급한다.

　– 임금의 지급방법: 근로자가 지정하는 계좌로 입금을 할 것인지, 현금으로
　　 줄 것인지 등

　예시) 고용보험료 및 제세공과금 등을 원천징수한 후 직원이 지정하는 온
　　　 라인 계좌로 지급한다.

| 표준근로계약서

표준근로계약서(고용노동부)

_____(이하 "갑"이라 함)과 _____(이하 "을"이라 함)은 다음과 같이 근로계약을 체결한다.

1. 근로계약기간 : _____년 ___월 ___일부터 _____년 ___월 ___일까지
2. 근무 장소 :
3. 업무의 내용(직종) :
4. 근로시간 : ___시 ___분부터 ___시 ___분까지(휴게시간 : ___시 ___분~___시 ___분)
5. 근무일/휴일 : 매주 ○일(또는 매일단위)근무, 주휴일 매주 ○요일
6. 임금
 - 시간(일, 월)급 : _____원 (해당 사항에 ○표)
 - 기타급여(제수당 등) : 없음( )
                       있음 : _____원(내역별 기재)
 - 가산임금률(연장, 야간, 휴일근로 등) : ___%(내역별 기재)
 - 임금지급일 : 매월(매주 또는 매일) ___일(공휴일의 경우는 전일)
 - 지급방법 : 을에게 직접지급 또는 예금통장에 입금
7. 기타
 - 이 계약에 정함이 없는 사항은 근로기준법에 의함

                                                            년   월   일

(갑) 사업체명 :   주소 :   (전화 :   )
     대 표 자 :   (서명)

(을) 주 소 :   주민등록번호 :   (전화 :   )
     성 명 :   (서명)

02 | 법 규정과 상반되는 각서의 효력은?

직원이 돈이 급히 필요하다면서, 나중에 퇴직금을 받기보다는 그 돈을 먼저 받고 싶다고 이야기한다. 회사는 당연히 안 된다고 이야기하지만, 직원은 퇴직 시에는 퇴직금을 절대 청구하지 않겠다는 각서라도 쓰겠다고 고집을 부리고 있다. 회사 입장에서야 사실 나중에 주나 지금 주나 큰 상관이 없는데, 본인이 저렇게까지 이야기하니, 고민이 아닐 수 없다. 본인이 각서 쓰고 공증까지 받아오겠다고 큰소리치는데 큰 문제없을까?

근로관계에서 나타나는 약속들

새로운 직원이 입사하게 되면 직원 입장에서도 혹시 내가 회사에게 속아 받을 것을 못 받는 것은 아닌지, 부당한 근로를 강요당하는 것은 아닌지 하는 등의 의구심이 들겠지만, 회사 역시 새로운 직원이 믿고 일을 맡겨도 될 사람인지에 대해 확신이 없다.

면접 시 열심히 일하고 오래 다니겠다고 큰소리치길래 입사시켜 기껏 공들여서 업무를 가르쳐났더니, 3개월 만에 퇴사해버린다. 아는 사람이기도 하고 일도 못 구하고 빌빌거리고 있길래, 그럼 본인 시간 될 때만 나와서 전화나 좀 받아주고 잡무만 좀 도와달라고 해서, 몇 년간 돌봐줬다고 생각했는데, 나중에 번듯한 직장 구해서 퇴사하면서 퇴직금을 달라고 한다. 이렇게 직원과 회사가 서로 몇 번 속고 속이고 나면 뭔가 당초의 약속에 대한 확인을 받아두고 싶은 생각이 들게 된다.

이때 노동법이 정하고 있는 것과는 다른 약정을 하는 경우들이 있게 된다. 예를 들면 1년 이내는 퇴직하지 않겠다는 약정, 퇴직금을 받지 않겠다는 각서, 열심히 일한 것에 대해 특별히 상여금을 임금에 더해주지만, 이 상여금은 퇴직금 산정에는 포함하지 않겠다고 하는 합의서 등이다.

원래는 계약자유의 원칙

'갑도 좋고 을도 좋으면 장땡이다.' 이것을 계약자유의 원칙이라고 한다. 갑과 을이 모두 자유의사로 합의했다면 문제될 게 없다는 것이다.

그러나 우리 사회에는 엄연히 힘의 불균형이 존재한다. 그렇기 때문에 계약 내용을 당사자의 자유의사에만 맡겨두게 되면, 헌법이 천명하고 있는 인간다운 생활이 불가능해지는 결과가 생길 수 있다. 구인자가 구직자보다 적은 현실에서, 식구들 입에 풀칠이라도 해야 하는 구직자 입장에서는 불공정하거나 열악한 근로조건이라도 수용하지 않을 수 없게 되는 것이다.

따라서 법을 통해 근로계약의 내용이 될 수 있는 것을 한정해두고, 당사자가 결정할 수 있는 범위를 제한해둠으로써, 힘의 불균형을 어느 정도 해소해 공정한 근로계약 체결이 가능하도록 하고 있다.

즉 근로계약은 자유가 아니다. 근로관계를 규율하고 있는 노동관계 법령의 대다수는 '강행규정'으로 당사자의 의사와는 관계없이 적용되는 법 규정이다.

강행규정에 위배되는 당사자 간 합의의 효력

강행규정에 위배되는 내용을 정하는 당사자 간의 합의 또는 동의서, 각서 등은 모두 무효다. 예를 들면 직원 퇴직 시 퇴직금지급을 의무화하고 있는 근로자퇴직급여보장법 조항은 강행규정으로서, 법규의 적용을 당사자의 의사에 의해 배제할 수 없다. 따라서 당사자 간 퇴직금을 지급받지 않겠다는 각서 등은 모두 효력이 없고, 설사 공증 등을 거친다 하더라도 마찬가지다.

퇴직금 산정을 위한 평균임금의 산입 범위와 관련해서도 비슷한 분쟁이 빈번하다. 회사가 상여금이나 특별한 수당을 지급해주면서, 이는 임금 외로 더 주는 것이니 퇴직금에는 안 들어가는 것으로 합의하는 것이다. 그러나 법원 판례에 따르면 퇴직금 산정의 기초가 되는 '평균임금'은 법이 정의를 내리고 있는 것으로, 이 규정이 강행규정이기 때문에 당사자가 정할 수 있는 성질이 아니라고 한다. 따라서 당사자의 약정을 떠나서 상여금이나 수당의 성질상 '임금'에 해당하면 당연히 퇴직금 산정에 포함되어야 하고, 성질상 '임금'이 아니라 은혜적인 급부라면 퇴직금 산정에 포함되지 않는다는 것이다.

직원이 인수인계도 없이, 갑자기 그만두면서 회사에 손해가 발생하게 되는 사례를 적잖이 본다. 회사는 이런 경우를 대비해서 1년 이내로 퇴사하는 경우, '1개월분 임금을 받지 않는다'라든가 '회사의 손해를 배상한다'는 등의 약정을 하는 사례가 많다.

직원의 갑작스러운 퇴사로 회사에 손해가 발생한 경우, 손해배상의 청구 자체가 불가능한 것은 아니다. 다만 현실적으로 소송에서 이기기 위해서는 직원이 그만둠으로 인해 손해를 입었음이 입증되어야 하는데, 이 입증이 상당히 어렵다. 왜냐하면 법원은 직원은 언제든지 그만둘 자유를 가진 사람이라고 인식하고 있기 때문이다.

이처럼 현실적으로 직원의 퇴사로 인한 손해를 입증하는 것이 대단히 어렵기 때문에, 근로계약 위반 시 '1개월분 임금을 받지 않는다', 또는 '2개월분의 임금을 배상한다'는 등의 위약금을 약정하는 경우가 있다. 그러나 근로기준법은 '사용자는 근로계약 불이행에 대한 위약금 또는 손해배상액을 예정하는 계약을 체결하지 못한다'고 규정했다. 근로자가 그만두는 것으로 인한 위약금 또는 손배해상액을 미리 정해두고 근로자가 그만두는 것에 대해 겁주기를 금지하고 있는 것이다. 따라서 이와 같은 내용의 약정, 합의서 등은 모두 무효가 된다.

근로기준법이 정하고 있는 근로의 기준들은 대부분 강행규정으로 이루어져 있다. 그리고 강행규정에 위배되는 내용의 근로기준을 근로계약으로 정하게 되면 해당 부분은 무효가 되고, 법이 정하고 있는 바에 따르게 된다. 우리 회사의 '연차휴가는 1년 근속에 대해 10일을 부여한다'고 취업규칙 또는 근로계약에 아무리 적어두더라도 법이 정하는 바에 미치지 못하는 휴가일수를 정해둔 것이고, 이는 강행규정 위반에 해당해 효력이 없고 회사는 근로기준법에 따라 1년 근속에 대해서는 15일 이상을 부여해야 한다.

근로기준법상 금지되는 근로계약의 내용

제20조(위약 예정의 금지) 사용자는 근로계약 불이행에 대한 위약금 또는 손해배상액을 예정하는 계약을 체결하지 못한다.

　→500만 원 이하 벌금

제21조(전차금 상계의 금지) 사용자는 전차금(前借金)이나 그 밖에 근로할 것을 조건으로 하는 전대(前貸)채권과 임금을 상계하지 못한다.

　→500만 원 이하 벌금

제22조(강제 저금의 금지)

① 사용자는 근로계약에 덧붙여 강제 저축 또는 저축금의 관리를 규정하는 계약을 체결하지 못한다.

　→2년 이하 징역 또는 1천만 원 이하 벌금

② 사용자가 근로자의 위탁으로 저축을 관리하는 경우에는 다음 각 호의 사항을 지켜야 한다.

1. 저축의 종류·기간 및 금융기관을 근로자가 결정하고, 근로자 본인의 이름으로 저축할 것 2. 근로자가 저축증서 등 관련 자료의 열람 또는 반환을 요구할 때는 즉시 이에 따를 것

　→500만 원 이하 벌금

03 | 수습기간 후 근로계약을 종료할 수 있을까?

우리 회사의 근로계약서에는 3개월의 시용이나 수습기간을 둔다는 내용이 있고, 시용이나 수습기간 동안 업무적격성 등을 평가한 뒤 기준에 미치지 못한다고 판단되는 경우에는 정식 계약을 체결하지 않거나, 근로계약을 해지할 수 있다는 내용을 적어두고 있다고 하자.

분명히 채용 면접 볼 때, 면접자가 관련 업무를 해본 적이 있다고 했었고 잘한다고 답을 했었는데, 막상 입사시켜놓고 보니 아무래도 속은 느낌이다. 이제 입사했으니 적응 좀 하면 잘할 수도 있지 않겠나 싶어 수습 3개월간을 지켜보기로 한다. 하지만 3개월이 지나도 좋아질 기미는 보이지 않는다. 수습 3개월 이후 업무적격성 미비를 이유로 근로계약을 해지할 수 있을까?

수습기간 후의 근로계약 해지도 해고

수습기간은 말 그대로 修(익힐 수) 習(익힐 습), 교육기간이다. 대상자에게 정식으로 일을 시키기 전에, 일을 가르치는 단계다. '수습기간 중의 업무평가 결과, 채용이 적합하지 않다고 판단되는 경우에는 계약을 해지할 수 있다'라는 근로계약서의 문구만 철석같이 믿고, 수습 3개월 후 근로계약 해지 통보를 했다가, 부당해고 문제가 제기되어 곤란을 겪는 경우가 많다.

수습은 시용(試用)과는 다른 개념으로, 홈쇼핑에서 '한번 써보고 나서 결정하라'면서 제공해주는 무료 체험기간 개념과는 아주 거리가 멀다. 수습기간은 말 그대로 교육기간이기 때문에, 정식직원 채용을 강하게 전제하게 된다. 따라서 특별한 문제가 없는 한은 당연히 수습기간이 지나면 정식직원이 되는 것이고, 혹시라도 정식직원이 되지 못하게 된다면, 그 이유는 당연히 약속을 깬 회사가 그럴 만한 사유가 있음을 입증해야 한다. 즉 회사가 수습기간 이후 근로계약을 해지하는 것은 근로관계의 일방적 종료, 해고로 본다는 것이다.

물론 같은 해고라 하더라도 수습기간 종료 후 계약을 해지하는 것과 정규직원에 대해 해고하는 것의 '정당한 사유'는 조금 다를 수 있다. 예를 들어 해고의 사유가 똑같은 무단결근이라 하더라도, 10년 다닌 직원의 무단결근과 1개월차 수습의 그것과는 양해해줄 수 있는 범위가 다를 것이기 때문이다.

수습기간에 대해서는 통상적으로는 정식으로 일을 시키는 상황은 아니라고 보고, 정식직원의 임금보다는 적은 임금을 지급하는 경우가 많다. 1년 미만 계약기간을 정해서 사용하는 직원이 아니라면, 수습 3개월간은 최저임금의 90%를 지급하는 것도 가능하다.

시험 삼아 써보는 시용

홈쇼핑의 무료 체험기간처럼 써보고 결정하겠다는 상황과 조금 더 유사한 개념은 시용이다. 수습이 이미 정식 채용이 이루어져 교육받은 단계로 보아도 과언이 아닌 반면, 시용은 말 그대로 '試(시험할 시) 用(쓸 용)'으로 시험 삼아 써보는 기간이다. 흔히 인턴의 형태로 많이 나타난다. 시험 삼아 써보고, 좋으면 사는 거고 아니면 마는 거다. 따라서 3~6개월의 시용기간이 끝났는데 별다른 의사표시가 없다면 근로계약은 당연히 종료되는 것이고, 써본 결과 정식으로 사용해야겠다는 마음이 생겼다면 다시 정식 근로계약을 체결하게 된다. 시용은 일종의 기간제 근로계약이다.

문제는 시용계약을 체결하면서 정규직으로 채용될 것이라는 약속을 철석같이 한 경우다. 통상적으로는 일정 근로계약 기간을 정해둔 시용계약이 종료되는 것은 계약 기간의 만료되는 것으로 해고로 볼 수 없지만 이 경우는 다르다. 모든 직원들이 3개월의 시용 기간을 거쳐 정식직원이 되어 왔고, 회사에서도 당연히 시용계약 이후 정식직원이 될 것이라고 약속을 했다면, 해당 직원에게 시용계약 기간이 끝났다며 더이상 나오지 말라고 하는 것은 사실 계약 기간이 끝났기 때문이 아니라 다른 이유가 있는 것이다. 이 경우는 형식은 계약 기간 만료이지만 실질적으로는 해고로 볼 수 있고, 정식 계약을 체결하지 않는 것에 대한 정당한 이유를 회사가 입증해야 한다.

앞서 수습과 시용을 엄격히 구분해 기재했지만, 시용과 수습 모두 법률적인 정의가 있는 것이 아니기 때문에, 실무에서는 두 단어를 혼용해 쓰고 있다. 법원 역시 형식적인 명칭에 따라 판단할 것이 아니라 실질에 따라야 한다고 보고, 근로계약 해지 권한을 회사가 보류하고 있는 상태인지 여부를 중요하게 본다. 따라서 단어 자체의 이름보다는 이런 개념과 저런 개념이 있을 수 있다는 점을 인지하고, 우리 회사의 경우에는 어떤 개념인지를 명확히 해 그에 맞는 관리를 할 필요가 있다.

수습이나 시용기간의 연장

3개월간의 수습기간이 끝나고 회사는 정식채용 여부를 결정해야 하는데, 안타깝게도 현재까지 수습직원이 보여준 모습으로는 조금 부족하다고 판단된다. 이럴 때는 회사가 수습기간의 연장을 수습직원에게 제안해볼 수도 있다. 업무적격성 부족으로 해고를 하는 것보다는 기회를 한 번 더 주는 것이 직원에게 더 유리할 수도 있기 때문이다. 물론 이 경우 해당 직원이 동의하지 않는다면 연장은 불가능하다. 따라서 회사가 일방적으로 수습근로자의 수습기간 종료 이후 다시 수습기간을 두는 경우 수습기간은 이미 종료된 것으로, 그 이후로는 수습기간의 평가를 이후로 해고할 수는 없다.

수습기간은 통상 3개월로 운영하는 경우가 많지만, 법률적으로 수습기간의 제한이 정해져 있는 것은 아니다. 업무적격성 평가에 필요한 기간이면 될 것이다. 다만 6개월 내지 1년의 기간을 수습기간으로 설정하게 되면, 장기간 동안 직원의 지위가 불안정해지기 때문에 바람직하지 않을 수 있다. 또 이러한 장기간의 수습기간 후의 해고는 짧은 경우보다 그 정당성 유무에 대해 보다 엄격하게 판단할 가능성이 있음에 유의해야 한다.

04 | 입사 시 받아야 할 서류를 알아보자

직원 채용과정에서 어떤 서류들을 받아 두어야 나중에 탈이 없는 것일까? 특히 요즘에는 개인정보 보호다 뭐다 해서, 이전처럼 개인 신상에 관해 있는 서류, 없는 서류, 죄다 달라고 할 수 없으니 조심스럽지 않을 수 없다. 직원 채용과정과 채용이 결정되었을 때, 어떠한 서류들을 확인해야 하고 보관해야 할까?

채용 시의 서류

채용 시 필요한 서류에는 기초심사자료, 입증자료, 심층심사자료 등이 있다. 기초심사자료는 응시원서, 이력서 또는 자기소개서를 의미한다.

30인 이상 사업장에는 채용절차공정화에관한법률(이하 채용절차법)이 적용된다. 이 법에서는 구직자의 권익보호를 위해 회사는 채용과정에서 꼭 필요한 범위 내에서만 정보제공이나 서류 제출을 요구할 수 있도록 규정하고 있다. 따라서 기초심사자료 외에 학위증명서, 경력증명서 등의 입증자료나 연구실적물, 작품집, 포트폴리오 등의 심층심사자료는 서류심사에 합격한 구직자에 한정해 제출하도록 해야 한다.

▎표준 이력서 및 자기소개서

표준 이력서(안) 및 자기소개서

〈필수항목〉

| 지원자 성명 | 한글 | | |
| | 영문 | | |

주소 (우편번호)
(현거주지)

| 연락처 | 전화번호 | 전화 | | 휴대전화 |
| | 전자우편 | | | |

주요 경력사항	회사명	담당 업무(직무내용)		근무기간(연, 월)
				년 월 ~ 년 월
				년 월 ~ 년 월

자격증 및 특기사항	관련 자격증			(년 월 취득) (년 월 취득)

| 자기소개 등
활동사항 | |

취업지원 대상자 여부	보훈번호		
장애인 여부	장애종별	등급	장애인 등록번호
저소득층 여부	구분	「국민기초생활보장법」상 수급자	「한부모가족지원법」상 보호대상자
	해당여부		

※ 해당직종에 맞는 특기, 행위, 연구실적, 특허 등 항목 마련

출처: 고용노동부

채용전형 시 유의사항

○ 서류전형
- 입사지원서 및 증빙서류 등을 통한 주민등록번호 수집 불가
  - 본인 확인이 필요한 경우 주소, 전화번호 등 활용
  - 증빙서류(자격, 학위, 경력증명서 등)에 주민등록번호가 기재되는 경우 뒷자리는 마스킹 처리해 발급받도록 안내
- 직무와 무관한 정보(정치적 성향, 가족의 직업, 신체정보 등) 수집 불가
  - 채용대행사 및 시중에 유통되는 입사지원서 및 이력서 양식 활용할 경우, 반드시 필요한 사항에 '필수'를 표기해 불필요한 개인정보의 수집 방지
  - 자기소개서에 직무와 무관한 사생활정보, 민감정보 등을 기재하지 않도록 방지
- 실무 편의를 위해 서류전형 단계에서 면접 및 입사 이후에 필요한 개인정보까지 일괄적으로 수집 불가
- 본인으로부터 직접 개인정보를 수집하는 것이 원칙이며, 제3자로부터 제공받는 것이 불가피한 경우 관련 내용(출처, 수집 내용 등) 고지
- 입사지원자가 제출한 각종 개인정보(학력, 경력, 자격, 성적 등)의 진위 확인이 필요한 경우, 관련 증명서 활용
  - 입사지원자의 성명, 주민번호 등을 해당 증명서 생성(발급)기관에 제공하고 관련 증명서의 진위를 확인하는 방법은 새로운 개인정보의 수집을 수반하므로 가급적 활용하지 않는 것이 바람직

○ 신체검사
- 직무수행 가능여부 등의 판단을 위해 신체검사를 실시할 경우, 필요 최소한의 건강정보를 수집해야 하며 동의를 받아 실시
  - 채용 예정 업무의 특성에 따라 수집 정보의 종류 및 범위 결정

○ 채용전형 종료 후 파기 및 보관
- 채용전형 및 이의신청 절차 등이 종료된 후 입사지원자의 개인정보는 지체 없이 (5일 이내) 파기하는 것이 원칙

출처: 고용노동부 채용절차 공정화에 관한 법률 업무매뉴얼 재구성

또한 채용절차에서도 개인정보보호법이 준수되어야 하기 때문에, 회사는 인재선발에 꼭 필요한 이름, 전화번호, 주소 및 직무수행능력을 평가하는 데 필요한 학력, 성적, 자격사항만을 수집해야 하고, 주민등록번호 등의 고유식별정보와 종교, 정치적 견해 등의 민감 정보를 수집해서는 안 된다. 다만 채용과정에서 장애인, 국가유공자 등의 우대를 위해 관련 정보를 수집하는 것은 별도의 동의가 없어도 가능하다.

입사 시의 제출서류

입사가 결정되면 회사는 직원의 인사관리를 위해 제반 서류 작성 및 각종 관청에 신고를 해야 할 의무를 부담한다. 회사 자체적으로는 해당 직원에 대한 근로자명부와 임금대장을 작성해서 보관해두어야 할 법적인 의무를 가지기 때문에, 이에 필요한 범위 내에서의 정보 수집은 직원의 별도의 동의가 없어도 수집이 가능하다.

▎법령에 따른 근로자 개인정보 수집 예시

구분	근로자 명부	임금대장
수집항목	성명, 성별, 생년월일, 주소, 이력, 종사하는 업무의 종류, 고용 또는 고용갱신 연월일, 계약기간(정한 경우), 그밖의 고용에 관한 사항, 해고, 퇴직 또는 사망한 경우에는 그 연월일과 사유	성명, 주민등록번호, 고용연월일, 종사하는 업무, 임금 및 가족수당의 계산기초가 되는 사항, 근로일수, 근로시간수, 연장근로·야간근로 또는 휴일근로를 시킨 경우에는 그 시간 수, 기본급, 수당, 그 밖의 임금의 내역별 금액 등

통상 회사는 이를 위해 인적사항 확인서류(주민등록등본·초본), 이력
증명 관련 서류(성적증명서·졸업증명서·어학증명서 등), 신체검사결과서류
등과 급여지급을 위한 급여통장 사본 등을 제출하도록 한다.

▮ 입사구비서류 안내 예시

입사구비서류 안내

구비서류		필요 부수	미제출 부수	비고
공통	성적증명서	1		
	졸업(예정)증명서	1		
	주민등록등본	2		
	주민등록초본 또는 병적증명서	1		남자에 한함(초본에 병역사항이 기재되지 않은 경우 병적증명서 제출)
	사진 (반명함판, 3.5×4.5)	2		사진 뒷면에 성명 기재
	급여통장 사본	1		본인 명의 통장의 계좌번호 표기 부분 복사
	각종 어학증명서/자격증 사본	각 1부		영업직의 경우 운전면허증 사본 필수 제출
	사내인트라넷 아이디 신청	1순위:		2순위:
	건강진단서	1		① 신체검사 비용(3만 원 이내) 개인 부담 시 영수증 사본 필수 제출 ② 가까운 병원에서 신장, 체중, 시력검사 등 포함된 기본신체검사 수검 및 제출함
	건강보험 피보험자 및 피부양자 신청서	1		등재인원이 없을 경우 본인 성명만 기재하여 제출
기타	보훈/취업보호대상자 증명서	1		대상자에 한함

[참고사항]
1. 건강보험에 가족에 등재하실 분은 하단의 건강보험 피보험자 및 피부양자 신청서를 작성하여 제출하기 바랍니다(단, 소득이 있는 경우 등재하실 수 없습니다).

2. 서류는 주민등록등본→주민등록초본→졸업증명서→성적증명서→급여통장→자격증→신체검사결과 순서로 정리하여 클립으로 고정하여 대봉투에 넣고 사진2매는 찾기 쉽도록 서류 첫 장 좌측 상단에 클립으로 고정시켜주시기 바랍니다.

3. 대봉투 우측 상단에 인턴근무 계열사와 성명을 기재하고, 만약 미비한 서류가 있을 경우 미비한 서류의 내용을 상기 표 '미제출부수' 란에 기재하여 주시기 바랍니다.

4. 사내 인트라넷 아이디는 이니셜을 기본으로 영문(숫자혼합)으로 작성 바랍니다.

※ 입사지원서의 기재사실과 재증명서 내용이 상이한 경우, 기타 신체검사
결과 결격 사유 발생 시 채용이 취소될 수 있습니다.

입사가 확정되어 근로를 시작하면 회사는 근로 개시 전 또는 근로 개시와 동시 근로자에게 근로조건이 명시된 근로계약서를 작성해 교부해주어야 한다. 계약서는 2부를 작성해, 1부는 회사가 보관하고, 1부는 근로자에게 지급하면 된다. 이와 함께 회사가 특별히 관리해야 할 보안이나 영업비밀을 보유하고 있다면 영업비밀보호서약서 등도 작성해두는 것이 좋다.

또한 재무·회계 담당자처럼 금전을 담당하는 직무에 직원을 채용하는 경우에는 업무와 관련해서 생길 수 있는 회사의 손해를 담보하기 위해 신원보증을 받아둘 필요가 있을 수도 있다. 과거에는 부모님이나 친인척 등을 신원보증인으로 세워야했지만, 지금은 주로 신원보증인 대신 신원보증보험으로 대체하고 있다. 이와 함께 직무가 신체적 능력을 요구하는 때는 신체검사서를 별도로 받아둘 필요도 있다.

| 영업비밀보호 서약서 예시

영업비밀보호 서약서

본인은 귀사에 채용되어 근무함에 있어서 아래 사항을 준수할 것을 서약합니다.

1. 본인은 재직 중 알게된 회사의 비밀을 재직시는 물론 퇴직후에도 회사의 의사에 반하여 유출 또는 공개하지 않으며 부정한 목적으로 사용하지 않을 것을 서약합니다.
2. 본인이 재직 중 직무와 관련하여 발견 또는 창출한 영업비밀에 대한 권리는 회사에 귀속됨을 인정합니다.
3. 본인이 퇴직할 때는 재직 중 보유했던 회사의 비밀과 관련된 모든 자료를 반납할 것을 서약합니다.

이상과 같이 서약하며 상기 사항을 위반했을 경우 영업비밀보호 관련 법규에 의한 민·형사상 책임을 감수할 것입니다.

년   월   일

소 속 :
성 명 :   (인)

---

05 | 정규직, 계약직, 아르바이트, 일용직… 직원의 범위

정규직 vs. 비정규직

정규직, 비정규직, 아르바이트, 기간제, 일용직, 파견직, 계약직 등 고용기간, 고용관계의 두터움의 정도, 고용하는 주체에 따라서 고용형태를 구분하는 많은 종류의 단어들이 있다. 법률적으로 정의되지는 않지만 통상 정규직이라 하면 고용과 임금이 안정되어 있는 고용형태를 이야기하고, 정규직에 비해 고용이나 임금이 열악한 고용형태를 비정규직이라고 이야기한다.

계약직, 기간제 근로자, 일용직

계약직, 기간제 근로자, 일용직은 모두 특정 근로계약기간 동안만 사용된다는 점에서 정규직과 차이를 가진다. 물론 정규직 직원도 무한정 회사를 다닌다는 것은 아니고, 정년의 적용을 받게 된다. 하지만 계약직은 근로계약 자체에 별도의 존속기간, 즉 특정된 근로계약기간의 적용을 받게 된다.

과거 기간제 근로자보호등에관한법률(이하 기간제법)이 생기기 전에

| 정규직과 비정규직의 특성비교

구분	정규직 특성	비정규직 특성
정규직 vs. 파견직	고용과 사용이 일치	고용과 사용이 불일치
정규직 vs. 계약직 (기간제)	근로계약기간의 정함이 없음	특정 기간 동안만 사용됨
정규직 vs. 아르바이트	통상 법정근로시간을 모두 근로함	통상적인 근로보다는 짧은 근로시간을 근로함
정규직 vs. 일용직	근로계약기간의 정함이 없음 통상 월 단위로 임금이 책정됨	하루를 단위로 근로계약이 체결됨 통상 일급을 기준으로 임금을 지급받음

는 1년씩 계약을 무한정 갱신하다가 회사의 필요에 의해 더 이상 근로계약을 갱신하지 않으면서 근로계약 만료를 주장하는 사례가 많았다. 이는 형식적으로는 근로계약기간이 만료되어 더 이상 근로계약을 갱신하지 않은 것으로 보이지만, 실질적으로는 일방적으로 계약을 종료시키는 해고에 해당한다.

기간제법이 시행되면서 계약직의 무분별한 사용에 제동이 걸렸다. 특정 계약기간을 두고 사용되는 계약직은 2년 범위 내에서만 사용이 가능하다. 계약직으로서 총 근로기간이 2년이 넘어가게 되면 기간이 없는 근로계약을 체결한 것으로 간주되기 때문에, 더 이상 계약기간을 이유로 해서는 근로계약 해지가 불가능하다.

일용직은 일일 단위의 근로계약을 체결한 사람을 의미한다. 하지만 실제 우리 현장에서의 일용직은 대부분 근로는 상당 기간 계속되지만, 임금의 계산만 '일당제' 또는 '일급제'로 하는 경우를 의미하는 사례도 많다.

엄밀한 의미에서 일용직은 하루하루 근로계약을 체결하게 되는 일종의 '기간제 근로자'에 해당한다. 하루 동안만 사용하기로 한 사람을 별다른 계약을 체결하지도 않고 몇 주, 몇 달, 몇 년을 사용하다 보니, 여기서 예기치 못한 문제가 많이 생기게 된다. 결과적으로 상당한 기간을 일했다면 그에 맞는 주휴수당, 휴가·휴일, 퇴직금 등이 모두 주어야 하기 때문이다.

우리 법에는 정규직 직원만 휴가나 퇴직금을 주도록 되어 있지 않다. 근로기준법의 모든 규정은 일용직, 계약직 등 근로형태를 따지지 않고, 돈 받고 시키는 대로 일하기로 한 사람 모두에게 적용되도록 되어 있다. 따라서 직원을 채용해서 일을 시키기 전에 얼마의 기간 동안을 어떻게 일을 하게 될 것인지에 대해 상세하게 논의하고, 이를 근로계약서에 상세히 기재해두는 것은 꼭 필요한 일이다.

근로자 파견

파견회사는 직원을 고용해서 다른 회사에서 사용될 수 있도록 직원을 파견해주는 역할을 한다. 따라서 파견직 직원은 '고용하는 사람 따로, 쓰는 사람 따로'다. 직원을 쓰는 사업주 입장에서는 고용주로서 여러 책임에서 자유롭고, 노동력만 이용하면 되기 때문에 파견을 선호할 수밖에 없다.

하지만 직원을 고용하는 사람과 실제 사용하는 사람이 분리되면 노동력 거래 중간에서 이익을 얻는 사람이 생기고, 당연히 근로자 보호

| 정규직과 비정규직 근로계약의 차이점

구분	정규직	기간제, 일용직, 아르바이트(단시간근로자)
근로계약기간	별도 계약기간 규정을 두지 않음	근로계약기간을 특정해 규정해두어야 함
근로일	휴일만 특정하면 되고, 근로일을 별도로 기재해야할 의무는 없음	단시간 근로자의 경우에는 '근로일 및 근로일별 근로시간'을 기재해야 함
근로계약 서면명시 의무 위반시 제재	500만 원 이하의 벌금	500만 원 이하의 과태료

는 더욱 취약할 수밖에 없게 된다. 이에 따라 우리 법은 근로자파견에 대해서 엄격하게 규제를 가하고 있다.

먼저 파견업을 하려는 회사는 고용노동부로부터 파견업 허가를 받아야 한다. 파견을 하는 업체에 대한 고용노동부의 엄격한 관리감독을 통해서 근로자의 피해를 최소화하려는 조치다. 파견업 허가가 없는 업체로부터 근로자를 파견받게 되면 불법 파견으로 처벌될 수 있다.

또한 파견이 가능한 업무를 별도로 규정해두고, 해당 업무에만 근로자 파견이 가능하도록 하고 있다. 예외적으로 직원의 출산·질병·부상 등으로 결원이 생겼거나, 일시적 또는 간헐적으로 인력이 필요한 경우에는 파견 대상 업무가 아니라 하더라도, 3개월의 범위 내에서(1회 연장 가능, 최장 6개월) 파견 근로자를 사용할 수 있다. 다만 이런 경우라 하더라도, 건설공사현장업무, 간호조무사·의료기사의 업무, 버스나 화물차의 운전업무, 일정한 위해·위험한 업무에 대해서는 파견근로자를 사용하는 것이 불가능하다.

근로자파견 대상 업무

한국표준직업분류 (통계청고시 제2000-2호)	대상 업무	비고
120	컴퓨터관련 전문가의 업무	
16	행정, 경영 및 재정 전문가의 업무	행정 전문가(161)의 업무를 제외한다.
17131	특허 전문가의 업무	
181	기록 보관원, 사서 및 관련 전문가의 업무	사서(18120)의 업무를 제외한다.
1822	번역가 및 통역가의 업무	
183	창작 및 공연예술가의 업무	
184	영화, 연극 및 방송관련 전문가의 업무	
220	컴퓨터관련 준전문가의 업무	
23219	기타 전기공학 기술공의 업무	
23221	통신 기술공의 업무	
234	제도 기술 종사자, 캐드 포함의 업무	
235	광학 및 전자장비 기술 종사자의 업무	보조업무에 한한다. 임상병리사(23531), 방사선사(23532), 기타 의료장비 기사(23539)의 업무를 제외한다.
252	정규교육이외 교육 준전문가의 업무	
253	기타 교육 준전문가의 업무	
28	예술, 연예 및 경기 준전문가의 업무	
291	관리 준전문가의 업무	
317	사무 지원 종사자의 업무	
318	도서, 우편 및 관련 사무 종사자의 업무	
3213	수금 및 관련 사무 종사자의 업무	
3222	전화교환 및 번호안내 사무 종사자의 업무	전화교환 및 번호안내 사무 종사자의 업무가 당해 사업의 핵심 업무인 경우를 제외한다.
323	고객 관련 사무 종사자의 업무	
411	개인보호 및 관련 종사자의 업무	

한국표준직업분류 (통계청고시 제2000-2호)	대상 업무	비고
421	음식 조리 종사자의 업무	「관광진흥법」 제3조에 따른 관광 숙박업의 조리사 업무를 제외한다.
432	여행안내 종사자의 업무	
51206	주유원의 업무	
51209	기타 소매업체 판매원의 업무	
521	전화통신 판매 종사자의 업무	
842	자동차 운전 종사자의 업무	
9112	건물 청소 종사자의 업무	
91221	수위 및 경비원의 업무	「경비업법」 제2조제1호에 따른 경비업무를 제외한다.
91225	주차장 관리원의 업무	
913	배달, 운반 및 검침 관련 종사자의 업무	

파견 대상 업무는 한국표준직업분류(2000년 5차개정 기준)를 기준으로 규정되어 있고, 현재 32개의 허용 대상 업무가 있다.

파견 대상이 되는 업무라 하더라도 파견 근로자의 사용은 2년을 넘을 수 없다. 파견 근로자를 2년 이상 사용하게 되면 벌칙이 적용될 뿐만 아니라, 사용한 사업주가 파견근로자를 직접고용해야 하는 의무를 지게 된다.

06 | 취업규칙은
왜 있을까?

                           동창회를 하나 만들어 회칙을 만들어서
회원자격, 회비, 모임시간, 경조사비 등에 대해 정해두듯이 여러 사람
이 모여 어우러져 일하는 회사에도 역시 규칙은 필요하다.

    회사는 취업규칙을 만들어서 신고해야 한다고 하니 인터넷에서 떠
돌아다니는 취업규칙 하나를 내려 받아서 만들어두는 경우가 많은데,
문제는 해당 내용이 우리 회사의 현실과는 전혀 부합되지 않는 경우
다. 정말 이대로 우리 회사 취업규칙을 만들어두면 되는 것일까? 정말
이러한 규정들이 있어야만 하는 것인가?

    취업규칙의 본질이 무엇이고, 규율내용이 어떠해야 하는지를 제대
로 이해해야 할 필요가 있다.

취업규칙은 자치규범

취업규칙이란 말 그대로 '취업'에 필요한 제반 '규칙'이다. '취업규칙'이
라는 이름을 가진 규정뿐 아니라 근무와 관련된 사항이 '인사규정', '보
수규정', '복무규정', '복무서약서', '알림 또는 공고' 등의 형태를 가지고

취업규칙 신고/변경 신고서

■ 근로기준법 시행규칙 [별지 제15호서식] 〈개정 2012.2.9〉

취업규칙 [ ]**신고서**
[√]**변경신고서**

※ [ ]에는 해당되는 곳에 √ 표시를 합니다.

접수번호		접수일	처리기간 1일
신고내용	사업장명		사업의 종류
	대표자 성명		생년월일
	소재지		(전화번호 :)
	근로자수 명 (남 명, 여 명)		노동조합원수 명
	의견청취일 또는 동의일 년 월 일		

「근로기준법」 제93조와 같은 법 시행규칙 제15조에 따라 위와 같이 취업규칙을 [ ] 신고, [ ] 변경신고]합니다

년 월 일

신청인   (서명 또는 인)

대리인   (서명 또는 인)

○○지방고용노동청(지청)장 귀하

첨부서류	1. 취업규칙 (변경신고 하는 경우에는 변경 전과 변경 후의 내용을 비교한 서류) 2. 근로자의 과반수를 대표하는 노동조합 또는 근로자 과반수의 의견을 들었음을 증명하는 자료 3. 근로자의 과반수를 대표하는 노동조합 또는 근로자 과반수의 동의를 받았음을 증명하는 자료 (근로자에게 불리하게 변경하는 경우에만 첨부합니다.)	수수료 없음

처 리 절 차

신청서 제출	→	접 수	→	내용검토	→	결 재	→	통 보
신청인		지방고용노동청(지청)장 (민원실)		지방고용노동청(지청)장 (근로개선지도과)		지방고용노동청(지청)장 (청장 · 지청장)		변경명령 (법령 또는 단체협약에 저촉되는 경우)

210mm×297mm[일반용지 70g/㎡(재활용품)]

있더라도 직원의 처우나 근로조건과 관련된 사항들이 모여 있는 것이면 모두 취업규칙에 해당한다. 설령 서면의 형태가 아닌 '관행'이나 '준칙'이라 하더라도, 사실상 우리 회사의 근로와 관련된 조건들을 설정하고 있는 것이라면 모두 취업규칙이 된다.

원칙적으로 근로의 제공과 관련된 조건들 모두는 근로계약의 내용으로서 근로계약서에 담길 조항이 되어야 한다. 하지만 그 많은 내용을 일일이 계약서에 다 담아둘 수는 없고, 사업장에 공통적으로 적용되는 조건들은 모두 묶어서 하나의 규정을 만들어 관리하게 된다.

또한 서로 다른 여러 사람이 모여 함께 지내야 하는 사업장의 질서를 유지한다는 측면에서 볼 때도 사람에 따라 근로조건을 다르게 관리할 수는 없다. 이런 차원에서 '근로조건의 통일적 규율과 관리'가 취업규칙의 취지라고 보면 되겠다.

10인 이상의 직원을 고용하고 있는 사업장은 취업규칙을 작성하고 고용노동부에 신고할 의무를 지닌다. 취업규칙은 일종의 자치규범이기 때문에 10인 미만의 사업장도 취업규칙을 작성해 운영할 수 있겠지만, 이를 신고해야 할 의무는 부담하지 않는다. 또한 신고 여부와 효력 유무는 상관이 없기 때문에, 신고하지 않았더라도 일단 작성된 취업규칙은 우리 회사의 취업규칙으로서의 효력을 지니게 된다.

취업규칙의 제정

가끔 취업규칙을 만들 때 직원들이 동의하지 않으면 어떻게 해야 하는지 고민을 하는 경우가 많다. 그러나 취업규칙의 취지가 무엇인지를 생각해보면 이 고민에 대한 답은 간단해진다.

취업규칙 제정 의견청취 확인

하기 기재된 근로자는 20   .   .   .일 회사에서 제시한 취업규칙의 제정내용을 확인하고
다음과 같이 확인서를 제출합니다.

- 다 음 -

첨부한 제적 취업규칙 내용에 특별한 이견은 없습니다.
향후 취업규칙의 운영에 있어서 적정을 기해 주시기 바랍니다.

(주)○○○○ 대표이사 귀하

순번	직급	성명	서명
1			
2			
3			
4			
5			
6			
7			
8			

20   .   .   .

사업을 일구고 꾸려나가야 하는 책임을 가진 사람은 사업주다. 사업장을 처음 만들어서 직원을 한두 명씩 뽑기 시작한 것은 누가 뭐래도 사업주다. 최초 직원을 뽑고 어떻게 일해야 하는지, 그리고 어떻게 보상을 해줄 것인지를 정한 주체도 사업주였을 것이다. 따라서 원칙적으로 취업규칙의 최초 작성권자는 근로자가 아니라 '사업주'다.

물론 취업규칙 신고를 위해서는 형식적으로 최초 작성 시 근로자의

의견을 들어볼 것을 요구하고 있기는 하지만, 사실상 의견을 들어보기만 했으면 족하다. 취업규칙 신고 시에는 '근로자의 과반수를 대표하는 노동조합 또는 근로자 과반수의 의견을 들었음을 증명하는 자료'를 첨부하도록 하고 있는데, '의견청취 확인서'라는 형태로 근로자 과반수의 확인 서명을 받아두면 된다.

취업규칙의 내용과 효력

문제는 취업규칙에 담겨야 하는 내용이 무엇인가다. 어떤 사업장은 취업규칙을 만들어야 한다고 하니 노동부의 표준취업규칙을 가져와서 사업장의 특성은 전혀 고려하지 않은 채로 그대로 회사 규정으로 만들어두는 경우가 있다. 이런 경우 실제 운영과 회사의 규정이 다르기 때문에, 향후 근로조건 및 직원의 신분과 관련된 분쟁이 발생하면 회사는 규정을 위반한 것이 되어 큰 손해를 입을 가능성이 있다.

근로기준법은 취업규칙에 담겨야 할 사항을 근로기준법 제93조 3항에 예시하고 있다. 여기서 중요한 것은 이런 내용에 해당하는 사항들이 있으면 취업규칙으로 적어두라는 것이지, 제93조 3항처럼 가족수당이 없는데도 가족수당을 적어두라고 하는 것은 아니다.

실제 고용노동부의 취업규칙 심사 규정을 보면, ① 근로조건의 내용이 관련법령에 저촉되는지 여부, ② 사회통념상 극히 부당한 규정이 있는지 여부, ③ 변경신고 시 근로자에게 전반적으로 불리한지 여부 등을 심사하도록 하고 있지, 예시사항이 모두 기재되어야만 하도록 하고 있지는 않다. 일종의 가이드라인이라고 보면 되겠다.

근로기준법 제93조

1. 업무의 시작과 종료 시각, 휴게시간, 휴일, 휴가 및 교대 근로에 관한 사항
2. 임금의 결정·계산·지급 방법, 임금의 산정기간·지급시기 및 승급에 관한 사항
3. 가족수당의 계산·지급 방법에 관한 사항
4. 퇴직에 관한 사항
5. 근로자퇴직급여보장법 제8조에 따른 퇴직금, 상여 및 최저임금에 관한 사항
6. 근로자의 식비, 작업 용품 등의 부담에 관한 사항
7. 근로자를 위한 교육시설에 관한 사항
8. 산전후휴가·육아휴직 등 근로자의 모성 보호 및 일·가정 양립 지원에 관한 사항
9. 안전과 보건에 관한 사항
9의2. 근로자의 성별·연령 또는 신체적 조건 등의 특성에 따른 사업장 환경의 개선에 관한 사항
10. 업무상과 업무 외의 재해부조(災害扶助)에 관한 사항
11. 표창과 제재에 관한 사항
12. 그 밖에 해당 사업 또는 사업장의 근로자 전체에 적용될 사항

취업규칙의 변경

취업규칙을 만드는 주체가 사업주라 하더라도, 일단 만들어진 규정은 마음대로 바꿀 수 없다. 이를테면 왕도 만들어진 법을 따라야 하는 '법치주의'다. 사업주가 만든 규정이지만 사업주와 근로자 모두를 통제하게 된다. 한 번 만들어진 취업규칙을 변경하기 위해서는 직원 동의가 전제되어야 한다.

물론 직원들에게 불리한 변경이 아니라면, 처음 만들 때와 마찬가지로 의견청취 절차를 거쳐 변경하면 된다. 그러나 직원들에게 불리한 변경이라면 직원 과반수의 동의를 얻어야 적법한 변경이 가능하다.

| 취업규칙 변경요건과 효력

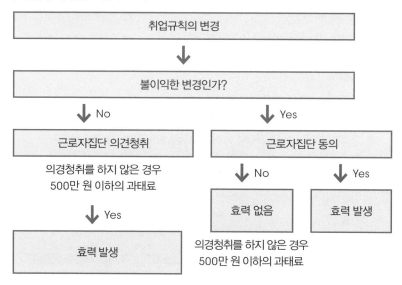

임금체계를 호봉제에서 연봉제로 바꾼다거나, 상여금 지급률을 줄이면서 기본급을 높인다거나 하는 등의 근로조건을 변경하다 보면, 어떤 직원들에게는 유리하고 어떤 직원들에게는 불리할 수 있다. 이렇게 일부에게 유리하고 일부에게 불리할 경우에는 불리한 것으로 판단하고, 근로자 과반수의 동의를 얻도록 하고 있다. 그렇지 않고, 제도 자체가 유리한 부분과 불리한 부분이 있는 경우에는 유리한 부분과 불리한 부분을 종합적으로 보아서 유·불리 여부를 판단하게 된다.

취업규칙을 변경할 때도 제정할 때와 같이 고용노동부에 변경신고를 해야 하는데, 근로자들의 의견청취나 불이익한 변경일 경우 동의를 받았음을 확인하는 서류를 구비해서 신고서를 제출한다.

기타 부속규정들

직원의 처우나 근로조건과 관련된 사항들을 '취업규칙'이라는 이름이 아니라, 취업규칙의 각종 내용을 보다 구체화해 별도의 부속규정을 두는 경우들이 있다. 임직원의 임금 및 보수에 관한 사항을 '보수규정' 형태로 별도의 규정을 만들거나, 인사나 승진 관련 사항을 '인사규정'이나 '인사위원회규정', 또는 직원이 출장을 가는 경우의 여비 지급이나 보상 문제에 대해 '출장여비규정' 등 별도의 규정을 만들어서 관리하는 것이다. 그러나 앞서 살폈듯 직원의 처우나 근로조건과 관련된 사항들을 내용으로 하고 있는 규정은 형식이나 명칭에 불구하고 모두 '취업규칙'에 해당한다.

07 | 3대 법정교육은 꼭 해야 할까?

교육 관련 팩스들이 사무실로 빗발친다. 팩스뿐만이 아니다. 사무실 전화번호는 어떻게 알았는지 전화까지 와서 교육을 꼭 들어야 하고, 안 들으면 큰일 난다고 겁박을 한다. 안 받자니 찜찜하고, 받자니 속는 느낌이다. 도대체 이런 업체들의 이야기를 어디까지 믿어야 할까?

법적으로 회사가 직원에게 교육을 실시해야 한다고 되어 있는 것은 4가지다. 산업안전교육, 성희롱예방교육, 개인정보보호교육, 장애인 인식개선교육이다. 이에 대해 알아본다.

성희롱예방교육

일단 성희롱예방교육은 모든 사업장에 적용된다. 교육을 실시하지 않은 경우 500만 원 이하의 과태료가 부과될 수 있다. 다만 10인 이하의 사업장이나 사업주 및 근로자 모두가 단일 성(性)으로 구성된 경우에는 홍보물 게시나 교육자료를 배포함으로써 교육을 한 것으로 갈음할 수 있다.

성희롱예방교육은 꼭 외부 기관이나 외부 강사가 실시해야 하는 것이 아니다. 직장 내 성희롱에 관한 법령, 우리 회사의 성희롱 발생 시 처리절차와 조치기준, 우리 사업장의 성희롱 피해 근로자의 고충상담 및 구제절차를 내부 관리자가 설명해줄 수 있으면 족하다.

다만 매년 1시간 이상을 교육해야 하고, 전 직원이 대상이며, 특히 사업주도 꼭 교육을 받아야 한다. 성희롱예방교육은 집체교육이 원칙이지만, 온라인 교육으로 대체하려면 수료여부가 체크될 수 있는 형태로 해야 교육을 실시한 것으로 인정받을 수 있다. 따라서 교육자료를 이메일 등으로 보내거나 게시판에 공지하는 것 정도로는 교육을 실시한 것으로 인정받을 수 없다.

직장 내 성희롱예방교육에 포함되어야 하는 내용

1. 직장 내 성희롱에 관한 법령
2. 해당 사업장의 직장 내 성희롱 발생 시의 처리절차와 조치기준
3. 해당 사업장의 직장 내 성희롱 피해 근로자의 고충상담 및 구제절차
4. 그밖에 직장 내 성희롱 예방에 필요한 사항

산업안전교육

산업안전교육은 우리 회사가 의무적용 대상이 되는지부터 따져보아야 한다. 가끔 법 규정이나 자료들을 보다 보면 '사업'이라는 말이 나오기도 하고, '사업장'이라는 말이 나오기도 한다. '사업'은 경영상의 일체를 이루는 조직으로 이를테면 '행복전자' 같이 통상 회사 1개를 말한다. '사업장'은 장소적 개념을 중심으로 본 것으로, 이를테면 '행복

전자 아산공장'처럼 한 장소에 모여서 분리 독립되어 운영되는 일체를 의미한다.

같은 '사업'에 속한다 하더라도 '사업장'마다 취급 품목과 위험의 정도가 다를 수 있다. 따라서 산업안전이나 산업재해 관련 사항은 사업장을 중심으로 판단하는 경우가 많다. 일단 우리 사업장이 5인 미만 직원으로 구성되어 있다거나, 사무직만 근무하고 있는 사업장이라거나, 공공행정 · 사회보장행정 또는 교육서비스업에 속한다면 산업안전교육을 의무적으로 실시해야 하는 대상은 아니다.

50명 미만의 농업, 어업, 환경정화 및 복원업, 소매업, 영화 등 배급업, 부동산업, 연구개발업, 협회 및 단체 등의 경우 역시 의무적용대상이 아니다. 역시 다음 업종에 해당하면 직원 수와 무관하게 산업안전교육을 의무적으로 받아야 하는 대상 사업장은 아니다.

산업안전교육 제외대상 업종

1. 소프트웨어 개발 및 공급업

2. 컴퓨터 프로그래밍, 시스템 통합 및 관리업

3. 정보서비스업

4. 금융 및 보험업

5. 전문서비스업

6. 건축기술, 엔지니어링 및 기타 과학기술 서비스업

7. 기타 전문과학 및 기술 서비스업

8. 사업지원서비스업

9. 사회복지 서비스업

산업안전교육을 의무적으로 받아야 하는 사업장으로서 사업장 자체적으로 교육을 실시하고자 한다면, 안전보건공단(www.kosha.or.kr)에서 제공하고 있는 교육 자료들을 참고해 진행하면 된다.

개인정보교육

인터넷쇼핑몰처럼 다량의 개인정보를 취급하는 회사는 담당자가 고의나 실수로 개인정보를 유출하는 것을 방지해야 할 의무를 가진다.

따라서 개인정보보호법은 회사가 개인정보 관련 사무를 담당하는 자에게 적절한 관리감독을 하도록 규정해놓고 있고, 그 일환으로 정기적으로 개인정보의 적절한 취급을 위한 교육을 실시하도록 규정하고 있다.

다만 교육의 구체적 방법, 내용 등과 관련해서는 정해두고 있지 않고, 특히 미실시에 대한 제재가 법적으로 규정되어 있지는 않다. 하지만 벌칙이나 과태료가 없다고 해서 무조건 실시하지 않는다면, 향후 직원의 고의과실로 인한 개인정보유출 문제 발생 시 회사의 관리감독에 관한 책임을 피하기 어려울 수 있다.

장애인 인식개선교육

'장애인고용촉진 및 직업재활법'이 개정됨에 따라, 2018년 5월 29일부터는 사업장에서 장애인 인식개선교육을 매년 1회, 1시간 이상 실시해야 한다. 실제 장애인 고용의무를 가지는 50인 이상 사업장의 경우에는 교육이 필수적이고, 50인 미만 사업장의 경우에는 간이 교육 자료를 배포하거나 게시하는 것으로 교육을 한 것으로 인정받을 수 있다.

장애인 인식개선교육에 포함되어야 하는 내용

1. 장애의 정의 및 장애유형에 대한 이해
2. 직장 내 장애인의 인권, 장애인에 대한 차별금지 및 정당한 편의 제공
3. 장애인고용촉진 및 직업재활과 관련된 법과 제도
4. 그 밖에 직장 내 장애인 인식개선에 필요한 사항

CHAPTER 6

회계·노무 담당자라면
꼭 알아야 할 임금 관리

통상임금, 최저임금, 평균임금, 도대체 뭐가 뭔지… 받는 돈도 아니고, 주는 돈인데도 왜 이렇게까지 어렵게 줘야 하는지 모르겠다. 이 챕터에서는 임금 계산의 모든 것에 대해 알아보자. 회사 대표나 임직원이 급여 관련해서 물어올 때 똑 부러지게 대답할 수 있는, 그야말로 똑똑한 인사 담당자가 뭔지 보여주자.

01 │ 직원이 받는 수당의 종류

일을 시켰으면 당연히 돈을 주어야 한다. 그런데 일을 시키고 주는 돈의 이름이 너무 다양하다. 기본급, 직책수당, 자격수당, 식대, 벽지수당, 체력단련비 등 어차피 일에 대한 대가로 주는 돈은 맞는데, 꼭 이렇게 복잡하게 해서 줄 필요가 있을까? 이런 수당들이 꼭 있어야 하는 것인가?

기본급과 수당들

근로계약은 노동력을 사고파는 계약이고, 임금은 노동력을 제공한 대가로서 받게 되는 돈이다. 근로계약에는 기본적으로 제공하기로 약정한 근로시간, 즉 기본근로시간을 정하도록 되어 있다. 그 기본적인 근로시간에 대한 대가를 통상 기본급이라고 한다. 특수한 사정에 의해 지급되는 수당에 대응하는 의미로 많이 사용된다.

기본급의 개념이나 기준은 회사마다 다를 수 있다. 전체 임금을 기본급으로만 구성하기도 하고, 기본급과 기타 여러 명칭을 가진 수당으로 나누어 지급하기도 한다. 대개 회사들의 경우 기본급은 말 그대로,

급여 산정의 '기본적인' 급여로 작동하는데, 성과급제도나 직무급제도를 운영하는 회사라면 성과나 직무 특성이 반영되기 전의 기본적인 생계유지를 위한 급여를 지칭하기도 한다.

기본급 외에 일정한 수당들은 대개 회사가 어떤 임금을 책정해서 지급하게 되는 이유를 보여주는 경우가 많다. 예를 들어 특정 직무를 수행하는 부분에 대한 보상임을 명확히 하고자 한다면 직책수당, 팀장수당, 보직수당, 연구수당 등을 만들어서 지급하게 된다. 특정 기술이나 사유에 기해 회사가 임금을 책정했음을 보여주고자 하는 경우라면 기술수당, 자격수당, 안전수당, 벽지수당 등을 지급할 수 있다.

이러한 수당들을 별도로 만들어 지급하는 것의 장점은 임금이 책정되는 사유를 보다 명확히 보여줌으로써 임금의 책정과 관련된 다툼을 줄여줄 수 있다는 점이다. 예를 들어 팀장수당을 받던 사람이 더 이상 팀장보직을 수행하지 않게 되었다면 그간 지급되었던 팀장수당을 제하고 지급할 수 있을 것이고, 이러한 사실이 명확하다면 근로자 입장에서도 이를 이유로 임금체불 등의 문제를 제기할 수는 없게 된다. 그렇지 않고 팀장직 수행에 대한 대가가 기본급에 함께 산입되어 책정된다면, 더 이상 팀장직을 수행하지 않게 되더라도 팀장수당에 해당하는만큼의 임금을 공제하는 것은 불가능하다.

위에 설명한 수당들은 당사자의 약정 또는 회사의 규정에 의해 부여하게 되는데, 이와는 달리 법적으로 꼭 주어야 하는 '법정수당'도 있다. 대표적인 것이 연장·야간·휴일근로수당, 그리고 사용하지 않은 연차휴가에 대한 보상인 연차휴가수당이 있다.

| 수당의 종류

구분	종류
법정수당	연장·야간·휴일근로수당, 연차수당, 출산휴가수당, 휴업수당 등
비법정수당	근로계약 또는 회사 취업규칙 등에서 지급할 것을 약속해준 수당. 만근수당, 생산장려수당, 직책수당, 통근수당, 주택수당 등

연장근로수당

연장근로수당은 약속한 소정근로 또는 법정근로시간을 초과해 근무하게 되는 경우 발생하게 된다. 이에 대해서는 추가적으로 일한 시간에 대한 대가인 임금 외에, 연장근로에 대한 가산수당 50%가 추가로 지급되어야 한다. 결과적으로 연장근로 1시간에 대해서는 통상임금의 150%를 지급해야 하는데, 통상임금의 개념에 대해서는 뒤에 설명하기로 한다.

'연장'이라는 개념은 실 근로시간을 중심으로 판단하기 때문에, 시업시각 이전 일을 시작했다거나 종업시각 이후에 일을 마쳤다는 사유만으로 연장근로가 되지는 않는다. 즉 9시 출근, 6시 퇴근인 회사에서 어떤 근로자가 10시에 출근해서 7시에 퇴근을 한 경우, 실제 근로시간은 시간이 휴게시간을 빼고 8시간을 초과하지 않았으므로 연장근로는 없게 된다.

이전에는 법정근로시간, 즉 1일 8시간 주 40시간을 초과한 근로만을 '연장근로'라고 하고, 이에 대해서만 가산수당을 지급하도록 하고 있었다. 그러나 아르바이트 등 단시간 근로자를 보호하기 위해 법정근로시간을 초과하지 않더라도 소정근로시간, 즉 근로하기로 약속했던 근로시간을 초과한 경우에도 연장근로로 보고, 연장근로가산수당을 지급하도록 하고 있다.

야간근로수당

실무에서는 연장근로와 야간근로라는 단어를 추가근무의 의미로 혼용해 사용하곤 한다. 하지만 법률적으로 야간근로는 22시에서 06시 사이에 발생하는 근로를 이야기한다. 사람의 신체는 밤에 자고, 낮에 일하도록 되어 있는데, 자야 하는 시간에 일을 하게 되는 것은 신체에 상당한 무리를 줄 수 있다. 그렇기 때문에 야간근로에 대해 일정한 제한을 만들어둔 것이다.

22시부터 06시 사이에 근무가 발생하게 되면, 연장 여부와 관계없이 기본임금에 50%를 가산해 지급해야 한다. 경비나 보일러공처럼 업무가 지속적으로 이루어지기보다는 간헐적으로 이루어져서, 업무강도가 다소 낮다고 여겨지는 업무를 감시·단속적 근로라 한다. 감시·단속적 근로는 노동부의 승인을 받은 경우에는 연장근로가산수당은 지급하지 않아도 되지만, 야간근로가산수당은 지급되어야 한다.

시간외수당의 계산

연장·야간·휴일근로의 경우에는 각각의 사유별로 50%를 가산해 계산하는 것이 원칙이다. 즉 1일 8시간을 초과한 근로이면 150%로 계산해주어야 하고, 이렇게 연장된 근로가 밤 10시를 넘어가게 되면 다시 50%가 더 붙어서 200%가 지급되어야 한다. 다만 휴일근로의 경우에는 주 40시간을 초과해 연장근로에 해당한다 하더라도 8시간을 넘지

| 시간외수당 산정 사례

근무시간		평 근무일에 근무한 경우		5월 1일(근로자의 날) 근무한 경우	
09:00~12:00 (3시간)	근무	연장/야간/휴일	100% 임금	연장/야간/휴일	150% 임금
12:00~13:00 (1시간) 휴게	휴게	연장/야간/휴일	–	연장/야간/휴일	–
13:00~18:00 (5시간)	근무	연장/야간/휴일	100% 임금	연장/야간/휴일	100% 임금
18:00~19:00 (1시간)	휴게	연장/야간/휴일	–	연장/야간/휴일	–
19:00~22:00 (3시간)	근무	연장/야간/휴일	150% 임금	연장/야간/휴일	200% 임금
22:00~24:00 (2시간)	근무	연장/야간/휴일	200% 임금	연장/야간/휴일	150% 임금

않는 부분에 대해서 150%, 8시간을 초과하는 근로에 대해서는 200%
를 지급한다.

휴일근로수당

휴일에는 법이 정해둔 법정휴일과 회사에서 정한 약정휴일이 있다. 법
이 유급휴일로 보장해줄 것을 의무화하고 있는 것은 '근로자의 날 제
정에 관한 법률'에 의한 5월 1일 근로자의 날과 근로기준법이 정하고
있는 주휴일이다.

약정휴일은 법이 강제하고 있지는 않지만 회사가 휴일로 정하는 경

우인데, '관공서의 공휴일에 관한 규정'이 정하고 있는 휴일이나 창립 기념일 등이다. 소위 이야기하는 국경일, 설, 어린이날, 추석 등을 말한다. 우리 회사가 이러한 공휴일들을 회사의 휴일로 하기로 정했다면, 이 날들은 우리 회사의 약정휴일이 된다. 휴일과 관련된 보다 자세한 내용은 챕터 7-6에서 살피도록 한다.

휴일은 근로제공의무가 없는 날을 의미한다. 따라서 이 날에는 근로제공의무가 없이 쉴 수 있다고 약속해둔 것인데, 이를 어기고 일을 하게 된 경우에도 역시 제한이 필요하다. 따라서 휴일근로의 경우에도 연장·야간근로처럼 일한 시간에 대한 임금 외에 휴일근로에 대한 가산수당 50%가 추가로 지급해야 한다.

02 | 예상되는 연장근로수당을 포함하는 포괄임금제

선풍기 공장에 컨베이어벨트가 돌아가고 있다. 내 업무는 선풍기 날개를 조립하는 일이다. 갑자기 어깨에 통증이 느껴져서 잠깐 일을 멈추고 쉰다. 이 다음 예상되는 풍경은 무엇인가? 내가 쉬는 동안 내 앞을 지나간 반제품들은 모두 불량품이 된다.

이런 경우라면 공장 컨베이어벨트에 전원이 들어오기 시작한 시간부터 전원을 내리는 시간까지가 근무시간이라고 하는 데는 이론의 여지가 없다. 하지만 대부분의 업무는 이런 식으로 근로시간을 엄격하게 측정할 수 없는 경우가 훨씬 더 많다. 과연 컴퓨터가 켜진 시간부터 컴퓨터가 꺼지는 시간까지를 모두 업무시간이라고 할 수 있을까? 회사는 출근카드 찍은 시간부터 퇴근카드를 찍은 시간까지를 계산해서 임금을 주어야 하는 것일까?

미리 준 것인지, 공짜 연장근로인지

미국은 시간외수당에 있어서만큼은 소위 화이트칼라(white-collar)와 블루칼라(blue-collar)를 엄격히 구분지어 적용한다. 육체노동을 수단으로 삼아 일하는 블루칼라에게 근무시간은 일의 양 또는 임금과 직결되기 때문에 근무시간과 이에 따른 임금의 계산을 엄격하게 보지만, 화이트칼라의 경우에는 '근무시간=일의 양'의 공식이 성립되기 어렵기 때문에 약정된 연봉 외에 시간외 수당 등을 적용하지 않는다.

우리나라의 경우는 사무직과 현장직을 구분하지 않는다. 그렇다 보니 실무에서는 근로시간을 엄격히 따지기 어려운 사무직에 대해서는 예상되는 연장근로에 대한 일정 임금을 월급에 포함해 지급하는 포괄임금제 형태를 운영하는 경우가 많다. 이에 대해서 노동계에서는 '공짜 연장근로'라는 비판을 제기한다. 그렇다면 포괄임금제는 과연 미리 준 것일까, 아니면 공짜로 부려먹는 것일까?

포괄임금제가 '위법'이라는 이야기들은 주로 광의의 포괄임금제에 대한 부분이다. '임금: 월 300만 원(모든 수당 포함)'처럼 노동력의 수량은 한정이 없고 가격만 있는 경우다. 즉 얼마만큼의 일을 시키는 것에 대한 대가가 300만 원인지에 대한 내용이 전혀 없다면 현저하게 불공정한 계약이 될 가능성이 크고, 이런 경우라면 당연히 포괄임금을 정한 부분은 무효가 될 수 있다.

하지만 다음 페이지 표의 포괄임금제처럼 평균적으로 20시간의 연장근로가 발생되는 것이 예상되고, 이에 대해 미리 보상을 약속하는 취지로 연장근로수당을 고정적으로 지급하겠다고 하는 약정은 협의의 포괄임금제로, 이는 위법이라고 보기는 어렵다. 계란 한 판인 30개를 기준으로 계약을 할지, 아니면 한 판이 기준이 아니라 한 판에 10개를 더해서 40개를 기준으로 계약을 할지의 문제인 것이다. 즉 법은 계란을 사고팔 때 30개 단위를 한 판으로 하고 한 판을 단위로 사고팔라

일반근로계약과 포괄산정임금제

일반 근로계약 기재양식	포괄임금제 근로계약 기재양식

1. 임금: 월 174만 8,950원
2. 임금의 구성항목
 – 기본급: 월 154만 8,950원
 – 직책수당: 월 20만 원
 – 연장야간휴일근로가 이루어지는 경우
   150%를 가산하여 추가 지급함
	1. 임금: 월 200만 원
	2. 임금의 구성항목
	 – 기본급: 월 154만 8,950원
	 – 직책수당: 월 20만 원
	 – 연장근로수당(20시간분): 월 25만
	   1,050원(계산의 편의를 위하여 20시간분
	   에 해당하는 연장근로수당을 지급함)

고 되어 있지만, 당사자 간에 40개를 기준으로 거래하고 있는 것이다.

협의의 포괄임금제는 월 20시간 또는 그에 미치지 못하는 연장근로를 했더라도 20시간 분에 대해서는 기본적으로 연장근로수당을 지급해주겠다는 것일 뿐, 실제의 연장근로가 20시간을 초과해서 이루어지는 경우에는 당연히 초과된 부분에 대한 연장근로수당은 추가적으로 지급되어야 한다. 약정된 20시간 분의 연장근로수당 외에 더 이상의 연장근로수당을 지급하지 않겠다는 취지라면 해당 약정은 위법하다.

따라서 일정한 연장근로수당을 포함한 포괄임금제 계약이 체결되어 있더라도 이를 근거로 근태관리를 행하지 않으면 안 되는 것이고, 실제 근태관리를 통해 약정에 근거한 적절한 임금이 지급되어야 한다.

근로의 대가에 대해서는 충분한 설명과 이해가 있어야

포괄임금제가 위법하냐, 적법하냐의 논의보다 중요한 것은 본인의 정상적인 노동력의 대가를 얼마로 정한 것인지에 대한 명확한 인지와 이를 기초로 한 합의가 더 중요하다. 앞선 표의 포괄임금계약에서 근로자가 본인의 기본적인 임금을 200만 원으로 오해했다면, 이는 회사가 근로자를 속인 것이거나 근로자가 부주의했던 것이다. 그렇지 않고 본인의 기본적인 근로의 대가는 직책수당을 포함해서 174만 8,950원 정도이고, 20시간분의 연장근로를 한 경우 200만 원 정도를 가져가게 된다고 근로계약 시 충분히 이야기가 되었다면 해당 계약의 내용은 문제될 것이 없다고 봐야 한다. 이에 대해서는 '공짜 연장근로'라는 논란이 제기될 소지도 없다.

다만 일부의 경우 실제 예상되거나 발생되는 연장근로와는 아무런 상관없이, 법이 허용하는 한도까지 최대한의 연장근로수당을 포함해 두는 경우가 있다. 이런 경우에는 근로자의 통상임금이 낮아지게 되어 불공정한 계약이 될 가능성이 있다. 따라서 정상적인 근로만을 수행했을 때 받게 되는 임금의 내용을 정확히 확인하고, 당사자 간에 이러한 부분에 대한 의사의 일치를 확인하고 근로계약을 체결해야 할 것이다. 그러나 포괄임금제에 대한 사회적 논란이 거세기 때문에, 향후 무분별한 포괄임금제를 제한하는 내용의 입법 가능성이 있어 보인다.

03 | 통상임금을
알아보자

이전에는 '사람 구함 시급: ○○○원'이
라는 식의 '시간'을 기준으로 임금을 책정하는 것이 일반적이었다. 지
금도 아르바이트에 대해서는 시간당으로 임금을 책정하는 경우가 있
지만, 관리를 하다 보면 사실 시간당 임금계산이 여간 불편한 게 아니
다. 한 시간 일하면 얼마, 하루 일하면 얼마, 일주일을 일하면 주휴수
당이 붙어서 얼마, 한 달을 일하면 만근수당이 붙어서 얼마라는 식으
로 계산해야 하기 때문이다.

이렇다 보니 지금은 그냥 월을 단위로 통째로 임금을 산정해버리는
것을 더 선호한다. 심지어는 연간을 단위로 '연봉'으로 해서 임금을 책
정해버리는 경우도 많다. 시급일 때는 한 시간당 노동력의 가격이 얼
마인지가 명확했는데, 월급 또는 연봉의 경우에는 시간당 노동력의 가
격이 얼마인지를 알기가 어려워졌다. 과연 월급제 근로자의 시간당 임
금은 어떻게 계산해야 할까?

임금유형별 통상임금 여부

임금명목	임금의 특징	통상임금 해당여부
기술수당	기술이나 자격보유자에게 지급되는 수당(자격수당, 면허수당 등)	통상임금 ○
근속수당	근속기간에 따라 지급여부나 지급액이 달라지는 임금	통상임금 ○
가족수당	부양가족 수에 따라 달라지는 가족수당	통상임금 × (근로와 무관한 조건)
	부양가족 수와 관계없이 모든 근로자에게 지급되는 가족수당 분	통상임금 ○ (명목만 가족수당, 일률성 인정)
성과급	근무실적을 평가해 지급여부나 지급액이 결정되는 임금	통상임금 × (조건에 좌우됨, 고정성 인정 ×)
	최소한도가 보장되는 성과급	그 최소한도만큼만 통상임금 ○ (그 만큼은 일률적, 고정적 지급)
상여금	정기적인 지급이 확정되어 있는 상여금(정기상여금)	통상임금 ○
	기업실적에 따라 일시적, 부정기적, 사용자 재량에 따른 상여금 (경영성과 배분금, 격려금, 인센티브)	통상임금× (사전 미확정, 고정성 인정×)
특정시점 재직 시에만 지급되는 금품	특정시점에 재직 중인 근로자만 지급받는 금품 (명절귀향비나 휴가비의 경우 그러한 경우가 많음)	통상임금× (근로의 대가 ×, 고정성 인정 ×)
	특정시점이 되기 전 퇴직 시에는 근무일수에 비례해 지급되는 금품	통상임금 ○ (근무일수에 비례해 지급되는 한도에서는 고정성 ○)

CHAPTER 6 회계·노무 담당자라면 꼭 알아야 할 임금 관리 **287**

시간당 노동력의 가격

노동력을 거래하는 가장 기본적인 단위는 시간이다. 그리고 시간당 노동력의 값이 통상임금이다. 법에는 통상임금을 '정기적으로 일률적으로 소정근로 또는 총 근로에 대하여 지급하기로 정한 시간급, 일급, 주급, 월급 금액'으로 정의하고 있다.

통상임금 정의의 핵심은 '정기적·일률적', '소정근로', '지급하기로 정한', '임금'이다. 통상임금은 '정기적으로', '사전에 지급하기로 정한 약속된 임금'이어야 한다. 따라서 부정기적으로 지급한 상여금이나 근로계약 당시 약속되지 않았던 명절 떡값은 임금 여부를 떠나서 통상임금은 아니다.

또한 통상임금은 소정근로에 대해 지급하기로 약속된 돈이므로, 연장근로에 대한 대가인 연장근로수당은 정기적 일률적으로 지급한다 하더라도 통상임금이 되지 않는다. 역시 근로성과에 따라 차등된 임금을 약속했더라도 '일률적으로' 사전 약속된 돈은 아니므로 통상임금이 되지는 않는다.

다만 장기근속수당처럼 근속연수에 따라 다른 금액을 지급한다고 하더라도 근로와 관련된 일정 조건을 충족하는 모두에게 일률적으로 지급된다면, 일률적인 것으로 보아 통상임금으로 판단한다.

통상임금 산정방법

어느 범위까지의 임금이 통상임금인지를 알았다면, 실제 시간당 통상임금을 산정하는 방법을 알아보자.

통상임금은 시간급이 원칙이다. 일 단위, 주 단위, 월 단위, 연 단위

단위 기간별 임금	근무시간	시간당 통상임금
일급 8만 원	1일 8시간 근무	1만 원 (8만 원 ÷ 8시간)
일급 10만 원	1일 10시간 근무	9,090원 (10만 원 ÷ 11시간) (8시간 + 2시간×1.5배(연장근로 가산))
주급 40만 원	1일 8시간, 1주 40시간근무	8,333원 (40만 원 ÷ 48시간) (40시간 + 8시간(주휴수당))
월급 160만 원	1일 8시간, 1주 40시간근무	7,655원 (160만 원 ÷ 209시간) ((40+8)×365/12/7)

로 임금액을 책정하는 경향이 많아지면서 월 단위, 연 단위의 임금을 거꾸로 산정해서 시간급이 얼마인지를 산출하게 된다.

일급으로 임금을 정한 경우는 간단하게 근로시간으로 나누면 시급이 된다. 1일 8시간을 근무하고 8만 원을 받기로 약정했다면, 시간당 통상임금은 1만 원이다. 주급으로 임금을 정한 경우에는 주휴수당까지 고려되어야 한다. 법률상 1주일의 소정근로를 개근한 자에게는 유급 주휴일을 부여하도록 하고 있기 때문에, 1주일 40시간을 근무했다 하더라도 임금은 48시간분이 지급되어야 한다. 따라서 주급으로 임금을 정한 경우라면 48로 나누어서 시간당 통상임금을 산정해야 한다.

월급으로 임금을 정한 경우도 마찬가지다. 1주일 40시간을 근무하기로 하고 160만 원을 지급하기로 했다면, 월급 금액에는 주휴수당도 포함된 것으로 보기 때문에 160만 원을 209[1주당 48시간분×4,345주(월간 평균 주수)]로 나누어서 시간당 통상임금을 산정해야 한다.

주 40시간제인 어떤 회사의 임금항목으로 기본급 150만 원, 직책수당이 9만 원이 있고, 3개월에 한 번 정기상여금을 기본급 100%로 지급해준다 하자. 기본급과 직책수당은 매월 정기적·일률적·고정적으로 지급되므로 통상임금에 포함된다. 정기상여금 역시 3개월을 주기로 정기적·일률적으로 기본급 100%를 주되, 다른 조건이 부과되지 않고 근무기간에 비례해서 지급해준다면 통상임금에 포함된다. 이 경우는 월 통상임금은 209만 원[150만 원+9만 원+50만 원(상여금 월할분)]이 되고, 시간당 통상임금은 1만 원이 된다. 다만 현재 통상임금의 범위와 관련해서 노동부의 기준과 법원의 기준에 차이가 있어서, 향후 통상임금에 관해 입법이 진행되면 통상임금의 범위가 달라질 가능성이 있음에 유의해야 한다.

통상임금 산정 사유

통상임금은 연장·야간·휴일근로수당 지급 시에 사용된다. 5인 이상 사업장이라면 연장근로 1시간에 대해 시간당 통상임금의 150%를 지급하면 된다. 또한 미사용연차를 수당으로 보상할 때도 다른 규정이 없는 경우에는 통상임금을 기준으로 보상한다. 전년도 미사용연차가 10일인 경우 시간당 통상임금에 1일 소정근로시간을 곱해 1일분 연차수당을 구한 뒤, 해당 금액에 미사용일수를 곱해서 연차수당을 지급하면 된다.

통상임금은 출산휴가급여 지급의 기준이 되기도 한다. 출산휴가 90일 중에 60일에 대해서는 법이 유급으로 보장할 것을 규정하고 있는데, 이때 '유급'은 통상임금을 의미한다.

04 | 왜 평균임금을 알아야 할까?

업무의 변한이 큰 회사다. 바쁠 때는 살인적인 연장근로가 있지만, 한가할 때는 8시간을 어떻게 때워야 할지 모를 정도다. 이 회사의 어떤 직원은 회사가 한창 바쁠 때 책임감도 없이 퇴직해버렸고, 어떤 직원은 바쁜 때를 책임감 있게 함께 해주고 회사가 한가해진 다음에야 퇴사했다. 재미있는 건 책임감도 없이 나가버린 직원은 퇴직금을 많이 받게 되었고, 책임을 다해준 훌륭한 직원은 퇴직금을 적게 받게 되었다. 이런 불공평한 일이 왜 생길까?

소득의 보전

평균임금이란 말 그대로 평균적인 임금이다. 어떤 근로자가 받는 평균적인 소득을 알아야 할 때 평균임금을 계산하게 된다. 그런데 여기서 '평균적'이라는 개념을 우리 법은 조금 짧게 보는 경향을 보인다. 근로기준법은 평균임금을 '산정하여야 할 사유가 발생한 날 이전 3개월 동안에 그 근로자에게 지급된 임금의 총액을 그 기간의 총일수로 나눈 금액'이라고 정의한다. 민사상 손해배상 등을 계산할 때 1년 소득 정도를 고려해 판단하는 것과는 조금 다르다.

　이렇다 보니 퇴직 시기에 따라 근로자에게 유리하기도, 불리하기도 한 현상이 발생하게 된다. 이는 평균임금을 계산해서 돈을 지급해야 하는 사유의 대부분은 이전 3개월 정도 유지되어온 현상을 일정 기간 더 연장한다는 개념이기 때문으로 이해할 필요가 있다. 즉 퇴직, 재해 발생 등 특수한 사정이 발생한 경우, 이전 몇 개월의 생활수준을 일정 기간 동안 계속해서 보전해주기 위한 것이다.

평균임금 산정방법

평균임금은 계산해야 할 일이 생긴 날 이전 3개월간의 임금을 평균해서 일급을 산출하게 된다. 예를 들어 1년 이상 근무해온 직원이 9월 14일까지 근무 후 9월 15일 퇴직을 한 경우, 9월 15일이 '퇴직일'이 되며 9월 15일을 기준으로 퇴직금을 산정하게 된다. 이때 평균임금을 산정하는 대상기간은 6월 15일~9월 14일이 된다. 해당 기간 동안 받은 임금을 해당 기간의 일수로 나누어서 1일 평균임금을 산출한다.

　문제는 월마다 일수가 다르다는 것과 매월 받는 임금이 다르다는 점이다. 위의 예로 6월 15일~9월 14일은 총 92일이고 매월 월급이 일정하게 300만 원이라고 가정하면, 1일 평균임금은 9만 7,826원이 된다. 같은 월급에 5월 1일 퇴직을 했다고 가정하면, 2월 1일~4월 30일까지가 평균임금 산정기간이 되어 총 89일이 되고, 1일 평균임금은 10만 1,123원이 된다. 같은 급여를 받는다고 하더라도 어떤 시기에 퇴직하느냐에 따라 퇴직금이 달라질 수 있다는 것이다. 역시 평균임금의 취지가 형평과 공평이라는 개념보다는 이전의 소득보전에 있기 때문이다.

그렇다 하더라도 사정을 묻지도 않고 무조건 이전 3개월의 임금을 평균 내어 보상의 기준으로 삼는 것이 근로자에게 심각하게 불리한 결과를 초래하는 경우가 있을 수 있다. 평균임금이 평균적인 임금인 만큼, 근로자의 잘못 없는 사유로 평균적이라 할 수 없는 급여를 받게 되는 경우는 평균임금 산정기간에서 제외한다. 예를 들면 수습기간이어서 임금을 적게 받도록 약정이 된 경우나, 육아휴직 또는 출산휴가로 급여를 받지 못하거나 적게 받게 되는 경우, 회사 사정으로 휴업을 하게 되는 경우, 산재로 휴업을 한 경우 등이다. 수습 3개월 동안 80%의 임금만을 받고 근무하다가 이후 100%의 임금으로 한 달을 더 근무하다가 업무상 사고가 난 경우라면, 수습 3개월 기간에 받은 급여와 기간은 모두 빼고 수습 이후 한 달간 받은 급여를 한 달의 일수로 나누어서 1일 평균임금을 산정한다.

평균임금의 산정 대상 임금

'임금'이면 평균임금에 산입

'임금'이면 평균임금 산정 대상임금에 포함된다. 임금이란 법률상 정의를 빌리자면, '사용자가 근로의 대가로 근로자에게 임금, 봉급, 그 밖에 어떠한 명칭으로든지 지급하는 일체의 금품'을 말한다. 여기서 가장 중요한 단어는 '근로의 대가'다.

회사에서 결혼을 축하한다며 지급해준 축의금이나 업무 지식을 함양하기 위해 지원해준 학자금은 노동력을 제공한 대가로 주어진 돈이 아니다. 따라서 이러한 돈은 회사로부터 받은 소득이니 '근로소득'으로서 소득세의 대상이 될 수는 있을지언정 근로의 대가인 임금은 아니다.

실제 실무상에서는 어떤 수당이나 급여가 임금인지 아닌지, 즉 평균임금 계산에 넣어야 하는지 아닌지를 판단하는 것이 쉽지는 않다. 왜냐하면 판례는 수당의 이름이나 명칭과는 상관없이 회사에게 지급의무가 지워져 있는 금품이면 임금으로 보아야 한다고 하기 때문이다. 결과적으로 법원의 판단대로라면 회사에서 주는 돈 중에서 회사가 '은혜적·호의적으로 지급한 금품'과 '실비 변상적으로 지급한 금품'을 제외하고는 거의 모두 임금으로 보는 것이 맞겠다.

몇 가지 예를 들어보자. 연말이 되자 회사가 성과가 많이 났다면서 생각지도 않았던 경영성과급을 준다. 이것은 사실 내가 노동력을 제공한 대가로 받은 돈이라기보다는 회사가 나에게 선물을 해준 것으로 보는 것이 맞다. 즉 해당 경영성과급을 주지 않았다고 노동부에 고소할 수 있는 성질의 것이 아니라, 주면 고마운 것이라는 것이다. 이런 경우는 임금이 아니다.

회사 업무에 회사 차를 사용하는 것이 맞지만, 회사 차는 한정되어 있으니 지방에 출장을 가면서 개인 차를 이용했다고 하자. 이런 경우 회사에서는 업무에 개인 차량을 사용한 것에 대한 보상을 해준다고 하는 경우, 이것은 역시 노동력을 제공한 대가로 받은 돈이라기보다는 나의 손실에 대해 회사가 보상을 해준 것이라 보아야 할 것이다. 이런 경우 역시 임금이 아니다.

두세 달 또는 1년에 한 번 받는 수당

연차수당이나 정기상여금 등은 1년에 한번 또는 3개월에 한 번 받는다. 따라서 평균임금을 산정할 때 대상기간인 3개월 이내 연차수당, 정기상여금 또는 명절상여금을 지급받은 경우, 이를 단순 평균하게 되면 평균임금이 너무 커진다. 사실 이는 '평균적'인 임금이라고 하기는 어려운 점이 있다.

따라서 3개월에 한 번 받는 상여금이나 2개월 근속을 평가해서 지급받는 정근수당, 1년에 한 번 받는 연차수당 등 1개월을 넘는 사유를 이유로 지급되는 수당들은 최근 3개월 내에 지급되었는지 여부와 관계없이 1년 평균을 반영한다. 즉 매 분기 정기상여금을 100%, 200만 원씩 지급받아왔다면, 평균임금 산정에는 '3개월간의 임금총액'에 지급일과 관계없이 200만 원(12개월간 800만 원, 800만 원의 3/12)을 포함시켜주는 것이다.

일용직 산재보상 시의 평균임금

일용직 근로자에게 산재가 발생한 경우 보상액을 산출해야 하는데, 산재보상액은 평균임금을 기초로 한다. 이때 일용직의 평균임금은 월급제 근로자와 달리 3개월 평균으로 산출하지는 않는다. 일용직은 일이 있을 때도 있고 없을 때도 있기 때문에, 3개월 평균을 내면 불합리한 경우가 많기 때문이다.

월급직 근로자도 한 달 내내 일하지는 않듯이 일용직도 한 달 내내 일한다고 가정하지 않는다. 이 때문에 일용직의 산재보상 시에는 일용직이 통상 한 달 약 22일 정도를 근무한다고 보고, 통상근로계수 73/100

을 적용한다. 즉 일용직 임금이 10만 원인 경우, 1일 평균임금은 7만 3천 원으로 산출된다.

평균임금의 산정사유

평균임금을 산정해야 하는 경우는 퇴직 시의 퇴직금 산정, 사용자의 귀책사유로 인한 휴업수당의 지급, 재해보상금의 지급이다. 근로자가 퇴직 등으로 인해 갑작스레 소득이 끊길 수 있는 상황에서 일정 기간 근로자의 생활을 종전과 같이 보장해주기 위해 사용하는 척도가 평균임금이다.

퇴직금의 기초는 평균임금이다. 계속근로연수 1년에 대해 30일분의 평균임금을 퇴직금으로 지급하도록 하고 있다. 통상 마지막 근무일 다음 날을 퇴직일이라 하고, 이 경우 평균임금의 산정 대상이 되는 기간은 마지막 근무일부터 이전 3개월이 된다.

회사 사정으로 갑작스레 근로계약상 약속되어 있던 근로를 시키지 못하는 경우가 있다. 이 경우라도 '무노동 무임금'에 의해 임금을 받을 수는 없겠지만, 사용자는 근로계약 불이행에 대한 일종의 손해배상을 하도록 하고 있다. 이것을 휴업수당이라 하고, 휴업기간에 대해서 1일 평균임금의 70%를 지급하도록 하고 있다. 이 경우 평균임금의 산정 대상이 되는 기간은 휴업 시작일 이전 3개월이 된다.

근로자가 업무를 하다가 사고가 나거나 질병에 걸릴 수도 있다. 이러한 산업재해의 경우 휴업보상 및 장해보상에 대해 평균임금을 기준으로 보상하도록 하고 있다. 산재보험이 적용되는 경우 휴업수당으로 휴업기간에 대해 평균임금의 70%를 지급하도록 하고 있으며, 장

| 평균임금 산정 사례

평균임금 산정사유	산정방법	산정례(1일 평균임금: 10만 원 가정)퇴직금
퇴직금	계속근로연수 1년에 대해 30일분의 평균임금 지급	근무기간: 2015.1.28~2017.11.15(1022일) 근속연수: 1022 / 365 =2.8년 퇴직금: 2.8년 × 30일 × 10만 원 = 840만 원
휴업수당	휴업일 1일에 대해 70%의 임금	휴업기간: 2017.11.1~2017.11.15(15일간) 휴업수당: 15일 ×10만 원 × 70% = 105만 원
재해보상	요양급여: 의료실비 휴업급여: 70% 장해급여: 장해정도에 따라	요양기간: 2017.11.1~2017.12.20(50일간) 장해등급: 장해 제13등급(99일분) 휴업급여: 50일 × 10만 원 × 70% = 350만 원 장해급여: 99일분 × 10만 원 = 990만 원

해 정도에 따라 평균임금을 기준으로 한 장해연금 또는 장해일시금 등
을 받게 된다.

05 | 임금에서 공제하는 항목

　　임금대장은 크게 '지급항목'과 '공제항목'으로 나눠진다. 지급항목에는 회사가 직원에게 지급하는 각종 이름의 수당들이 적히고, 공제항목에는 회사가 법률상 또는 계약상 공제하도록 되어 있는 항목들을 적는다. 임금은 사실상 주는 방법도 엄격하지만, 공제하는 것은 더욱 엄격하다. 임금의 공제에 대해 알아본다.

임금 지급의 4대 원칙

임금은 지급에 있어서 다른 채권보다 훨씬 더 엄격하다. 임금은 ①근로자에게 직접 ②전액을 ③통화로 ④정기적으로 지급해야 한다. 이를 직접불, 전액불, 통화불, 정기불의 원칙이라 하고, 임금지급의 4대원칙이라고 한다. 4대 원칙을 위반하는 경우 3년 이하의 징역 2천만 원 이하의 벌금에 처해질 수 있다.

　　'직접불 원칙'은 근로자에게 직접 지급해야 함을 의미한다. 직원에게 돈을 빌려준 채권자라고 하는 사람이 와서 본인에게 해당 직원의 임금을 직접 달라고 해서 이를 주거나, 미성년자인 직원의 부모가 임금을 받아가는 것도 금지된다. 근로자 명의의 예금통장에 입금하는 것은 직접불 원칙에 위배되는 것으로 보지 않는다.

'통화불의 원칙'은 임금은 우리나라에서 통용되는 화폐로 지급해야 한다는 것이다. 따라서 외국 통화로 지급하는 것은 안 되며, 현물로 지급하는 것도 안 된다. 과거 구두회사에서 구두상품권으로 임금을 준다거나, 식용유회사에서 식용유로 임금을 지급하는 사례가 있었는데, 모두 처벌대상이 될 수 있다.

'정기불의 원칙'은 임금은 월 1회 이상 일정한 기일에 지급되어야 한다는 것이다. 따라서 일급, 주급 형태로 주는 것은 무관하나 2개월에 급여를 한번 주는 것처럼 1개월을 넘는 주기로 임금을 지급하는 것은 정기불 원칙에 위반된다. 다만 2개월에 한 번 주는 정근수당이라거나, 수개월에 한 번 근속수당 또는 상여금 등을 주는 경우 등은 정기불 원칙의 예외로 보아, 1개월을 초과하는 단위로 지급되어도 무방하다.

'전액불의 원칙'이란 말 그대로 전액을 주어야 한다는 것이다. 1990년대 유명했던 드라마에서 괴팍한 자장면집 사장님이 허랑방탕한 직원에게 월급을 제대로 주지 않고, 직원 몰래 직원 명의 통장을 만들어서 목돈을 모아두었다가 퇴직할 때 내미는 감동적인 장면이 있었다. 그 장면에서 직원이 사장님의 마음에 감동해서 울고 이를 보는 시청자들도 함께 울었는데, 지금 생각하면 그 사장님은 감옥행 감이다.

전액불 원칙의 예외

임금 전액불 원칙에 따라 권한 없이 함부로 근로자의 임금 일부를 공제해서는 안 된다. 공제가 가능한 경우는 '법령이 정한 경우'와 '단체협약에 정한 경우'뿐이다. 가끔 사우회를 만들어서 회칙만 정해두고 급여에서 사우회비를 공제하고 임금을 지급하는 사례를 보는데, 근로자의 별도 동의가 없다면 공제는 위법하고 처벌대상이 될 수 있다.

법령이 정하고 있는 경우에 임금에서 일정액을 공제하는 것이 가능하다. 소득세법이 정하는 소득세와 4대 보험 관련 법령이 정하는 4대 보험 기여금과 보험료, 근로기준법이 정하는 징계로서의 감급이다. 근로자의 비위행위에 대해 감급의 징계를 받은 경우에는 1개월 급여에서 1일 평균임금의 반액까지만 감하는 것이 가능하고, 최대 6개월까지만 할 수 있다.

노동조합이 있는 경우에는 노조와 회사의 합의로 노조 조합비를 급여에서 일괄 공제해 노조에 직접 전달하도록 단체협약을 체결할 수 있다. 법은 이때를 전액불 원칙의 예외로 보아 공제가 가능한 것으로 규정하고 있다.

문제는 근로자가 회사에 손해를 배상해야 하거나, 근로자가 회사에 갚아야 할 대출금이 있는 경우다. 임금의 전액불 원칙은 이런 경우에 회사가 근로자로부터 돈을 받을 수 없다는 것이 아니라, 임금에서 공제하는 것은 안 된다는 것이다. 즉 일단 근로자에게 임금은 지급되어야 하고, 다시 근로자에게 이를 받는 것은 상관없다.

물론 이때 직원이 직접 본인이 회사에 갚아야 할 돈을 임금에서 공제하고 지급해줄 것을 요청한 경우라면 이야기가 좀 다르다. 이런 경우는 바로 해당액을 임금에서 공제하고 지급하는 것이 가능하다. 직원의 편의를 위한 것이기 때문이다. 그러한 요청이 직원의 자유로운 의사에 기한 것이 확실하다면 예외적으로 상계를 인정해주고, 전액불 원

| 임금지급 4대 원칙의 적용

	이것만 되요!	이건 안 되요!
직접불의 원칙	근로자에게 직접 또는 근로자 명의의 통장으로	부모, 형제, 또는 배우자에게 지급하는 것 근로자가 대부업체에서 와서 직접 받아가도록 허락했다고 하여 이에게 지급하는 것
전액불의 원칙	법에 공제근거를 두고 있는 것 외에는 임금전액을 지급해야	회사 대출금이나 손해배상금을 급여에서 공제하는 것
통화불의 원칙	우리나라에 통용되는 화폐로 지급해야	달러나 유로화 등으로 임금을 지급하는 것 백화점 상품권 또는 물건 등으로 임금을 지급하는 것
정기불의 원칙	매월 1회 이상은 임금이 지급되어야	3개월 만근을 조건으로 임금을 지급하는 것

칙에 위반되지 않는 것으로 본다.

법원은 "사용자가 근로자의 동의를 얻어 근로자의 임금채권에 대하여 상계하는 경우에 그 동의가 근로자의 자유로운 의사에 따른 것이라고 인정할 만한 합리적인 이유가 객관적으로 존재하는 때"에는 전액불 원칙에 위반되지 않는다고 하면서, 다만 "그 동의가 근로자의 자유로운 의사에 기한 것이라는 판단은 엄격하고 신중하게 이루어져야 한다"고 하여 근로자 동의에 의한 임금 상계나 공제를 아주 엄격하게 판단해야 한다고 강조하고 있다는 점에 유의해야 한다.

따라서 근로계약서상에 "근로자는 회사에 생긴 손해를 배상하여야 하며, 해당 배상액을 임금에서 공제하는 것에 동의한다"라고 한 줄 적힌 서류에 서명을 받은 것을 근로자의 자유로운 요청이라거나 동의로

보기는 어렵다. 이 한 줄 때문에 근로계약서에 서명을 하지 않을 직원
은 없을 것이기 때문이다. 따라서 이 조항에 근거해 임금에서 공제를
하거나 상계를 하는 경우에는 전액불 원칙 위반으로 처벌될 수 있다.

임금의 공제 항목

소득세법은 회사에게 지급할 근로소득에서 소득세를 원천적으로 징
수해서 이를 납부할 의무를 부과하고 있다. 따라서 근로소득에서 소
득세를 원천징수하고 지급하는 것은 적법한 공제가 된다. 4대 보험의
근로자 납입분에 대해서도 국민연금법, 국민건강보험법, 고용산재보
험료징수법이 각각 근로자가 부담할 기여금, 고용보험료 등을 근로자
의 보수에서 원천공제할 수 있다고 규정하고 있다. 이외 임금의 과오
지급분이 있거나 가불금이 있다면 이는 근로자의 별도의 동의 없이도
공제할 수 있다.

임금의 공제항목을 정리해보면 아래 표와 같다.

국민연금은 급여의 9%를 기여금으로 내도록 하고 있다. 근로자와
회사가 각각 4.5%를 부담하게 되고, 따라서 근로자 급여에서는 4.5%

| 임금대장 공제항목 예시(2018년 기준)

지급항목	공제항목							차인 지급액
월지급 합계	국민 연금	건강 보험	고용 보험	장기 요양 보험료	소득세	지방 소득세	공제 합계	
2,500,000	112,500	76,500	16,250	5,010	41,630	41,630	256,050	2,243950

를 공제한다. 건강보험은 월급여의 6.24%(2018년 기준, 2019년 6.46%)를 내야 하고, 근로자 급여에서는 3.12%를 공제한다. 장기요양보험료는 건강보험료의 7.38%를 공제한다. 고용보험료는 1.3%의 절반인 0.65%를 공제한다. 4대 보험 각각의 보험료 공제는 4대 보험 부분에서 자세히 살펴본다.

소득세는 연소득을 추정치를 기준으로 소득세를 공제해두고 향후 정산한다. 갑근세 조견표에 따르면 부양가족이 없는 경우 월 200만 원 소득자는 약 2만 원, 월 300만 원 소득자는 약 8만 5천 원, 월 400만 원 소득자는 약 21만 원 정도를 공제해두게 되어 있다. 지방소득세는 소득세의 10%로 역시 급여에서 공제한다.

06 최저임금을 계산해보자

일자리가 부족한 상황에서는 노동력을 파는 사람에 비해 사는 사람이 전적으로 우월한 지위를 가진다. 이 때문에 노동력의 가격 결정을 계약자의 자유의사에만 맡겨 두면, 입에 풀칠이라도 해야 하는 근로자 입장에서는 열심히 일하고도 인간다운 삶을 영위할 수 있는 정도의 경제적 보상을 받기 어렵게 될 수 있다. 이것이 최저임금이 있어야 하는 이유다.

시간당 최저임금

최저임금은 시간당 금액으로 정하고, 주 40시간 근무 시에 받게 되는 월 최저임금액을 병기하도록 되어 있다. 매년 근로자, 사용자, 정부를 대표하는 위원 각 9인으로 최저임금위원회가 구성되고, 여기에서 다음 연도에 적용될 최저임금을 결정한다. 2018년 기준 최저임금은 시급 7,530원, 월 157만 3,770원(주 40시간 근무)이다. 2019년에 적용되는 최저임금은 시급 8,350원, 월 174만 5,150원(주 40시간 근무)이다.

주 40시간 근무 시 월 최저임금 계산방법

- 1주당 근무시간: 40시간

- 1주당 유급시간: 40시간+8시간(1주 개근시 유급주휴분 발생)

- 1개월의 유급처리시간: (40+8)×4.3452주 ≒ 209

- 1개월 최저임금: 209시간×8,350원(2019년 기준) = 174만 5,150원

최저임금 위반 여부 판단

최저임금을 지급하지 않게 되면 3년 이하 징역 또는 2천만 원 이하의 벌금에 처해질 수 있다. 여기서 중요한 부분은 최저임금 위반은 임금 체불과는 달리 반의사불벌죄가 아니라는 점이다. 즉 최저임금을 지급하지 않은 경우 근로자가 처벌을 원하지 않는다 하더라도 회사는 처벌이 될 수 있다. 따라서 우리 회사가 지급하고 있는 임금이 최저임금에 위반되는지 여부는 각별히 잘 살필 필요가 있다.

최저임금과 우리 회사의 임금을 비교할 때 포함되지 않는 임금 또는 수당의 범위는 다음 페이지 표와 같다. 1개월에 한 번 지급되는 임금 또는 수당은 일정한 금액이 아니라 하더라도 근로한 것에 대한 대가로 지급되는 부분이라면 최저임금 판단에 포함된다. 이 부분에서 통상임금과 최저임금의 범위가 다를 수 있다. 통상임금이 고정 또는 확정된 수당인지 여부에 방점을 둔다면, 최저임금은 고정 또는 확정성보다는 1개월에 한 번 정기적으로 지급되어 생활안정에 기할 수 있는지에 방점을 둔다.

실무적으로 최저임금 위반 여부에 대한 판단을 할 때는 먼저 지급받는 임금 또는 수당에서 최저임금에 포함이 되는 부분과 그렇지 않

┃ 최저임금 판단에 포함하지 않는 임금의 범위(최저임금법 시행규칙)

구분	임금의 범위
매월 1회 이상 정기적으로 지급하는 임금 외의 임금	1. 1개월을 초과하는 기간의 출근성적에 따라 지급하는 정근수당 2. 1개월을 초과하는 일정기간의 계속근무에 대해 지급하는 근속수당 3. 1개월을 초과하는 기간에 걸친 해당 사유에 따라 산정하는 장려가급·능률수당 또는 상여금 4. 그 밖에 결혼수당·월동수당·김장수당 또는 체력단련비 등 임시 또는 돌발적인 사유에 따라 지급하는 임금·수당이나, 지급조건이 사전에 정해진 경우라도 그 사유의 발생일이 확정되지 않거나 불규칙적인 임금·수당
소정의 근로시간 또는 소정의 근로일에 대해 지급하는 임금 외의 임금	1. 연차휴가 근로수당, 유급휴가 근로수당, 유급휴일 근로수당 2. 연장시간근로·휴일근로에 대한 임금 및 가산임금 3. 야간근로에 대한 가산임금 4. 일직·숙직수당 5. 그 밖에 명칭에 관계없이 소정근로에 대해 지급하는 임금이라고 인정할 수 없는 것
그 밖에 최저임금액에 산입하는 것이 적당하지 않은 임금	가족수당·급식수당·주택수당·통근수당 등 근로자의 생활을 보조하는 수당 또는 식사, 기숙사·주택 제공, 통근차 운행 등 현물이나 이와 유사한 형태로 지급되는 급여 등 근로자의 복리후생을 위한 성질의 것

은 부분을 검토한다. 최저임금에 포함이 되는 임금 또는 수당만을 합산하고, 이를 시급으로 환산해 당해연도에 적용되는 최저임금과 비교한다. 시급으로 환산하는 방법은 주 40시간제에서는 월 209시간으로 나누면 된다. 앞서 설명한 '주 40시간 근무 시 월 최저임금 계산방법'을 참고하라.

▌최저임금판단에 산입하는 임금의 범위(최저임금법 시행규칙)

구분	임금의 범위
공통요건	1. 단체협약·취업규칙 또는 근로계약에 임금항목으로서 지급근거가 명시되어 있거나 관례에 따라 지급하는 임금 또는 수당 2. 미리 정해진 지급조건과 지급률에 따라 소정근로(도급제의 경우에는 총근로를 말한다)에 대하여 매월 1회 이상 정기적·일률적으로 지급하는 임금 또는 수당
개별적인 임금·수당의 판단기준	위의 공통요건에 해당하는 것으로 별표 1에 따른 임금·수당 외에 다음 각 호의 어느 하나에 해당하는 임금 또는 수당 1. 직무수당·직책수당 등 미리 정해진 지급조건에 따라 담당하는 업무와 직책의 경중에 따라 지급하는 수당 2. 물가수당·조정수당 등 물가변동이나 직급 간의 임금격차 등을 조정하기 위해 지급하는 수당 3. 기술수당·면허수당·특수작업수당·위험작업수당 등 기술이나 자격증·면허증 소지나 특수작업종사 등에 따라 지급하는 수당 4. 벽지수당·한냉지근무수당 등 특수지역에서 근무하는 사람에게 일률적으로 지급하는 수당 5. 승무수당·항공수당·항해수당 등 버스, 택시, 화물자동차, 선박, 항공기 등에 승무해 운행·조정·항해·항공 등의 업무에 종사하는 사람에게 매월 일정한 금액을 지급하는 수당 6. 생산장려수당 등 생산기술과 능률을 향상시킬 목적으로 매월 일정한 금액을 지급하는 수당 7. 그 밖에 제1호부터 제6호까지의 규정에 준하는 것으로서 공통요건에 해당하는 것이 명백하다고 인정되는 임금 또는 수당

최저임금 위반 여부 판단 예시

〈월급제〉

1. 2018년 1월 급여내역서

기본급	직책 수당	연장근로 수당	식대	연차 수당	월지급 합계
1,300,000	200,000	215,311	100,000	287,081	2,102,392

2. 최저임금에 포함되는 임금의 범위 판단

– 기본급: 매월 1회 지급되는 소정근로의 대가임 ⇒ 최저임금 ○

– 직책수당: 매월 1회 지급되는 업무수행의 대가임 ⇒ 최저임금 ○

– 연장근로수당: 매월 1회 지급되기는 하지만, 소정근로 외의 추가 근무에 대한 대가임 ⇒ 최저임금 ×

–식대: 매월 1회 지급되기는 하지만, 복리후생을 위한 성질의 것임 ⇒ 최저임금 ×

– 연차수당: 일년에 한번 지급되는 것으로, 연차휴가 미사용에 대한 대가임 ⇒ 최저임금 ×

3. 최저임금 위반 판단

– 2018년 1월 최저임금 산입범위 임금: 150만 원 ⇒ 시급: 7,177원

(1,500,000/209시간)

– 2018년도 최저임금: 7,530원

– 7,177 〈 7,530: 최저임금 위반 상태임

〈시급제〉

1. 2018년 00월 00일 급여명세(1일 근로시간 8시간, 1주 40시간)

– 기본시급: 7,000원

– 1일 식대: 6,000원

– 1개월 직무수당: 매월 10만 원

– 1개월 생산장려수당: 매월 5만 원

2. 최저임금에 포함되는 임금의 범위 판단

– 기본시급: 매월 1회 지급되는 소정근로의 대가임 ⇒ 최저임금 ○

– 식대: 복리후생을 위한 성질의 것임 ⇒ 최저임금 ×

– 직무수당: 매월 1회 지급되는 소정근로의 대가임 ⇒ 최저임금 ○

– 생산장려수당: 매월 1회 지급되는 소정근로의 대가임 ⇒ 최저임금 ○

3. 최저임금 위반 판단
 – 최저임금 산입임금: 7,000원 + 478원(직무수당 10만/209시간) + 239원(생산
장려수당 5만/209시간) = 7,717원
 – 2018년도 최저임금: 7,530원
 – 7,717 〉 7,530: 최저임금 위반 아님

| 2019년 1월 1일 이후 최저임금 위반 여부 판단 예시

–주 40시간 근무 경우, 월 기본급 150만 원, 식대 20만 원, 차량유지비 20만 원, 월 상
여금 50만 원 수령 근로자의 최저임금 위반 여부 판단

개정 전(2018년 12월 31일 이전)	개정 후(2019년 1월 1일 이후)

• 최저임금 산입임금
– 기본급 1,500,000원
• 최저임금 판단총액: 1,500,000원
※ 2018년 최저임금 1,573,770원 이하
   이므로, 최저임금 위반임
	• 최저임금 산입임금
	– 기본급 150만 원
	– 복리후생비 27만 7,840원
	   [40만 원(식대, 차량유지비)－12만 2,161원]
	– 상여금 6만 3,713원
	   (50만 원－43만 6,288원)
	• 최저임금 판단총액: 184만 1,552원
	※ 2019년 최저임금 174만 5,150원 이상
	   이므로, 최저임금 위반 아님

※ 다만 상여금이나 복리후생비의 일부만을 최저임금 판단에 포함하는 것은 한시적 조치로서,
2024년이 되면 상여금의 모두, 임금성 복리후생비의 모두가 최저임금 판단에 포함된다.

2019년 1월 1일부터 최저임금법이 개정되어 일부 '상여금' 또는
'복리후생적 금품'도 최저임금 산입임금으로 보아 최저임금 위반 여부
를 판단한다. 2019년도 기준으로 월 지급 상여금 중 최저임금의 25%를
넘는 부분과 복리후생비 총액(식대·피복비·차량유지비 등) 중 최저임금의
7%를 넘는 부분은 산입임금으로 본다. 내년 최저임금은 주 40시간 근

연도별 상여금과 복리후생비의 최저임금 산입액

(아래 표상의 비율은 매년도 최저임금 기준)

연도	매월 지급 상여금	임금성 복리후생비
2019년	25%	7%
2020년	20%	5%
2021년	15%	3%
2022년	10%	2%
2023년	5%	1%
2024년 이후	0%	0%

무 시, 월 174만 5,150원이므로, 월 지급되는 상여금에서 43만 6,288원(최저임금의 25%)을 초과하는 임금과 월 지급되는 복리후생비에서 12만 2,161원(최저임금의 7%)를 초과하는 금액은 최저임금 판단 시 포함된다.

최저임금 적용제외

최저임금이 적용되지 않는 경우도 있다. 수습 3개월간은 최저임금의 90%를 적용할 수 있다. 다만 1년 미만 계약직이거나 단순노무 업무 종사자(한국표준직업분류상 대분류 9)의 경우 수습 3개월을 적용한다 하더라도 최저임금의 감액적용은 불가능하다. 과거에는 경비, 보일러공처럼 근로가 지속적으로 이루어진다기보다는 간헐적으로, 감시 또는 단속적으로 이루어지는 경우에는 타 근무에 비해 근무강도가 낮다고 판단하고 최저임금액을 감액해 적용한 바 있었다. 하지만 현재는 최저임금을 전액 적용한다. 이런 차원에서 업종별 또는 산업별로 최저임금을 달리 정해야 한다는 법 개정에 대한 의견이 있다.

07 | 임금을 현금으로 지급해도 될까?

월급을 깨알같이 수기로 명세를 적은 노란색 봉투로 받던 시절이 있었다. 봉투에서 한 장 한 장 꺼내 쓰던 맛이 쏠쏠했다고 추억하는 사람도 많다. 하지만 지금은 통장으로 입금하는 것이 보편화되다 보니, 어떤 이유에서건 현금으로 임금을 지급하자면 여간 찜찜한 게 아니다. 근로자가 통장에 돈이 들어오면 카드사며 은행에서 돈이 다 빠져나가버린다면서 현금으로 지급해달라고 한다. 괜찮을까?

임금체불

근로계약에서 근로자의 가장 중요한 의무가 '노동력의 제공'이라면, 회사의 가장 중요한 의무는 '임금지급'이다. 임금을 제대로 지급하지 않게 되면 '임금체불'로서 형사적 책임이 발생한다. 친구 사이라면 돈 좀 안 갚았다고 형사처분 되는 경우는 없지만, 회사와 직원의 관계에서는 다르다. 3년 이하의 징역 또는 2천만 원 이하의 벌금에 처해질 수 있다. 따라서 임금을 제대로 지급했다는 증명은 회사가 할 수밖에 없다.

임금을 현금으로 지급하는 것은 당연히 가능하다. 다만 임금을 지급했음을 입증하기 위해서는 영수증을 받아두는 것은 필수다. 통장으로 임금을 입금하면 당연히 이체한 증거가 남아 있기 때문에 별도의 영수증은 필요하지 않지만, 현금으로 지급하게 되면 영수증이 유일한 증거가 될 것이기 때문이다.

금품청산 시점

실무적으로 자주 문제가 되는 것은 퇴직자의 마지막 근무 월에 대한 임금지급이다. 임금 산정기간이 매월 1일~말일이고, 임금 지급일이 익월 5일이라 하자. 어떤 근로자가 9월 15일까지 근무 후 퇴사한 경우, 회사는 당연히 9월분 임금을 10월 5일에 다른 근로자들의 임금 지급 시에 함께 처리하려고 할 것이다. 이 경우 법 위반 문제가 발생된다.

법적으로 근로자가 퇴직한 경우 회사는 지급해야 하는 임금, 퇴직금 등 일체의 금품을 퇴직 후 14일 이내에 지급하도록 하고 있기 때문이다. 위반 시 3년 이하의 징역 또는 2천만 원 이하의 벌금이다. 회사가 이를 대수롭지 않게 생각해서 기한을 넘기는 경우, 회사는 처벌의 위험을 피할 수 없다. 따라서 퇴직 후 14일 이내에 남아 있는 임금과 퇴직금을 모두 정리해주어야 한다. 부득이 회사가 기한 내에 처리할 수 없는 사정이 있다면, 근로자에게 지급 지연에 대한 동의서를 받아두는 것이 좋겠다.

임금체불 시의 근로자의 대응

회사가 근로자에게 임금을 안 주거나, 덜 주거나, 늦게 주는 경우, 근로자는 임금체불 또는 금품청산 위반으로 고용노동부에 진정이나 고소를 제기한다. 이 경우 회사가 형사책임을 피할 수 있는지 없는지는 근로자의 손에 달려 있다. '반의사불벌죄'이기 때문이다.

반의사불벌죄란 피해자의 의사에 반해서 벌할 수 없다(不罰)는 것인데, 근로자의 의사에 따라 회사가 처벌되느냐 마느냐가 결정된다. 따라서 다른 대금을 처리하는 것보다는 임금에 대해서는 그 지급에 대해서 각별한 주의가 필요하다.

앞서 설명한 바와 같이, 회사가 근로자가 퇴직한 후 14일 이내에는 모든 임금, 퇴직금, 기타 일체의 금품 등을 '청산'해주어야 한다. 이를 위반하면 형사 책임이 발생할 뿐 아니라 지연이자까지 지급해야 한다. 퇴직 후 14일 내에 지급하지 않는 경우 그 다음 날부터 지급하는 날까지 연 20%의 이자를 지급해야 한다.

지연이자 계산 예시

2017년 11월 1일 퇴직한 근로자에게 임금, 퇴직금으로 지급해야 할 금품이 2천만 원이고, 해당 금품을 2017년 12월 31일에야 지급한 경우 지연이자를 계산해보자.

지연일: 2017.11.15 ~ 2017.12.31(46일)

지연이자: 2천만 원×20% / 365×46 = 50만 4,109원

CHAPTER 7

회계·노무 담당자라면
꼭 알아야 할 복무 및 근태 관리

우리 회사도 번듯한 인사팀 좀 있으면 좋으련만 현재로선 내가 최선이다. 하지만 직원들에게 뭣도 모르고 이야기했다간 벌집 쑤시는 꼴이 되기 십상이다. 여기서는 직원 관리의 모든 것, 연차휴가부터 경조휴가, 휴일 등의 진정한 의미부터 관리방법까지 모든 것을 알아보자.

01 | 근로와
휴게시간은
어떻게 부여할까?

우리 회사 대표 운전기사는 근무시간의 반 이상이 대기시간이다. 실제 출근해서 퇴근시간까지의 시간이 장장 12시간에 육박하지만, 실제 운전을 하는 시간은 차 정비에 소요된 시간을 모두 합치더라도 5시간이 채 되지 않는다. 그렇다면 12시간의 급여가 지급되어야 하는 것일까, 아니면 실제 업무에 종사한 5시간에 대한 급여만 지급되면 되는 것일까?

법정근로시간과 주 40시간제

근로계약은 노동력의 수량과 가격을 결정하는 계약이다. 노동력의 수량이 근로시간이고, 노동력의 가격이 임금이다. 당연히 수량에 따라 가격이 결정되는 것이기 때문에, 근로시간에 따라 임금은 달라지게 된다. 이 때문에 근로시간은 근로계약에서 가장 중요한 요소가 된다.

근로시간은 실 구속시간을 의미한다. 즉 회사의 '지휘명령' 하에 있는 시간이 근로시간이라는 것이다. 따라서 단순히 일찍 출근해서 커피 한잔하는 시간, 점심시간 등은 근로시간이 아니다. 반대로 실제 업무를 수행하고 있지는 않지만 업무수행을 위해 대기하고 있어야 하는 시간은 근로시간이 된다.

법정 근로시간은 1일 8시간, 1주 40시간이다. 법은 여기까지만 정해두었을 뿐 구체적인 근무일이 며칠이어야 하는지는 정해두지 않고 있다. 우리는 통상 주 5일제라고 부르기는 하지만, 법적으로 정확한 표현은 주 40시간제다. 하루에 8시간씩을 근무하면 5일 근무 시 40시간이 모두 채워지게 되니 결과적으로 5일을 근무하게 되는 것이다. 하지만 1일에 8시간보다 짧게 근무하는 경우라면 법정 근로시간을 초과하지 않는다 하더라도 주 6일제가 될 수도 있는 것이다.

주 40시간보다 짧게 근무하는 사람을 단시간 근로자라고 한다. 단시간 근로자도 거의 모든 부분에서 정상근로자와 같이 근로기준법의 보호를 받게 된다. 단시간 근로자에게도 주휴일, 휴가 등을 정상적인 근로자와 같이 근로시간에 비례해 부여해야 한다. 다만 1주 15시간 미만으로 근무하는 근로자는 주휴일이나 연차휴가, 퇴직금 등의 규정이 적용되지 않는다.

| 단시간 근로자에 대한 주휴일과 연차휴가 부여 방법

구분	통상근로자(1일 8시간, 5일 근무)	단시간 근로자(1일 4시간, 5일 근무)
주휴일	1주당 1일 유급휴일(8시간 유급)	1주당 1일 유급휴일(4시간 유급)
연차휴가	– 일수로 계산 – 1년 근속 시 15일	– 시간으로 계산 　(4시간/8시간 ×15일 × 8시간 　=60시간) – 1일 소정근로시간이 4시간이 　므로, 15일의 휴가를 사용할 수 　있음

휴게시간인가, 대기시간인가

앞서 운전기사의 예처럼 대기시간이 임금이 지급되어야 하는 근로시간인지, 휴게시간으로서 임금을 지급하지 않아도 되는지가 문제다. 사장이 거래처 사장과 골프를 치러 가는 경우, 운전기사는 사장님을 골프장에 모셔다드린다. 사장은 내리면서 "김 기사, 이따 보자"라고 하시는 경우가 있고, "김 기사, 3시쯤에 보자"라고 하는 경우가 있다. 우스운 이야기지만 전자의 경우에는 임금을 지급해야 하는 대기시간이 되고, 후자의 경우에는 휴게시간으로 임금을 지급하지 않아도 되는 시간이 된다. 두 케이스에는 어떤 차이가 있을까? 전자의 경우에는 김 기사는 꼼짝없이 사장을 기다려야 하고, 후자의 경우에는 김 기사는 사우나에서 쉬다 오면 될 일이다. 즉 근로자에게 자유로운 시간 이용이 보장되어 있다면 휴게시간이고, 그렇지 않고 실질적으로는 사용자의 지휘와 감독 하에 있다면 대기시간도 임금이 지급되어야 한다.

요즘 최저임금이 급격히 상승하면서 새로운 풍경이 생겼다. 식당에 오후 2~5시쯤 가면 '영업 준비 중'이라는 푯말이 붙어있고, 문이 닫혀 있는 곳이 많이 있다. 이전에는 그냥 문을 열어두고 국밥 한 그릇이라도 더 팔아보려고 했었는데, 이제는 국밥 한 그릇 파는 것보다 인건비가 더 비싸기 때문에 문을 닫아버린다. 즉 문을 열어두고 손님이 오는 경우 언제라도 대응을 해야 하는 상황이라면 설령 손님이 없어서 쉬고 있더라도 마음껏 쉬는 것이 아니기 때문에 대기시간이 되고, 아예 식당 문을 닫고 쉴 수 있도록 해주는 것이라면 이는 정말 휴게시간이 된다.

장시간의 휴게시간을 주는 것이 가능한지

휴게시간은 법적으로 4시간 근로에 대해 30분 이상의 휴게를, 근무시간이 8시간인 경우에는 1시간 이상을 근무시간 도중에 지급되도록 하고 있다. 이는 최소한의 휴게시간을 규정한 것이기 때문에 직무에 따라 휴게시간이 더 길 수도 있다. 하지만 휴게시간은 임금이 지급되지 않는다고 해서 너무 장시간으로 상식적인 범위를 벗어난 긴 휴게를 부여하는 것은 근로자의 자유를 장시간에 걸쳐 구속하게 되므로, 부당할 수 있다.

또한 명백하게 근로기준법이 휴게시간을 부여하라고 정하고 있기 때문에, 당사자끼리 합의해 휴게가 없는 것으로 정하는 것은 불가능하다. 4시간 근무하는 사람의 경우에는 법률상 30분 이상의 휴게를 근무시간 도중에 부여하도록 하고 있기 때문에, 근로계약서에 4시간의 근로시간만 적고 휴게시간을 적지 않게 되면 위법한 근로계약서가 될 수 있다. 따라서 근로계약서상에는 '근로시간 - 9:00~13:30', '휴게시간 -11:00~11:30'으로 적어두되, 근로자가 현실적으로 이를 쉬지 않고 30분 빨리 퇴근하겠다고 하면 이를 허용해도 충분하다. 휴게시간을 근무시간 도중 부여하도록 하고 있는 취지는 근로자의 건강 등을 위해 근무 도중 쉴 수 있는 권리를 부여하자는 데 취지가 있다. 만약 회사가 근로계약서상 명시된 휴게시간을 쉬지 못하도록 한다면 문제가 있겠지만, 근로자가 해당 권리를 사용하지 않고 이를 쉬지 않는 것은 위법하다고 보기는 어렵다.

02 | 근로시간을 어떻게 유연하게 운영할까?

사업이나 직무 특성상 9시 출근, 6시 퇴근의 전형적인 근무가 어려운 경우가 훨씬 많다. 특히 눈코 뜰 새 없게 바쁠 때도 있지만, 8시간을 채우기 어렵게 한가한 때도 있다. '어제 좀 더 했으니, 오늘 좀 덜하면 되지 않나' 하고 쉽게 생각했는데, 이게 가능한 걸까?

엄격한 근로시간 제도

근로자는 일정 임금을 받고 본인의 일정 시간을 파는 계약을 체결한다. 따라서 시간은 근로자의 가장 큰 자산이다. 이 때문에 법은 근로시간에 대해서 일반적인 생각보다 훨씬 더 엄격한 태도를 보인다.

일반적으로 어느 근무일에 12시간(8시간 정상근무+4시간 초과근무)을 근무하고 다음 날 오후(14시 출근, 18시 퇴근)에 출근하도록 조치한 경우라면, 평균적으로는 8시간 근무한 것이어서 연장근로수당이 발생하지 않는다고 생각하기 쉽다. 하지만 12시간을 근무한 날은 4시간 초과근로가 되었기 때문에 4시간에 대해서는 150%의 임금이 지급되어야 하고, 다음 날 4시간만 근무한 부분에 대해서는 회사가 임의로 나오지 말라고 한 것이므로 일을 하지 않았음에도 휴업수당으로 70%가 지급되어야 한다.

'무노동무임금원칙'에도 불구하고 일을 하지 않은 4시간에 대해서 휴업수당 70%를 지급하도록 한 취지는 무엇일까? 근로자 입장에서는 하루에 8시간씩의 시간을 팔기로 하고 시간을 비워둔 것인데, 4시간만 사고 4시간에 대한 돈만 지급하겠다고 하는 것은 회사가 약속된 근로시간을 지키지 않는 것으로 근로계약을 위반한 것이다. 그렇기 때문에 회사가 일정한 손해배상을 하도록 해둔 것이다.

이처럼 근로시간은 남의 시간을 이용하는 것인 만큼 원론적으로는 운영이 자유롭지 못하다. 따라서 법은 엄격한 근로시간의 운영에 대한 예외를 두어 유연한 근로시간제도를 별도로 규정하고 있다. 이것이 탄력적 근로시간제, 선택적 근로시간제다.

탄력적 근로시간 제도

업무의 번한이 있는 사업은 탄력적 근로시간제를 운영해볼 수 있다. 탄력적 근로시간제는 일정 단위기간을 평균해 근로시간을 산정한다. 그렇기 때문에 어떤 주에는 40시간을 초과하지만 다른 주에 적게 근무해 평균적으로는 40시간을 근무하게 되는 경우에는 연장근로수당이 발생하지 않는다. 2주 단위로 묶어서 근로시간을 계산하는 것과 3개월 이내의 범위를 묶어서 근로시간을 계산하는 방법이 있는데, 구체적인 요건은 다음 페이지 표와 같다. 아무래도 2주 단위의 탄력적 근로시간제의 경우에는 근로자의 건강이나 생활에 미치는 영향이 크지 않기 때문

탄력적 근로시간제의 요건 및 효과

구분	2주 단위 탄력적 근로시간제	3개월 단위 탄력적 근로시간제
의의	– 2주 이내의 단위기간을 평균하여 연장근로를 산정 – 과거 토요 격주휴무제를 실시할 경우 유용하게 활용되었음	– 3개월 이내의 단위기간을 평균 – 주로 계절적 영향을 받는 사업, 건설업 등에서 유용하게 활용
실시요건	– 취업규칙(10인 이상 사업) 또는 이에 준하는 것(10인 미만 사업)에 규정해야 함 – 특정주의 48시간을 초과 못함	– 근로자대표와 서면합의(대상근로자 범위, 단위기간, 근로일 및 근로일별 근로시간, 서면합의 유효기간) – 1주 52시간·1일 12시간을 초과 못함
실시효과	가산임금 적용제외: 특정주 또는 특정일에 법정근로시간(1주 40시간, 1일 8시간)을 초과해 근로하더라도 연장근로가 아니므로 가산임금을 지급할 의무가 없음	
연장 근로의 산정 (가산임금 지급 경우)	– 법정근로시간을 초과해 근로하기로 정한 주·일에 그 근로시간을 초과해 근로하는 경우 (예: 1일 9시간, 1주 48시간을 정한 주는 각각 9시간, 48시간을 초과하는 시간이 연장근로) – 법정근로시간 미만을 근로하기로 정한 주·일에 그 근로시간을 초과하여 근로하는 경우 (예: 2주 단위의 경우 첫째 주의 근로시간이 48시간이면 둘째 주가 32시간을 초과하는 시간이 연장근로)	
1주간 연장 근로 법정 최고한도	60시간(48+12시간)	64시간(52시간+12시간)

에 실시가 자유로운 편이다. 하지만 1~3개월 범위로 평균을 내다보면 근로시간의 변동 폭이 커지고 근로자의 생활이나 건강에 미치는 영향이 크기 때문에, 이 경우에는 근로자 대표와의 합의를 거치도록 하고 있다.

선택적 근로시간 제도

근로자들이 한꺼번에 똑같이 출근하고 퇴근해야 하는 업무가 아닌, 개인별로 비교적 자율성이 큰 업무이거나 판매업처럼 영업시간이 긴 사업이라면 선택적 근로시간제를 운영해볼 수 있다. 선택적 근로시간제는 총 근로시간만을 정하고, 출퇴근시간을 일정 범위에서 근로자가 자유롭게 결정할 수 있도록 하는 제도다. 이와 유사하게 자율출퇴근제 또는 시차출퇴근제 등을 운영하기도 한다.

선택적 근로시간제를 운영하려면 사업장의 근로자 과반수를 대표하는 자와 일정한 합의를 하도록 하고 있다. 해당 서면합의에는 다음과 같은 내용이 포함되어야 한다.

선택적 근로시간제 서면합의 내용

1. 대상근로자의 범위(예시: 전 근로자 또는 기획총무부 등)

2. 정산기간 및 그 기간의 총 근로시간(예시: 2주간 총 80시간)

3. 반드시 근로해야 할 시간대(예시: 10:00~12:00, 13:00~14:00)

4. 선택 근무시간대(예시: 출근 7:00부터 13:00, 퇴근 16:00부터 20:00까지)

5. 표준 근로시간(예시: 1일 8시간, 1주 40시간)

선택적 근로시간제도가 1일 근로시간을 고정하지 않고 총 근로시간만 준수하면 되는 형태라면, 자유출퇴근제나 시차출퇴근제는 주로 1일 8시간 근무는 정해둔 상태에서 출근시각과 퇴근시각만을 자유롭게 정하는 경우를 말한다.

| 선택적 근로시간 제도

7:00	10:00	12:00	13:00	14:00	20:00

선택적 근로시간대 (시작시간대)	의무적 근로시간대 (코어타임)	휴게	의무적 근로시간대 (코어타임)	선택적 근로시간대 (종료시간대)

←───→
근로시간대

간주근로시간제 재량근로시간제

회사 바깥에서 근무하는 영업직, 배송기사, 재택근무자 등의 경우에는 현실적으로 근로시간을 체크해서 이에 대한 임금을 지급한다는 것은 무리가 있다. 이렇게 사업장 밖에서 근무하기 때문에 현실적으로 근로시간을 산정하기 어려운 경우에는 실제 몇 시간의 근무를 했는지와 관계없이, 근무하기로 약속한 근로시간 또는 해당 업무를 수행하는 데 통상적으로 필요한 시간을 근무한 것으로 간주한다.

만약 해당 업무를 수행하는 데 통상적으로 1일 10시간이 걸리는 업무라면, 이런 경우에는 향후 다툼을 방지하기 위해 노사가 서면으로 '10시간을 근무한 것으로 간주한다'라는 취지의 합의를 해두는 것이 필요하다. 예를 들어 서울에서 부산을 왕복해야 하는 배송기사의 경우, 현실적으로 8시간 이내에는 왕복이 어렵고 통상 10시간은 소요되기 때문에 10시간을 근무한 것으로 간주한다는 노사합의를 하게 된다. 이 경우 실제 고속도로 사정에 의해 12시간이 소요되었다고 하더라도, 10시간을 근무한 것으로 간주하게 된다.

연장근로의 제약을 받지 않는 경우

의료업 등 일반 공중의 편의를 위한 공익적 성격을 띠고 있는 일부 업종에 대해서는 근로시간에 대한 제약을 좀 풀어둔 경우가 있다. 이러한 일정 업종의 경우에는 근로자대표와 합의를 한 경우 1주 12시간을 초과하여 근로시키거나, 휴게시간을 변경해 운영할 수 있다. 대상 업종으로는 ① 육상운송 및 파이프라인 운송업(다만 노선여객자동차운송사업은 제외), ② 수상운송업, ③ 항공운송업, ④ 기타 운송관련 서비스업, ⑤ 보건업이다.

다만 이러한 업종에 해당해 1주 12시간을 초과한 연장근로를 시킬 수 있다고 하더라도 연장근로에 대한 가산임금은 지급되어야 하며, 야간근로나 휴일, 휴가 등에 관한 규정은 똑같이 적용한다. 그러나 이러한 업종의 경우에도 근로일 종료 후 다음 근로개시 전까지 연속하여 11시간 이상의 휴식은 보장되어야 한다.

24시간 맞교대를 하는 경비원이나 축산, 수산업 종사자 등은 근로기준법이 정하고 있는 근로시간, 휴일, 휴게 등에 관한 사항을 엄격하게 적용하는 것이 어려운 경우가 많다. 이에 일부 업무에 대해서는 1주 12시간의 연장근로 제한이나 가산임금 지급의무, 휴일의 부여, 근로시간과 휴게에 대한 제한 등의 규정이 적용하지 않도록 하고 있다. 그 대상이 되는 업무는 ① 기후·기상 조건 등에 의해 크게 영향을 받는 농림·수산업 종사자, ② 오래 근무한다 하더라도 다른 근로자보다는 훨씬 신체적·정신적 피로도가 낮은 감시·단속적 근로자, ③ 회사에서 다른 직원을 관리·감독해야 하는 지위에 있거나 경영자의 활동과 밀접하게 연관된 관리감독자다.

24시간 맞교대 경비의 경우, 감시단속적 승인 유무에 대한 비교

- 9시 근무시작, 익일 9시 교대
- 휴게: 총 8시간(12:00~13:00, 18:00~19:00, 24:00~06:00)
- 시급: 7,530원

구분	감시단속 근로자승인시	감시단속 근로자 비승인시
시업~종업시간	24시간	24시간
점심휴게	1시간	1시간
저녁휴게	1시간	1시간
심야휴게	6시간	6시간
실 근무시간	16시간	16시간
야간근무가산시간	2시간	2시간
연장시간	–	8시간
주휴수당		1.6(1주 5. 6시간)
임금지급기준시간	17	22.6
시급	7,530	7,530
일 임금액	128,010	170,178
월임금액	1,946,819	2,588,124

- 감시·단속 근로자로 승인받지 못한 경우, 1주 연장근로가 28시간이 되어, 연장근로위반이 됨

경비·수위 등이 전형적인 감시적 근로자이고, 보일러공처럼 계속해서 근로가 이루어지기보다는 간헐적으로 근무가 이루어지는 경우를 단속적 근로자라고 한다. 감시·단속적 근로자의 경우에는 노동부로부

터 '감시·단속적 근로자 승인'을 얻어야만 근로시간, 휴게, 휴일 등에 관한 규정을 적용받지 않게 된다. 승인을 얻지 못하면 경비 업무라 하더라도 연장근로에 대한 가산임금, 주휴수당 등이 적용되어야 한다. 그뿐만 아니라 24시간 맞교대 경우는 돈을 떠나서, 1주 12시간의 연장근로제한에 위반하게 된다.

재량근로시간제

앞서 살핀 바와 달리 아예 근로시간이라는 것이 큰 의미가 없는 경우도 있다. 창의력이 필요한 디자인 업무라거나 설계 업무, 정보처리 시스템 분석, 기사의 취재 업무 등이다. 이런 경우에는 8시간, 10시간을 책상에 앉아 있는 것이 아무런 의미가 없고, 오직 업무의 성과만 의미를 가진다. 예를 들어 기자가 어떤 공장의 폐수방출 현장을 포착하기 위해 24시간째 잠복근무를 하고 있다고 하면, 24시간이 모두 근로시간이 될 수는 없는 것이다. 이런 경우를 재량근로시간제라고 하는데, 업무수행방법을 전적으로 근로자에게 위임해야 할 필요가 있는 경우로 다음의 업무들이 대상이 된다. 물론 아래 대상 업무에 해당한다 하더라도 단순 보조업무나 정형화된 업무를 수행하는 경우는 해당되지 않는다고 보아야 한다.

재량근로 대상 업무

1. 신상품 또는 신기술의 연구개발이나 인문사회과학 및 자연과학에 관한 연구업무
2. 정보처리시스템의 설계 또는 분석업무

3. 신문방송 또는 출판사업에 있어서 기사의 취재·편성 또는 편집업무

4. 의복·실내장식·공업제품·광고 등의 디자인·고안 업무

5. 방송프로·화 등의 제작사업에 있어서 프로듀서 또는 감독 업무

6. 회계·법률사건·납세·법무·노무관리·특허·감정평가 등의 사무에 있
어 타인의 위임·위촉을 받아 상담·조언·감정 또는 대행을 하는 업무

03 | 연차휴가는 어떻게 계산할까?

직원에게 휴가를 주기는 해야 하는데, 도대체가 계산이 너무 복잡하다. 근속연수별로 계산해야 한다고 하는데, 직원마다 입사일이 다르니 근속연수 계산이 쉽지 않고, 이에 따라 휴가관리가 쉽지가 않다. 직원 휴가 관리 어떻게 해야 하는가?

연차휴가 제도

5인 이상의 사업장에는 연차휴가를 부여해주어야 한다. 현실적으로 2~3명 근무하는 소규모 사업장에서는 직원 한 명이 휴가를 갔을 때의 업무대체가 거의 불가능하다는 점을 고려해 5인 이상 사업장에만 연차휴가를 의무화하고 있다. 근속기간이 1년이 되지 않는 사람에게는 1개월 당 1일의 휴가를 부여한다. 그리고 근속 1년 된 시점에 다시 15일의 연차휴가를 부여한다. 여기에 최초 1년을 뺀 매 2년씩에 연차휴가 일수를 1일씩 늘려서 연차휴가를 부여해준다.

2017년 5월 29일 이전 입사자는 최초 1년 근무에 대해 1년 미만 근속 시 1개월 근속에 따라 1일씩 발생되는 연차휴가와 1년간 80% 이상

근속 시 발생되는 15일의 연차휴가를 합해 15일만 부여한다. 따라서 입사 후 1개월이 지날 때마다 1일씩의 연차휴가가 발생되고, 12개월차에 접어들게 되면 11일의 휴가가 생기지만, 1년을 채움과 동시에 12일이 아니라 15일이 되는 것이다. 2017년 5월 30일 이후 입사자에게는 1년 미만 기간 동안 발생한 개근 월당 1일의 연차휴가와 1년 근속에 따른 연차휴가 15일을 별도로 부여해주어야 한다.

| 연차휴가일수
2019년 1월 1일 입사자의 경우(2017년 5월 30일 이후 입사)

기간	연차휴가 일수
2019.1.1~2019.12.31	개근월당 1일씩, 총 11일 연차휴가 발생
2020.1.1~2020.12.31	2020.1.1 연차휴가 15일 발생
2021.1.1~2021.12.31	2021.1.1 연차휴가 15일
2022.1.1~2022.6.30 퇴사	2022.1.1 연차휴가 16일(15일 +1일 가산)
	총 57일

2015년 1월 1일 입사자의 경우(2017년 5월 30일 이전 입사)

기간	연차휴가 일수
2015.1.1~2015.12.31	개근월당 1일씩, 총 11일 연차휴가 발생
2016.1.1~2016.12.31	2016.1.1 연차휴가 15일 발생 (15일에서 전년도 사용휴가 공제)
2017.1.1~2017.12.31	2017.1.1 연차휴가 15일
2018.1.1~2018.6.30 퇴사	2018.1.1 연차휴가 16일
	총 46일

가산휴가를 계산하는 방법을 알아보자. 입사일에서 산정하는 날짜를 빼고 365로 나눈 뒤, 소수점 자리를 버리고 1을 뺀 뒤, 2로 나눈 수를 다시 소수점을 버리고 15일에 더해주면 된다. 직원이 개인적인 사유로 휴직을 해서 1년간 정상적인 출근일의 80% 미만으로 출근한 경우에는 개근월당 1일의 연차휴가를 부여한다.

2007년 7월 1일 입사자의 2018년 1월 1일 기준 연차가산휴가 계산

2007.1.1~2018.1.1 = 3,837일

3,837일 ÷ 365일 = 10.51년 → 소수점 버림: 10

가산휴가 일수: (10−1) ÷ 2 = 4.5 → 소수점 버림: 4

총 휴가일수: 15일 + 4일 = 19일

재미있는 부분은 연차휴가는 퇴직금과 달리 1년이라는 기간이 지나지 않으면 해당 기간의 연차휴가는 아예 발생되지 않는다는 점이다. 즉 730일(2년)을 근무한 사람의 연차휴가는 30일이 되겠지만(1년 미만 개근 월 휴가 제외), 2년에서 하루 모자란 729일을 근무한 사람은 15일이다. 앞 페이지의 2015년 1월 1일 입사자의 휴가일수 계산 예에서도 볼 수 있듯이, 2018년 6월 30일 퇴사하는 경우 2018년에 6개월을 다녔지만 이에 대한 별도의 휴가 계산은 하지 않는다.

회계연도 기준의 연차휴가계산

문제는 법은 연차휴가일수의 계산을 '입사일'을 기준으로 하고 있다는 점이다. 직원들의 입사일이 모두 다르기 때문에, 입사일을 기준으로 연차휴가를 관리하는 것은 여간 번거로운 것이 아니다. 뿐만 아니라 효율적이지도 않다. 이렇다 보니 일단은 회계연도를 기준으로 직원 전체에 대해 일괄적으로 관리를 하고, 퇴직 시에 입사일을 기준으로 계산한 연차와 비교하여 정산하는 작업을 한다. 법이 입사일을 기준으로 연차를 산정하도록 하고 있기 때문에, 입사일 기준으로 산정한 연차보다 회사가 회계연도를 기준으로 지급한 연차가 적어서는 안 되기 때문이다.

회계연도 기준으로 연차를 부여할 때는 입사 1년차의 근속기간에

│ 회계연도 기준 연차휴가 일수 산정례(2017년 7월 1일 입사자)

년도	2017년						2018년												2019년											
월	7	8	9	10	11	12	1	2	3	4	5	6	7	8	9	10	11	12	1	2	3	4	5	6	7	8	9	10	11	12
입사일 기준		1	1	1	1	1	1	1	1	1	1	1	0	0	0	0	0	0	0	0	0	0	0	0	0	0	0	0	0	0
(연차부여)													15												15					
누계		1	2	3	4	5	6	7	8	9	10	11	26	26	26	26	26	26	26	26	26	26	26	26	41	41	41	41	41	41
회계연도 기준		1	1	1	1	1	1	1	1	1	1	1	0	0	0	0	0	0	0	0	0	0	0	0	0	0	0	0	0	0
(연차부여)							7.5												15											
누계		1	2	3	4	5	13.5	14.5	15.5	16.5	17.5	18.5	18.5	18.5	18.5	18.5	18.5	18.5	33.5	33.5	33.5	33.5	33.5	33.5	33.5	33.5	33.5	33.5	33.5	33.5
	0	0	0	0	0	0	7.5	7.5	7.5	7.5	7.5	7.5	-8	-8	-8	-8	-8	-8	7.5	7.5	7.5	7.5	7.5	7.5	-8	-8	-8	-8	-8	-8

※ 숫자는 연차휴가 일수

│ 회계연도 기준 연차휴가 일수 산정방법(2017년 5월 30일 이후 입사자)

입사연도: 개근월당 1일
입사연도+1: (11−입사연도연차) + (입사연도에 비례한 연차)
입사연도+2: 15일
입사연도+3: 15일
입사연도+4: 16일
입사연도+5: 16일

비례해, 2년차에 사용할 수 있는 휴가를 부여한다. 예를 들어 2016년 9월 1일 입사자의 경우 2017년 1월 1일에 5일(4개월/12개월×15일)을 우선 부여해주고, 2017년 1월 1일에 입사한 것으로 간주해, 2018년 1월 1일부터 정상적으로 15일의 연차를 부여해준다.

이렇게 회계연도를 기준으로 연차휴가를 관리하는 경우, 퇴사일이 입사일보다 늦으면 입사일 기준 연차가 회계연도 기준으로 부여한 연차보다 많아지고, 퇴사일이 입사일보다 빠르면 회계연도 기준으로 부여한 연차가 입사일을 기준으로 계산한 연차보다 많아진다. 전자의 경

| 퇴직자 연차휴가 정산 사례(2017년 5월 30일 이전 입사자)

연차휴가일수 정산(퇴직)

인 적 사 항		입 사 일 자			퇴 사 일 자		
소속/직책	성 명	년	월	일	년	월	일
대리	김갑동	2010	11	20	2017	12	4

회계연도 기준			입사일 기준		
근무년차	발생일자	발생일수	근속년수	발생일자	발생일수
2년차	2011-01-01	1.7	–	–	–
3년차	2012-01-01	15	1년근속	2011-11-20	15
4년차	2013-01-01	15	2년근속	2012-11-20	15
5년차	2014-01-01	16	3년근속	2013-11-20	16
6년차	2015-01-01	16	4년근속	2014-11-20	16
7년차	2016-01-01	17	5년근속	2015-11-20	17
8년차	2017-01-01	17	6년근속	2016-11-20	17
			7년근속	2017-11-20	18
합 계	–	97.7	–	–	114.0
추가로 지급해야 하는 연차일수					16.2일분

우에는 법이 정한 기준보다 회사가 부여한 연차휴가일수가 적으므로, 나머지를 휴가로 부여하든지 아니면 금전으로 보상해주어야 한다. 후자의 경우에는 법이 정한 것보다 회사에서 부여한 휴가일수가 많아지는데, 법이 정한 기준보다 많이 부여한 연차를 어떻게 처리할지에 대해서는 회사가 정하고 있는 바에 따르면 된다.

이때 문제는 회계연도를 기준으로 계산한 연차가 입사일 기준 연차보다 많은 경우, 추가로 사용한 연차휴가만큼을 급여에서 차감할 수 있는지다. 예를 들면 2016년 10월 20일에 입사해 2018년 10월 4일 퇴사한 사람의 경우, 회사에서 회계연도 기준으로 부여한 연차휴가는 2017년 1월 1일에 3일, 2018년 1월 1일에 15일 해서 총 18일이 되지만, 입사일을 기준으로는 근속이 1년 이상 2년 미만이므로 15일밖에 되지 않는다. 이때 퇴사시점에 해당 근로자가 18일을 모두 사용해버린 경우다.

이 경우 회사가 별도의 사용제한을 두지 않고 총 18일의 휴가를 모

| 퇴직시 연차정산시 회계연도 기준으로 부여한 휴가가 법정휴가보다 많은 경우

회계연도 기준			입사일 기준		
근무년차	발생일자	발생일수	근속연수	발생일자	발생일수
2년차	2017. 1. 1	3	–	–	–
3년차	2018. 1. 1	15	1년근속	2017. 10. 20	15
합 계		18.0	합계		15
추가로 지급해야 하는 연차일수					없음

두 사용할 수 있도록 했다면, 법적으로 발생된 15일보다 많다는 이유로 3일분의 휴가수당만큼을 급여에서 차감할 수는 없다. 회계연도 기준의 연차휴가 부여 방식은 회사의 편의를 위한 것이니 만큼 법이 정한 것보다는 같거나 높아야 하기 때문이다.

물론 그렇지 않고, 회사가 연초에 회계연도 기준의 연차를 부여하면서, 법적인 기준을 병기하여 사용에 제한을 두고, 휴가를 승인하지 않는 것은 당연히 가능하다. 2018년 1월 1일 휴가 부여 시 2018년 10월 20일 이전까지는 총 15일을 초과해 사용할 수 없다는 내용을 충분히 고지했음에도 근로자가 이를 초과해 근로자가 휴가를 신청하는 경우, 회사가 이를 승인하지 않는 것은 가능하다. 회사는 법이 정하고 있는 바를 초과해서 휴가를 부여해야 할 의무는 없기 때문이다.

04 | 사용하지 않은 연차휴가 보상

근속이 오래된 직원이 많아서, 대체로 휴가일수가 20일이 넘는다. 여기에 공휴일 쉬는 것까지 계산하면 근무일이 1년에 230일이 채 되지 않는다. 직원 수가 많지 않아서 휴가를 충분히 쓰게 하지 못하니, 결국은 돈으로 보상할 수밖에 없다. 휴가는 어떻게 사용하도록 해야 하고, 어떻게 보상해주어야 하는가?

연차휴가의 사용

휴가는 직원의 권리이기 때문에, 직원이 지정하는 일자에 쓸 수 있도록 하는 것이 원칙이다. 다만 아무리 본인의 권리라 하더라도 '권리남용의 금지'라는 대원칙에 의해 권리행사는 제한될 수 있다.

예를 들어 과일 배급사의 경우를 보자. 추석이 1년 중 가장 바쁜 대목이다. 가뜩이나 일손이 부족해서 어려운 상황인데 직원이 하필이면 이때 휴가를 신청하는 것이다. 직원은 친구들과 함께 여행을 가야 하는데 시간을 맞추기 어렵기 때문에 어쩔 수 없이 추석 전후에 가겠다는 것이다. 하지만 그런 사정과 추석대목에 장사를 해야 하는 과일 배급사의 사정은 비교할 수 없이 회사 측에 무게가 실린다. 이런 경우라면 직원이 신청한 휴가는 정당한 휴가권의 행사라고 보기 어려울 수 있고 회사는 직원이 신청한 휴가 시기를 변경할 수 있는 권한을 가진다. 그리고 회사가 휴가 승인을 하지 않고 휴가 사용 시기를 변경할 것을 요청했음에도 직원이 휴가 사용을 고집해 출근하지 않았다면, 무단결근으로 처리할 수도 있다.

적법한 휴가 사용을 위해서는 회사에 '통보'하는 것만으로는 부족하다. 직원의 '신청'과 회사와의 '협의' 또는 회사의 '승인'이 있어야 한다.

연차휴가의 보상

'유급휴가'라는 것은 휴가를 쓰더라도 월급이 그대로 나온다는 것을 의미한다. 따라서 유급휴가가 있음에도 불구하고 휴가를 사용하지 않았다면 일을 더한 것이기 때문에, 이에 대해서는 추가적으로 임금이 지급되어야 하는 것이다. 통상 이를 연차수당이라고 부르지만, 사실 정확한 명칭은 '연차휴가미사용수당'이다.

연차수당은 통상임금을 기준으로 보상한다. 통상임금이 시간급을 기준으로 하기 때문에 1일분 연차수당은 1시간분의 통상임금에 소정근로시간(통상 8시간)을 곱해서 산정한다.

연차수당의 계산

월 통상임금이 200만 원이고, 1일 8시간, 1주 40시간 근무하는 경우라면

- 시간당 통상임금: 9,569원 (200만 원/209시간)
- 1일분 연차수당: 7만 6,555원

연차휴가의 사용 촉진

도저히 휴가를 쓸 수 없을 만큼 바쁘다면 당연히 휴가에 대해 돈으로 보상을 해주어야 한다. 다만 문제는 딱히 바쁘지 않음에도 연차휴가수당을 받기 위해 휴가를 쓰지 않는 경우다. 연차휴가제도의 취지는 휴식을 통해서 노동력을 재생산할 수 있도록 하고 일과 가정을 양립시킬 수 있도록 여가를 부여하고자 함이지, 추가적인 경제적 보상을 받도록 하는 것이 그 본래의 취지는 아니다.

따라서 휴가제도가 '돈'이 아니라 '휴가(休暇)'로서 제대로 기능할 수 있도록 하기 위하여 휴가 사용 촉진 제도를 두고 있다. 휴가는 부여된 때로부터 1년간 사용하지 않으면 소멸되는데, 휴가 사용이 만료되는 시기의 6개월 전을 기준으로 10일 내에 회사가 직원에게 사용하지 않은 휴가일수를 알려주고, 회사에 사용 시기를 알려줄 것을 직원에게 서면으로 통지한다. 이 경우 대부분의 직원은 휴가사용계획서 등을 제출하고 해당 시기에 휴가를 사용하게 될 것이다.

회사가 사용 시기를 언제까지 알려달라고 통지했음에도 직원이 휴가신청서를 제출하지 않거나 휴가를 사용하지 않는 경우에는, 휴가사용 만료 2개월 전까지 회사가 남은 휴가에 대한 휴가일을 지정해서 서면으로 다시 통보하게 된다. 이렇게 되면 직원이 설사 휴가를 사용하지 않았다 하더라도 회사의 보상 의무는 없게 된다. 휴가 사용 촉진 통지는 '서면'으로 하도록 되어 있고, 사내 게시판이나 이메일 등의 통지는 효력을 인정하지 않고 있다.

회계연도를 기준으로 연차휴가를 운영하는 회사의 경우에는 연초에 연차휴가를 발생시키고, 연말에 연차휴가를 소멸시키게 되므로, 휴가 사용 촉진절차는 다음과 같은 절차를 밟게 된다.

휴가 사용 촉진절차

① 휴가가 소멸되는 12월 31일 이전 6개월 전인 7월 1일~7월 10일 사이에 남은 연차와 사용시기 지정 요구를 직원에게 통지한다.

성명: 홍길동

부서명: 홍보팀

연차휴가 발생대상 기간	연차휴가 사용대상 기간	발생연차 (A)	사용연차 (B)	미사용 (A-B)
2017. 1. 1~ 2017. 12. 31	2018. 1. 1~ 2018. 12. 31	15일	10일	5일

홍길동 님의 통지일 현재 사용가능한 연차휴가일수는 5일입니다.

2018. 7. 31.까지 미사용 연차휴가의 사용시기를 지정하여 경영지원팀으로 통보하여 주시기 바랍니다.

2018. 7. 5.

행복주식회사

---

② 직원은 회사가 통지한 기한 내에 휴가 사용 시기를 지정해서 회사에 통보해준다.

③ 직원이 ①의 통지기한 내에 ②와 같은 휴가신청서를 제출하지 않은 경우, 회사는 휴가를 지정하여 직원에게 통보해준다.

성명: 홍길동
부서명: 홍보팀

귀하는 회사의 2018. 7. 5.자 휴가시기 지정 요구에 불구하고, 휴가신청서를 제출하지 않았습니다. 이에 귀하의 휴가일을 지정하여 통지하오니, 아래 통보된 휴가일을 유념하여 주시고, 일정에 차질이 없으시길 바랍니다.

– 지정 휴가일: 12월 4일～8일 (5일)

2018. 9. 1.
행복주식회사

연차휴가 사용 촉진은 꼭 전체 휴가에 대해서 해야 하는 것은 아니고, 일부 휴가에 대해서만 촉진을 할 수도 있다. 예를 들어 연차휴가가 25일인데, 회사는 5일분의 휴가에 대해서만 보상을 행하기를 원할 수도 있다. 나머지 휴가에 대해서는 사용 촉진 제도를 통해 휴가를 사용하도록 조치하며 휴가 사용 촉진 통보를 5일을 제외한 나머지 휴가일 수에 대해서만 진행하면 되겠다.

05 | 휴가일수는 어떻게 셀까? 여름휴가와 경조휴가

회사 대표가 말한다. 우리 회사는 직원들에게 여름휴가를 7일이나 준다고 말이다. 여름휴가를 7일이나 주는 회사가 흔하지는 않아서 "월, 화, 수, 목, 금, 그리고 다시 월요일, 화요일 이렇게 7일을 주시는 거예요? 유럽 여행 다녀와도 되겠어요. 정말 좋은 회사네요. 대표님."이라고 했다. 그러자 대표는 당황하면서 월요일부터 일요일까지를 이야기한 거라고 한다.

연말이 되었는데 직원들의 연차휴가가 왜 이렇게 많이 남아 있냐고 묻자, 대표는 연차휴가는 남지 않았다고 한다. 여름휴가를 5일씩 썼으니 연차휴가를 다 쓴 거라면서 말이다. 도대체 휴가일수는 어떻게 세야 맞는 것일까?

휴가, 그리고 법정휴가와 약정휴가

휴일은 근로제공의무가 없는 날이고, 휴가는 근로제공의무가 있는 날이지만 근로제공을 면제해달라고 신청하는 날이다. 이 때문에 근로제공의무가 없는 휴일에 휴가를 쓴다는 건 말이 안 된다. 휴가는 원래 일

해야 하는 날인 근무일에 사용하는 것이기 때문이다. 물론 토요일, 일요일을 포함해서 7일의 여름휴가를 준다고 하는 대표의 말에 꼭 문제가 있는 것은 아니다. 왜냐하면 여름휴가가 대표가 임의로 주는 '약정휴가'라면 원래 대표 마음이기 때문이다.

휴가에는 법이 주라고 의무화해둔 법정휴가가 있고, 회사가 임의로 약속해준 약정휴가가 있다. 법정휴가에는 연차유급휴가와 출산휴가가 있고, 약정휴가의 대표적인 경우는 여름휴가, 경조휴가 등이 있다.

법정휴가야 법이 의무적으로 주도록 정해둔 것이지만, 약정휴가는 회사가 약속해준 휴가이기 때문에 약정휴가를 만들지 말지는 전적으로 회사의 권한이다. 따라서 여름휴가를 휴일을 포함해서 7일로 기재를 할지, 근무일로만 휴가일수를 세서 5일로 기재할지는 사장님 마음이다.

다만 이는 여름휴가가 법정휴가가 아닐 때의 이야기다. 연차휴가를 써서 여름휴가를 가는 것이라면 이야기는 완전히 달라진다.

여름휴가를 연차휴가로 세도 되는지

회사 취업규칙에 버젓이 여름휴가를 5일 준다고 적혀 있다. 이런 경우 이 여름휴가는 연차휴가 외의 것인지, 연차휴가에 포함되는 것인지 문제될 수 있다. 연차휴가는 근로자의 권한이기 때문에 근로자가 원하는 시기에 부여하는 것이 원칙이다. 그렇지 않고 근로자의 연차휴가를 여름이라는 특정한 시기에 쓰도록 하려면, 이는 회사 마음대로 되는 것이 아니고 근로자들과의 모종의 합의가 있어야만 한다. 따라서 이런 경우 취업규칙에 별다른 규정이 없다면, 여름휴가는 연차휴가 외로 회

▎연차휴가 대체합의서

연차휴가 대체합의서

"행복주식회사와 근로자 대표 이을동은 다음의 근무일을 쉼으로써, 연차휴가와 대체하는 것에 합의한다."

1. 추석명절 전의 월요일, 화요일
2. 2018.8.1.~ 2018.8.5. (하기휴가기간)

2018. . .

행복주식회사 대표이사 김갑동 (인)
행복주식회사 근로자 대표 이을동 (인)

사가 더 부여하는 약정휴가로 보아야 한다.

여름휴가를 연차휴가 외로 별도로 부여하는 휴가가 아니라 단순히 연차휴가를 여름에 쓰도록 조치하고자 하는 경우라면, 연차휴가의 사용 시기를 특정한 때로 하겠다는 취지의 합의, 즉 연차휴가대체합의가 필요하다. 우리 법상에는 근로자 과반수를 대표하는 근로자대표와 회사가 합의함으로써, 특정 근로일을 쉼으로써, 연차를 사용하는 것으로 처리할 수 있도록 되어 있다.

따라서 이러한 합의가 있는 경우에는 직원은 연차사용에 대한 시기 지정 권한이 제한되고, 근로자 대표와의 합의 내용에 따라야 한다. 추석 명절 전후 샌드위치 휴일을 연차와 대체하기로 합의했음에도, 일부 직원이 합의와 달리 이날 나와서 근무를 하고 휴가를 따로 쓰겠다고 하는 것은 허용되지 않는다. 기본적으로 업무에 대한 지휘권은 회사에게 있고, 본인의 휴가 사용 시기 지정권이 근로자 과반수를 대표하는 근로자 대표에 의해 행사되었기 때문이다.

경조휴가

경조휴가 역시 약정휴가다. 따라서 회사가 경조휴가에 대해 별다른 규정을 두고 있지 않다면, 이는 근로자의 당연한 권리는 아니다. 회사는 경조휴가를 부여해야 할 의무를 지지 않는다. 다만 경조사는 말 그대로 '경사스러운 날과 불행한 날'로, 함께 일하는 직원에게 이러한 일이 발생했을 때 축하하거나 위로하는 차원에서, 대부분 회사는 경조휴가를 취업규칙 등으로 정해 일정 일수를 휴가로 부여하고 있다.

그런데 경조휴가를 세는 방법은 다른 휴가를 세는 방법과는 조금 다르다. 다른 휴가들은 모두 근로일만을 포함해 계산한다고 앞서 이야기했다. 하지만 대부분 회사의 경조휴가는 경조휴가 기간 중의 휴일, 휴무일이 포함되어 있는 경우 이를 포함해 산정한다. 경조휴가는 그 취지 자체가 근로자에게 휴식권을 부여해주자는 것이 아니고, 어떤 일을 처리할 수 있는 시간을 부여하기 위함이기 때문이다.

만약 어떤 회사가 부모님 상에 대해서 3일의 경조휴가를 부여하고 있다고 하자. 어떤 직원의 부모님이 금요일 저녁에 돌아가셔서 금, 토, 일요일 상을 치르게 되었다. 이 직원의 경우는 월요일에 출근해야 할까, 아니면 월요일부터 수요일까지 3일을 쉬고 목요일에 출근을 해야 할까? 별도로 정한 바가 없다면 경조휴가의 취지상 월요일에 출근하는 것이 맞다. 즉 경조휴가는 근로자의 권리가 아니라, 급한 일이 생겼기 때문에 어쩔 수 없이 회사에 나오는 것이 불가능하다고 판단되기

경조휴가일수 예시(단위: 일수)

	경조사명	유급휴가 (무급휴가)	비고
1	결혼(본인)	5	약정휴가
2	결혼(자녀)	1	약정휴가
3	출산(배우자)	3/(2)	법정휴가
4	출산(본인)	60/(30)	법정휴가
5	사망(배우자, 본인 및 배우자 부모)	5	약정휴가
6	사망(본인 및 배우자 조부모, 외조부모)	2	약정휴가
7	사망(자녀 및 자녀의 배우자)	2	약정휴가
8	사망(본인 및 배우자 형제자매)	1	약정휴가

때문에 주는 휴가라고 보면 된다. 어떤 사람은 회사를 다니는 동안 부모님이 한 분도 돌아가시지 않으시고, 어떤 사람은 두 분이나 돌아가실 수도 있는 것이다. 그런 차원에서 보면 경조휴가가 본인의 쉴 권리라고 주장하는 것은 이치에 맞지 않는 이야기다.

06 | 공휴일,
휴일,
휴무일?

1년 365일에서 토요일, 일요일 빼고 나면 261일, 여기서 공휴일을 빼면 246일, 연차휴가 15일을 빼면 231일… 사실 일하는 날은 1년의 64% 밖에는 되지 않는다. 특히 연차휴가는 휴일은 빼고 순수 근무일만을 센다고 하는데, 대기업이야 한 사람 휴가 간다 하더라도 티도 안 나겠지만, 직원 수 10인짜리 작은 회사는 한 사람이 휴가를 가면 나머지 사람들은 죽어나기 일쑤다. 과연 남들 이야기하는 휴일, 중소기업도 다 쉬어야만 하는 것인가?

공휴일은 약정휴일

우리가 소위 공휴일이라고 하는 날은 '공적으로 쉬기로 정해진 날'을 의미하고, 통상 이는 '관공서의 공휴일에 관한 규정'이 정하는 휴일을 말한다. '관공서의 공휴일에 관한 규정'은 관공서가 열지 않는 날로서 공무원에 대해 적용되는 규정으로, 민간회사에 직접 적용되는 규정은 아니다. 따라서 공휴일은 원칙적으로는 공무원이 쉬는 날이지 민간인이 쉬는 날은 아니다.

관공서의 공휴일에 관한 규정

제2조(공휴일) 관공서의 공휴일은 다음과 같다. 다만 재외공관의 공휴일은 우리나라의 국경일 중 공휴일과 주재국의 공휴일로 한다.

    1. 일요일

    2. 국경일 중 3·1절, 광복절, 개천절 및 한글날

    3. 1월 1일

    4. 설날 전날, 설날, 설날 다음날(음력 12월 말일, 1월 1일, 2일)

    5. 삭제 〈2005.6.30.〉

    6. 석가탄신일 (음력 4월 8일)

    7. 5월 5일 (어린이날)

    8. 6월 6일 (현충일)

    9. 추석 전날, 추석, 추석 다음날 (음력 8월 14일, 15일, 16일)

    10. 12월 25일 (기독탄신일)

    10의2. 「공직선거법」 제34조에 따른 임기만료에 의한 선거의 선거일

    11. 기타 정부에서 수시 지정하는 날

제3조(대체공휴일) ① 제2조제4호 또는 제9호에 따른 공휴일이 다른 공휴일과 겹칠 경우 제2조제4호 또는 제9호에 따른 공휴일 다음의 첫 번째 비공휴일을 공휴일로 한다.
② 제2조제7호에 따른 공휴일이 토요일이나 다른 공휴일과 겹칠 경우 제2조 제7호에 따른 공휴일 다음의 첫 번째 비공휴일을 공휴일로 한다.

민간 부문이 공휴일을 쉬는 것은 국가가 좋은 취지로 국경일, 고유명절, 기념일 등을 정한 것이므로, 이에 동참하고자 하는 취지로 이해하면 된다. 즉 현재는 민간에게 있어서 공휴일은 법정휴일이 아니고, 약정휴일인 것이다. 따라서 공휴일의 적용여부는 회사 취업규칙으로 정하기 나름이다.

'관공서의 공휴일에 관한 규정'이 정하고 있는 '대체공휴일'의 경우도 취업규칙에 휴일 규정으로 '관공서의 공휴일에 관한 규정'이 정하는 휴일을 휴일로 정했다면 당연히 공무원이 쉬는 휴일과 같은 휴일을 가지게 되므로, 대체공휴일도 똑같이 적용된다고 보아야 한다. 그렇지 않고 취업규칙 규정상에 '국경일, 1월 1일, 설 연휴, 추석 연휴, 석가탄신일, 5월 5일, 6월 6일, 크리스마스' 등으로 개별 기재했다면, 해당 일 자체를 휴일로 하겠다는 취지이지 '관공서의 공휴일에 관한 규정'의 대체공휴일처럼 다른 날로 옮겨서 쉬겠다는 취지로 해석되기는 어려울 수 있다. 현재 대체공휴일은 설 명절, 추석 명절 3일, 어린이날이 다른 공휴일과 겹치는 경우 직후 근무일을 쉬도록 정하고 있다.

다만 근로기준법이 개정되어 2020년 1월 1일부터(300인 이상 사업장)는 '관공서의 공휴일에 관한 규정'이 정하고 있는 휴일이 민간에도 똑같은 유급휴일이 된다. 2021년 1월 1일에는 30인 이상 사업장에게 적용이 확대되고, 2022년 1월 1일부터는 5인 이상의 모든 사업장이 공휴일을 유급휴일로 보장해야 한다.

근로자의 날과 주휴일

법정휴일은 법이 휴일로 정한 날이다. 법정휴일에는 '근로자의 날 제정에 관한 법률'의 5월 1일과, 근로기준법의 '주휴일'이 있다.

'근로자의 날 제정에 관한 법률'에 따르면 "5월 1일을 근로자의 날로 하고, 이 날을 「근로기준법」에 따른 유급휴일(有給休日)로 한다"라고 규정하고 있다. 근로기준법의 주휴일은 1주일에 1일을 쉬면 되기 때문에 다른 날로 대체가 가능하지만, 5월 1일은 법이 특정한 날을 지정한 휴일이기 때문에 다른 날로 대체가 불가능하다. 따라서 5월 1일을 근무시키고 그 다음 날을 쉬었다고 해서, 적법하게 대체된 것이 아니다. 즉 5월 1일은 휴일근로가 되어 휴일근로가산수당이 지급되어 150%의 임금이 발생하고, 정상 근무일에 쉬도록 했다면 100%의 임금이 지급되지 않기 때문에 결국 50%의 임금이 더 지급되어야 한다.

주휴일은 연속된 근로를 방지해 근로자의 건강을 유지시키는 데 취지가 있다. 법은 1주일에 평균 1회 이상의 유급휴일을 주도록 규정하고 있다. 따라서 통상 많은 회사가 주휴일을 일요일로 하고 있는 경우가 많지만, 꼭 주휴일은 일요일이어야 할 필요는 없다. 접객업처럼 일요일에 일이 많은 경우에는 평일 하루를 주휴일로 하면 된다. 근로기준법은 1주 평균 1회 이상의 유급휴일을 부여할 것을 정하고 있으므로, 휴일의 간격이 꼭 7일이 되어야 하는 것은 아니다.

또 1주간을 개근하지 않은 사람에게까지 유급주휴일이 부여되어야 하는 것은 아니다. 법은 1주간의 소정근로를 개근한 자에게 유급휴일을 부여하도록 하고 있지만, 1주를 개근하지 않았다고 해서 휴일이 없다는 의미는 아니다. 휴일은 휴일이지만 해당일을 '유급'으로 처리해주어야 할 의무가 없다는 것을 의미한다.

'유급휴일'의 의미는 월급제 근로자에게는 사실상 큰 의미가 있는 것은 아니다. 쉬어도 '정해진 월급이 그대로 나온다'의 의미이지, 돈이 추가적으로 지급된다는 의미는 아니다. 왜냐하면 월급제 근로자의 경우에는 주휴일에 유급으로 지급되어야 하는 돈까지 전부 월 급여에 포함되어 있다고 보기 때문이다.

휴일과 휴무일

주 40시간제의 경우 1일 8시간씩 근무할 때 5일을 근무하게 되므로 1주일 중 5일은 근무일이 되는 것이고, 나머지 하루는 유급휴일이 되어야 하니, 하루가 남는다. 월요일부터 근무를 시작하는 것으로 하고 일요일을 주휴일이라고 보면, 남는 하루는 토요일이 된다. 토요일(1주의 6번째 날로, 편의상 '토요일'로 설명함)의 정체에 대해서는 법의 어디에도 규정이 되어 있지 않아 실무적으로 혼란이 있다.

앞서 설명한 바와 같이 토요일에 대해 별도의 규정을 두고 있지 않다면, 근무일도 휴일도 아니다. 토요일은 본래 휴일은 아니므로, 근로 제공의무가 없는 날은 아니다. 다만 앞서 40시간의 근무를 다 채웠기 때문에 굳이 나오지 않아도 되는 '휴무일'이 된다. 이 경우의 토요일 근무는 앞서 40시간을 근무하고 추가적으로 더 근무하게 되는 것이기 때문에 '연장근로'에 해당하게 된다.

이와 달리 취업규칙상에 토요일을 휴일로 규정하는 경우가 있다. 회사의 약정으로 토요일이 휴일이 되는 경우다. 이 경우의 토요일 근무는 '휴일근로'에 해당하게 된다. 이때는 휴일근로이면서 1주 40시간을 초과한 연장근로도 될 수 있는데, 휴일이자 연장이니 총 200%가 지급되어야 한다. 하지만 근로기준법은 8시간까지에 대해서 150%를 지급하고, 8시간 이후에 대해서만 200%를 지급하는 것으로 정하고 있다.

07 | 출산휴가자와 육아휴직자의 급여 처리

출산장려정책이 전개되면서 출산휴가, 육아휴직의 사용이 많아지고 있다. 출산휴가나 육아휴직기간 동안의 직원휴가라던가 급여처리는 어떻게 해야 하는지 알아본다.

모성 보호 제도

직원이 임신을 하게 되면 출산 전이라 하더라도 산모와 태아의 건강을 위해 많은 보호조치가 필요하다. 출산과 육아과정 역시 특별한 보호를 필요로 하기 때문에, 우리 법은 회사가 여러 모성보호 조치를 취할 것을 의무화하고 있다. 또한 고용보험에서는 회사의 모성보호조치가 원활이 이루어질 수 있도록 여러 지원제도를 마련해 운영하고 있다.

출산 및 육아를 위한 지원제도는 다음에 나오는 박스글을 참조하자. 근로자와 사업주로 나눠 설명한다.

출산 및 육아를 위한 근로자 보호 및 지원제도

임신	출산	육아
태아검진시간① 유산·사산휴가 시간외근로 금지② 야간·휴일근로 제한③ 임신기간 근로시간 단축④	출산전후휴가 배우자 출산휴가	육아휴직 육아기 근로시간 단축 육아시간⑤

① 태아검진시간(근로기준법 제74조의2): 임산부 정기건강진단을 받는데 필요한 시간을 청구하는 경우 허용

② 시간외근로 금지(근로기준법 제74조제5항): 임신 중의 여성 근로자에게 시간외근로를 하게 하여서는 아니됨

③ 야간·휴일근로 제한(근로기준법 제70조): 임산부와 18세 미만자를 오후 10시부터 오전 6시까지의 시간 및 휴일에 근로시키지 못함(고용노동부 장관의 인가를 받은 경우에 가능)

④ 임신기간 근로시간 단축(근로기준법 제74조제7항): 임신 중 여성 근로자의 임신 12주 이내와 36주 이후에 1일의 근로시간을 2시간 단축하여 근무

⑤ 육아시간(근로기준법 제75조): 생후 1년 미만의 유아(乳兒)를 가진 여성 근로자가 청구하면 1일 2회 각각 30분 이상의 유급 수유 시간을 주어야 함

구분	지원요건 및 대상	지원수준 및 지원기간	위반시 벌칙
출산 전·후 휴가	출산한 여성근로자	·(단태아) 90일간 통상임금 지급 단, 대규모기업은 30일 ·(다태아) 120일간 통상임금 지급 단, 대규모기업은 45일	2년 이하 징역 또는 1천만 원 이하 벌금

유산· 사산 휴가	임신 중 유 산·사산한 여성근로자	임신 기간에 따라 5~90일의 보호휴가 부여	2년 이하 징역 또는 1천만 원 이하 벌금
육아 휴직	만8세 이하 또는 초등 학교 2학년 자녀가 있 는 근로자	육아휴직 첫 3개월 통상임금 80% (상한 150만 원/하한 70만 원) 나머지 9개월 통상임금의 40% (상한 100만 원/하한 50만 원)	500만 원 이하 벌금
육아기 근로시간 단축	만8세 이하 또는 초등 학교 2학년 자녀가 있 는 근로자	통상임금의 80%(상한 150만 원/ 하한 50만 원)를 기준으로 단축시 간에 비례하여 지원	500만 원 이하 과태료

출산 및 육아를 위한 사업주 지원제도

임신	출산	육아
출산육아기고용안정장려금 시간선택제전환형지원금	출산육아기고용 안정장려금	출산육아기고용안정장려금 시간선택제전환형지원금

구분	지원요건 및 대상	지원수준 및 지원기간	위반시 벌칙
비정규직 재고용 장려금	임신 중 또는 출산전후 휴가, 육아휴직 (생후 15개월 이내) 중 계 약이 만료된 근로자를 무기로 재고용한 사업주	우선지원대상기업 최대 1년간 총 720만 원, 대규모기업 최대 1년간 총 360만 원	

육아휴직 등 부여 장려금	·육아휴직을 30일 이상 부여시	우선지원대상기업 최대 1년간 360만 원 (대규모 기업 폐지) *1호 인센티브 최대 1년 간 120만 원	
	·육아기 근로시간 단축 을 30일 이상 부여시	우선지원대상기업 최대 1년간 240만 원, 대규모기업 최대 1년간 120만 원	
대체인력 지원금	육아휴직, 육아기 근로 시간 단축을 실시하고 대체인력을 채용한 사 업주	우선지원대상기업 최대 1년간 총 720만 원, 대규모기업 최대 1년간 총 360만 원	

– 위 표에서 우선지원대상기업이란 아래 범위 속하는 기업을 말함. 다음 페이지 표를 참고할 것

우선 지원 대상 기업의 범위

산업분류	상시 근로자수
1. 제조업	
2. 광업	
3. 건설업	
4. 운수업	500명 이하 300명 이하
5. 출판, 영상, 방송통신 및 정보서비스업	
6. 사업시설관리 및 사업지원 서비스업	
7. 전문, 과학 및 기술서비스업	
8. 보건업 및 사회복지 서비스업	

9. 도매 및 소매업	200명 이하
10. 숙박 및 음식점업	
11. 금융 및 보험업	
12. 예술, 스포츠 및 여가관련 서비스업	
13. 그 밖의 업종	100명 이하

출산휴가, 육아휴직일수

출산휴가는 출산 전후에 총 90일을 주도록 되어 있다. 산모의 건강을 위하여 출산 후로 꼭 45일 이상이 확보되도록 법이 정하고 있기 때문에, 출산예정일 이전 44일 이전에는 휴가시작이 불가능하다. 하지만 예외적으로 유산 또는 사산의 경험이 있거나 유산의 위험이 있는 경우 90일을 분할해서 사용할 수 있는데, 이 경우에도 출산 후로 45일이 확보되어야 한다. 쌍둥이를 출산하는 경우에는 120일까지 출산휴가를 사용할 수 있고, 이 경우 출산 후에 사용되어야 하는 휴가는 60일이다.

임신 초기나 출산이 임박한 시기(임신 후 12주 이내 또는 36주 이후)에는 유사산의 위험이 크기 때문에, 임신한 직원은 근로시간 단축을 요청할 수 있다. 이 기간 동안에는 1일 2시간의 근로시간을 단축할 수 있고, 사업주는 급여를 삭감할 수는 없다.

만 8세 또는 초등학교 2학년 이하의 자녀가 있는 직원은 육아휴직을 1년까지 사용할 수 있다. 육아휴직 후에는 휴직 전과 같은 업무 또는 같은 수준의 임금이 지급되는 직무에 복귀하도록 되어 있다.

대기업과 달리 중소기업은 업무대체가 불가능한 경우가 많고, 특히 육아휴직자가 휴직 후 복직하는 상황을 생각하면 쉽사리 인원을 충원하기도 쉽지 않아서 육아휴직을 부여해주기 어려운 상황이 많다. 또한 휴직을 하려는 직원 입장에서도 업무공백 및 경력단절이 우려될 수 있다. 이 경우 육아휴직의 대상이 되는 직원은 육아휴직 대신 육아기 근로시간 단축을 신청할 수 있는데, 1년의 범위 내에서 근로시간을 75% 이상 단축해(1주 15시간~1주 30시간의 범위 내로 단축 가능) 근무할 수 있다.

출산휴가, 육아휴직자에 대한 근태관리

출산휴가기간은 퇴직금 산정을 위한 근속연수에 포함이 되고, 연차휴가산정의 출근율 판단 시에는 출근한 것으로 간주한다. 육아휴직의 경우에는 퇴직금 계산 시에는 통상의 휴직과 마찬가지로 근속연수에 포함하고, 2018년 5월 29일 이후부터는 연차휴가 산정 시에도 출근한 것으로 보고 연차를 정상적으로 부여한다.

출산휴가, 육아휴직자의 급여처리

무노동 무임금 원칙에 따라 일하지 않으면 임금이 지급되지 않는 것이 정상이다. 하지만 특수한 경우에는 일을 하지 않더라도 월급을 주는 경우가 있는데, 출산휴가가 대표적이다. 출산휴가기간 총 90일 중에 60일에 대해서는 급여가 지급되어야 한다. 쌍둥이의 경우에는 120일의 출산휴가 기간 중 75일분에 대해서 급여가 지급된다. 이때 출산휴가 급여는 통상임금을 기준으로 하는데, 고용보험에서 '출산전후휴가

▌출산휴가급여 산정 예

– 출산휴가기간: 2018년 8월 16일 ~ 11월 13일
– 월 통상임금: 200만 원 (2018년도 출산휴가급여: 160만 원)

출산휴가 기간	일수	월 급여	지원금	회사 지급분
8.16~8.31	16	1,032,258	853,333	178,925
9.1~9.30	30	2,000,000	1,600,000	400,000
10.1~10.14	14	903,226	746,667	156,559
10.15~10.31	17	–	906,667	–
11.1~11.13	13	–	693,333	–
	90	3,935,484	4,800,000	735,484

▌출산휴가 확인서 작성예시

⑧출산(예정)일	2018년 02월 08일	⑨출산전후(유산·사산) 휴가부여기간	2018년 02월 01일 ~ 2018년 03월 02일(30 일)
			2018년 03월 03일 ~ 2018년 04월 01일(30 일)
			2018년 04월 02일 ~ 2018년 05월 01일(30 일)
			분할사용 여부 [ ] 예 [○] 아니오
⑩임신기간(유산·사산휴가의 경우)		해당 없음	
⑪통상임금 (출산전후휴가 등 시작일 기준)		통상임금: 1,200,000 원	
⑫산정기준 기간 동안의 소정근로시간 (휴가시작일 기준)		총 152 시간	
⑬출산전후(유산·사산)휴가기간 중 통상임금지급명세		2018년 02월 01일 ~ 2018년 03월 02일(0 원) 2018년 03월 03일 ~ 2018년 04월 01일(0 원) 2018년 04월 02일 ~ 2018년 05월 01일(0 월)	

⑭피보험단위기간산정대상기간	⑮임금지급기초일수
2018/04/01 ~ 2018/04/01	1 일
2018/03/01 ~ 2018/03/31	31 일
2018/02/01 ~ 2018/02/28	28 일
2018/01/01 ~ 2018/01/31	31 일
2017/12/01 ~ 2017/12/31	31 일
2017/11/01 ~ 2017/11/30	30 일
2017/10/01 ~ 2017/10/31	31 일
~	일
⑯통산피보험단위기간	183 일

본 확인서의 기재사항은 사실과 다르지 않습니다.

2018년 04월 26일

근로자　　　　　(서명 또는 인)

「고용보험법」제77조 및 같은 법 시행규칙 제123조에 따라 위
와 같이 출산전후(유산·사산)휴가 사실을 확인합니다.

확인자
사업장명

대표자　　　　　(서명 또는 인)

중부지방고용노동청 성남지청장 귀하

육아휴직기간	월수	육아휴직 급여	휴직시 지급분 (75%)	비고
2018.1.1~3.31	3	450만 원 (매월: 150만 원)	337만 5천 원	육아휴직 급여 상한 150만 원
2018.4.1~12.31	9	720만 원 (매월: 80만 원)	540만 원	
2019.7.1 이후 (복직 6개월 후)	–		292만 5천 원	
총계	12	1,170만 원	1,170만 원	

급여'가 지급되는 경우에는 회사는 그 범위에서 지급책임을 면한다. 대기업 등 우선지원 대상기업이 아닌 기업의 경우에는 고용보험에서 출산휴가의 마지막 30일에 대해서만 급여가 지급된다.

예를 들어 우선지원 대상기업의 어떤 근로자의 월 통상임금이 200만 원인 경우 출산휴가의 60일 기간 동안에는 급여가 지급되어야 하는데, 고용보험에서 월 최대 160만 원(30일 기준, 2018년 기준, 2019년부터 최대 180만 원)까지가 지급되므로, 회사는 40만 원만 추가적으로 지급하면 된다. 만약 월 통상임금이 100만 원이라면 회사는 사실상 출산휴가기간 90일 동안 급여를 지급하지 않아도 되며, 근로자는 고용보험으로부터 매월 100만 원, 총 300만 원의 지원을 받게 된다.

월 통상임금이 200만 원인 근로자가 출산휴가기간이 2018년 8월 16일~11월 13일이라고 했을 때 사례를 살펴보자. 표로 정리해두었으니 확인하기 쉬울 것이다.

| 육아기 근로시간 단축시 근로자 수령액 산정 예

– 월 통상임금: 200만 원
– 육아기 단축 근로시간: 40시간→20시간 근무

월급여 (회사지급분)	육아기근로시간단축급여 (고용보험지급분)	총 수령액
200만 원×(20/40시간)= 100만 원	150만 원×(20/40시간)=75만 원 *월 통상임금의 80%, 상한 150만 원	175만 원

　고용보험으로부터 받는 출산휴가급여는 근로자가 신청해야 하는데, 이를 위해서는 회사가 해당 근로자가 출산휴가를 사용했다는 확인을 해주어야 한다. 고용보험 홈페이지에서 회사공인인증서로 신청서 작성(고용보험 → 기업서비스 → 모성보호 → 출산전후휴가 확인서)이 가능하고, 통상임금 등을 확인하기 위한 임금대장 등을 파일로 첨부하면 된다.

　육아휴직기간은 '무급'이다. 육아휴직기간 동안 회사에서는 급여가 지급되지 않아도 되며, 고용보험에서 육아휴직급여를 지원해주고 있다. 육아휴직급여는 첫 3개월 동안은 통상임금의 80%(상한 150만 원, 하한 70만 원), 이후 9개월 동안에는 통상임금의 50%(상한 100만 원, 하한 50만 원)가 지급된다. 다만 육아휴직자의 직장복귀를 독려하기 위해, 지급되는 급여의 25%는 육아휴직기간 동안 지급되지 않고, 회사에 복직하고 6개월이 지난 후에 한꺼번에 지급된다.

　육아휴직 대신 육아기근로시간단축을 사용하는 경우에는 단축된 근로시간만큼의 급여는 회사에서 지급하지 않는다. 대신 고용보험에서 육아기근로시간단축급여를 지급하는데, 통상임금의 80%(상한 150만 원, 하한 50만 원)를 지원받는다.

출산휴가, 육아휴직자의 4대 보험 처리

출산휴가의 경우, 건강보험료 납부는 소득에 비례한 정상납부가 이루어진다고 보면 된다. 출산휴가 기간 동안 월급이 지급되지 않더라도 건강보험료는 고지가 되지만, ① 보험료정산 시 ② 회사에서 받은 총 급여액을 출산휴가기간을 포함한 12개월로 나눠서 ③ 보험료가 산정되기 때문에, 결과적으로는 소득에 비례한 건강보험료를 납부하는 결과가 된다.

국민연금의 경우에는 고용보험에서 지급받은 출산휴가 급여를 제외하고 회사에서 지급받은 돈이 평상시의 50% 미만이면, 출산휴가 기간 전체에 대해 납부 예외 신청이 가능하다.

육아휴직의 경우에는 건강보험은 납부유예, 국민연금은 납부예외가 된다. 건강보험의 경우에는 육아휴직기간 동안 급여가 발생되지 않으므로 건강보험료를 납부하지 않고, 복직하여 유예해지신청을 하게 되면 육아휴직기간 동안의 정산보험료가 부과되는데, 이 때 보험료는 평상 시의 40%로 12개월분이 한꺼번에 부과되며, 분할납부도 가능하다.

08 회사가 임의대로 직무를 변경한다면?

어제 부장에게 일 문제로 대거리를 했다. 부장 표정이 별로여서 마음에 걱정은 좀 되었지만, 못할 말을 한 것도 아니니 그냥 있었다. 다음 날 부장이 회의 다녀오더니, 부산 창고에 갑자기 사람이 필요하다고 요청이 왔다며 다음 주 월요일부터 가란다. 부산에는 아무런 연고도 없다. 집은 어떻게 하고, 생활은 어떻게 해야 하지? 아무래도 일은 핑계인 것 같고 부장에게 대거리한 게 문제가 된 것 같다. 이 부당한 전보명령을 따라야 할까?

정당한 인사권

회사가 근로자에게 어떠한 일을 부여할지는 전적으로 회사의 마음이다. 이걸 보고 인사권(人事權)이라고 한다. 인사권은 돈을 내고 노동력을 산 회사에게 있으니, 근로자는 회사의 어떠한 명령에도 따라야만 하는 것인가?

우리 법은 권한의 행사에 대해 명확한 한계를 짓고 있다. 민법 제2조 제1항 "권리의 행사와 의무의 이행은 신의에 좇아 성실히 하여야 한다", 제2항 "권리는 남용하지 못한다", 이것이 신의 성실의 원칙, 권리 남용의 금지 원칙이다. 아무리 본인의 권리라고 하더라도 남을 괴롭히기 위해 마음대로 휘두르는 것은 허용하지 않겠다는 취지다.

그렇다면 회사가 인사권을 남용하는 것인지 여부는 어떻게 판단해야 하는가? 내가 조금 이익을 얻고자 다른 사람에게 큰 손해를 입힌다면 신의 성실한 것이 아니다. 회사가 업무적인 필요가 있어서 인사이동을 하거나 전보 배치를 하는 것은 원칙적으로는 정당하다. 그러나 업무적인 필요성은 적은데 근로자가 이로 인해 입게 되는 손해가 크다면, 부당한 인사권 행사가 될 수 있다. 즉 업무상의 필요성과 근로자가 입는 생활상의 불이익을 비교했을 때, 근로자의 생활상의 불이익이 너무 크다면 부당한 전보 배치가 되는 것이다.

관련 판례

근로자에 대한 전직이나 전보처분은 근로자가 제공하여야 할 근로의 종류·내용·장소 등에 변경을 가져온다는 점에서 근로자에게 불이익한 처분이 될 수도 있으나, 원칙적으로 인사권자인 사용자의 권한에 속하므로 업무상 필요한 범위 안에서는 상당한 재량을 인정하여야 하고, 그것이 근로자에 대하여 정당한 이유없이 해고, 휴직, 정직, 감봉 기타 징벌을 하지 못하도록 하는 근기법 제23조 제1항에 위배되거나 권리남용에 해당하는 등 특별한 사정이 없는 한 무효라고 할 수 없다. 전직처분 등이 정당한 인사권의 범위 내에 속하는지의 여부는 당해 전직처분 등의 업무상 필요성과 전직에 따른 근로자의 생활상의 불이익을 비교·교량하고, 근로자가 속하는 노동조합과의 협의 등 그 전직처분을 하는 과정에서 신의칙상 요구되는 절차를 거쳤는지 여부를 종합적으로 고려하여 결정하여야 한다.(대법2009.4.23.. 2007두20157)

다만 여기서 주의할 점은 원칙적으로 인사권은 사용자의 권한이기 때문에, 원칙적으로는 유효하고, 이러한 권리의 행사가 권리남용일 때는 예외적으로 무효가 된다는 점이다. '원칙 유효, 예외 무효'다.

전보배치의 정당성 판단

하지만 실무에서는 실제 인사이동이 정당한지 여부를 판단하는 것이 쉽지가 않다. 따라서 전보배치나 인사이동의 정당성을 소송에서 다투는 사례가 점차 많아지고 있다. 인사이동이나 전보배치가 정당한지에 대해 다툼이 생기는 경우 ①업무상의 필요성, ②근로자의 생활상의 불이익, ③근로자와의 협의 여부를 따져보게 된다.

업무상 필요성으로는 인사적체 해소, 업무·조직의 개편, 잉여인력의 배치, 직장질서의 유지나 화목, 근로자 간의 인화, 정기적인 인사교류 등이 있겠고, 근로자의 업무실적 저조나 직원 간의 다툼 등도 업무적인 필요성으로 볼 수 있다.

근로자의 생활상의 불이익은 장소 이전이 있는 경우에는 주거비용의 증가, 생활근거지로부터의 이탈 등이 가장 클 것이다. 업무장소를 이전하지 않는 경우라면 향후 승진이나 자기개발의 기회가 줄어든다거나, 직무가 바뀜으로 인해 임금이 감소하는 경우 등을 생각해볼 수 있다.

근로자와의 협의 여부는 인사이동의 정당성을 가르는 결정적인 요소는 아니다. 즉 협의과정이 전혀 없었다 하더라도, 업무상 필요성이 중차대하다면 정당한 인사이동이 될 수 있다. 다만 협의과정을 통해 근로자가 겪게 되는 생활상의 불이익에 대해 충분히 논의를 한 뒤 회사가 근로자의 불이익을 줄여줄 수 있는 조치들, 예를 들면 장소 이전에 따른 주거비나 교통비를 지원한다거나, 새로운 직무수행을 위한 교육을 지원한다거나 하는 등의 조치를 충분히 했다면, 업무상 필요성과 근로자의 불이익 정도를 비교할 때 회사의 업무상 필요성을 더 높여주는 요소가 될 수 있다.

다만 근로계약서에 업무 장소나 업무 내용을 한정적으로 기재해두었다면, 이는 당사자가 자율적인 의사로 계약을 한 것이다. 그렇기 때문에 이런 경우는 근로자의 동의 없이는 회사가 일방적으로 인사이동을 명할 수 없다고 보아야 한다. 그러나 이런 경우라도 사업장을 폐업하게 되거나 직종이 폐지되거나 하는 등의 중대한 필요성이 발생한 때는 당사자의 계약에 불구하고 해고라는 최후의 수단을 막기 위한 조치로 볼 수 있으므로, 인사이동은 가능하다고 볼 것이다.

09 | 적법한 회사의 징계방법을 알아보자

계속된 경고와 시말서에도 불구하고 또 지각이다. 도저히 개선될 여지가 보이질 않는다. 사무실에서는 내놓은 자식 취급하고 있지만, 그래도 신입사원들이 보고 배울까 걱정이다. 벌써 시말서만 세 번째니, 해고해도 되는 거 아닌가?

징계권의 운영

징계권은 인사권의 한 모양이다. 여러 명의 직원을 한데 모아 경영자가 뜻하는 일을 이뤄내기 위해서는 기업 질서 유지는 필수적이다. 뜻을 이뤄내기 위해 인사권이 필수적인 것처럼, 기업 질서 유지를 위해서는 징계권한이 필수적이다.

징계권은 회사뿐 아니라 대부분의 단체, 모임도 필수적으로 가지고 있는 부분이다. 모임에 몇 번 이상 참석하지 않으면 제명이라든지, 모임의 명예를 훼손하면 일정한 회비를 더 내야 한다든지 하는 징계에 관한 내용을 모임 회칙 등에서 규정하고, 이를 기준으로 운영하게 된다.

회사에서의 징계는 동창회 내에서의 징계와는 달리 법률적 제약을 가진다. 징계가 사용자의 인사권에 기한 사용자의 전적인 권한이라 하더라도, 근로자는 사용자에 비해 상대적으로 약자이기 때문에 근로자의 보호를 위해서는 사용자에게 무소불위의 권한을 부여할 수는 없다. 법은 '정당한 사유'가 있어야만 징계할 수 있다고 규정하고 있다.

징계에 정당한 사유가 있다는 것은 징계사유가 있을 뿐 아니라, 징계절차가 공정하여야 하고, 비위행위의 정도에 따른 적정한 수준의 징계가 이루어져야 한다.

징계의 정당성

기업질서 문란 행위가 있거나 회사에 손해를 끼치는 상황이 있는 경우 징계가 이루어진다. 최고 수준의 징계인 해고가 되기 위해서는 취업규칙상에 해고사유로 기재되어 있는 행위를 했다는 사실만으로 가능한 것은 아니고, 누가 보기에도 고용하기 어렵다는 정도에 이르러야 가능하다.

징계의 정당성은 사건마다, 사람마다, 회사마다 개개의 경우로 판단되는 것이기 때문에, 일률적으로 '이러이러한 행위가 있으면 무조건 해고'의 개념은 성립되지 않는다. 즉 똑같이 잦은 지각을 하는 '근무태도 불량'이라 하더라도, 신용과 약속을 중시하는 회사에서의 지각이냐, 그렇지 않은 회사냐에 따라 다를 수 있다. 또 똑같이 거래처로부터 금품 수수를 한 경우라 하더라도, 관행적으로 그래왔던 회사냐, 절대 금품을 수수해서는 안 된다는 윤리 서약을 하고 이에 대해 수차 경고를 진행해왔던 회사냐에 따라 비위행위의 무게는 다를 수 있다.

근로자의 비위행위가 있다 하더라도, 그 경중에 따라서 적정한 징계가 과해져야 한다. 도둑질 했다고 사형까지 시킬 수는 없는 것과 같은 이치다. 적정한 수준의 징계인지를 판단하는 가장 중요한 지표는 이전의 징계사례다. 업력이 오랜 회사에서는 어느 정도의 비위에 대해 어떤 종류의 징계가 내려져왔다는 이력이 있을 것이다. 이것이 징계가 적정수준에서 이루어진 것인지를 판단하는 데 중요한 요소가 된다.

가끔 우리는 결과만 맞으면 절차는 의미가 없다고 여기는 경우가 많지만, 적법절차의 원칙은 회사의 징계과정에서도 적용이 된다. 즉 누가 보기에도 해고됨이 마땅한 정도의 비위를 저지른 근로자의 경우라도 절차 없이 해고가 되는 것은 허용되지 않는다. 취업규칙이 절차를 정하고 있다면 해당 절차를 거쳐야 하고, 취업규칙이 없거나 징계와 관련된 별다른 규정이 없다하더라도 근로자에게 변명의 기회는 부여하여야 한다. 핑계 없는 무덤은 없다고, 비위가 확실한 경우라 하더라도 근로자 입장에서도 할 말이 있을 수 있고, 근로자의 변명이 타당하고 근로자에게 책임을 물을 수 없는 경우라면 징계가 감경되거나 면해져야 할 것이다.

법은 징계절차를 별도로 규정해둘지 여부, 그리고 어떻게 정할지를 전적으로 사용자의 재량에 맡겨두었다. 따라서 징계위원회를 구성할지 여부, 징계혐의자에게 소명의 기회를 어떤 방법으로 부여할지 모두 사용자가 알아서 정할 수 있다. 다만 일단 징계절차를 취업규칙상에 규정해두었다면, 이는 사용자가 마음대로 바꾸어 운영할 수는 없고, 취업규칙이 정한대로 준수되어야 한다. 이를 위반한 경우에는 징계사유가 아무리 정당하다고 하더라도, 부당한 징계가 된다는 점에 유의해야 한다.

징계의 종류

징계 자체가 회사의 고유권한이기 때문에, 징계의 종류 역시 회사가 정하기 나름이다. 통상적으로 많이 사용하는 징계의 종류는 아래 표와 같다.

경고나 견책은 근로자의 기업질서 위반 행위를 지적하며 금지 및 재발방지를 촉구하거나 경고하는 것을 말하는데, 경고는 통상 경위서(시말서) 징구가 수반되지 않는다는 점에서 견책과는 차이가 있다. 일단 경고나 견책이 내려지면 징계경력에 남게 되어, 취업규칙에서 정하는 승진제한, 하향전보 등 인사 상 불이익이 수반될 수도 있다.

감급 또는 감봉은 근로자의 질서위반 행위에 대해 임금에서 일정액을 공제하는 것을 말한다. 임금전액불의 원칙(챕터 6 '6.임금에서 공제하는 항목' 참고)에 따라 임금의 공제는 법률에 근거가 있는 경우에만 가능한

| 징계의 종류 예시

명칭	개념
경고	잘못을 지적하며 금지 또는 재발방지 촉구
견책	경위서를 징구하고, 잘못을 엄중히 경고(승진, 전보 등에 반영)
감급·감봉	임금을 일정기간 감액
강임·강급	직책, 직급, 호봉을 하향
정직	일정기간 출근을 정지시키고 임금지급을 중단
징계해고	근로자의 잘못에 대하여 징계절차를 통한 해고
직권면직	근로자의 잘못이 명백하여 징계절차 없이 퇴직처리

데, 근로기준법은 일은 일대로 시킨 뒤 징계라는 명목으로 임금을 덜 주는 것을 방지하기 위해서 감급에 대해서는 일정한 제한을 두고 있다. 비위행위로 감봉이나 감급의 징계가 이루어지게 되는 경우, 1개월 급여에서 감할 수 있는 최대 금액은 1일 평균임금의 반액이다. 그리고 1번의 감급 징계에 대해 최대 1개월 평균임금의 10%까지만 가능하기 때문에, 최장 6개월까지만 감봉이 가능하다고 봐야 한다.

강임·강급은 직급이나 직책을 낮춰 인사발령을 하는 경우다. 호봉제를 가지고 있는 회사에서는 임금에 직접적으로 영향을 미칠 수 있고, 향후에도 계속적으로 임금이 적어지는 효과를 가져오기 때문에 상당히 중한 징계가 될 수 있다. 다만 법률상 감급의 제재에 적용될 가능성이 있기 때문에, 실제 수행하는 직무나 책임의 정도가 바뀌는지에 따라 임금조정이 이루어질 필요가 있다.

정직은 일정 기간 회사에 출근하지 못하도록 하는 조치로, 해고 다음으로 가장 중한 징계다. 정직기간 동안은 일을 하지 않게 되므로, 취업규칙에 별다른 규정이 없다면 무노동 무임금 원칙에 의해 임금도 지급되지 않게 된다.

징계해고는 근로관계를 단절하는 조치다. 해고는 일방 당사자의 의사표시만으로 근로계약 자체를 없는 것으로 만들게 되는 것이므로, 법은 다른 종류의 징계에 대해 사용자의 재량을 크게 인정하는 것과는 달리, 해고에 대해서는 아주 엄격하게 인정하고 있다. 사회통념상 고용관계를 지속할 수 없을 정도에 이르러야 해고가 가능하다고 본다. 절차도 모두 준수해야 하며, 해고의 서면통지, 해고예고제도 등을 두어 해고로부터 근로자를 보호하고 있다.

CHAPTER 8

회계·노무 담당자라면
꼭 알아야 할 4대 보험 관리

4대 보험은 또 왜 이렇게 복잡한 건지 모르겠다. 4대 보험에 대한 직원들의 질문은 왜 또 그리 많은지. 그도 그럴 것이 인건비의 약 18%가 4대 보험에 걸려 있으니, 회사 대표나 직원 모두의 초미의 관심사다. 하지만 4개 보험 공단에 각각 전화해서 일일이 확인하기란 낙동강에서 오리알 찾기다. 전화하다 시간 다 가고 만다. 이제 힘들게 전화해서 묻지 말고, 이 책을 읽고 큰 그림으로 이해하도록 하자.

01 고용보험과 산재보험 계산 및 공제하기

우리 회사는 고용보험과 산재보험은 고지서 나오는 대로 묻지도 따지지도 않고 내고 있기는 한데, 어떤 근거로 나오는 것인지, 맞게 나오는 있는 것인지 잘 모르겠다. 고용보험과 산재보험 보험료는 어떻게 책정이 되고, 어떻게 부과가 되는 것인가?

산재보험료 부담 원칙

산재보험료는 사업주가 전액 부담한다. 사업주만 가입자이기 때문이다. 이 이야기인즉슨, 근로자들은 사업주가 보험에 들었기 때문에 산재보험으로부터 보상을 받게 되는 것이고, 근로자들이 보험에 드는 것은 아니라는 것이다.

4대 보험에 가입하지 않은 일용직 근로자가 다쳤는데, 산재보험이 되는지 여부를 물어오는 경우가 있다. 산재보험은 사업주에게 보상책임이 발생했는지 여부가 중요할 뿐 어떤 근로자가 4대 보험에 가입되어 있는지 여부는 중요하지 않다. 따라서 4대 보험 취득신고가 안 된 일용직이라도 우리 회사 일을 하다가 다쳤다면, 사업주에게 재해보상

| 산재보험료율　　　　　　　　　　　　　　　　　　　　(2019년도 기준/단위: 천분율)

사업 종류	요율 (출퇴근재해 1.5‰ 포함)	사업 종류	요율 (출퇴근재해 1.5‰ 포함)
0. 금융 및 보험업	7.5	5. 운수·창고 및 통신업	
1. 광업		철도·궤도·삭도·항공운수업	9.5
석탄광업 및 채석업	226.5	육상 및 수상운수업	19.5
석회석·금속·비금속광업 및 기타광업	58.5	창고 및 운수관련 서비스업	9.5
2. 제조업		통신업	10.5
식료품 제조업	17.5	6. 임업	73.5
섬유 및 섬유제품 제조업	12.5	7. 어업	
목재 및 종이제품 제조업	21.5	어업 및 양식어업, 어업관련 서비스업	29.5
출판·인쇄·제본 또는 인쇄물가공업	11.5	8. 농업	21.5
화학 및 고무제품 제조업	14.5	9. 기타의 사업	
코크스, 연탄 및 석유정제품 제조업	10.5	건물종합관리, 위생 및 유사서비스업	14.5
의약품·화장품 향료·담배 제조업	8.5	기타의 각종사업	10.5
유리·도자기·시멘트 제조업	14.5	사업서비스업	9.5
기계기구, 비금속광물 및 금속제품 제조업	14.5	전문기술서비스업	7.5
금속제련업	11.5	보건 및 사회복지사업	7.5
선박건조 및 수리업	25.5	교육서비스업	7.5
전기기계기구, 전자제품 및 정밀기구 제조업	7.5	도·소매 및 소비자용품 수리업	9.5
수제품 및 기타제품 제조업	13.5	부동산업 및 임대업	8.5
3. 전기·가스·증기 및 수도사업	9.5	오락·문화 및 운동관련 사업	9.5
4. 건설업	37.5	국가 및 지방자치단체의 사업	10.5

| 사업규모별 산재보험료율 증감비율

산재보험료에 대한 산재보험급여 금액의 백분율(보험수지율)	산재보험료율에 대한 증감비율
5%까지의 것	20.0%를 인하한다
5%를 넘어 10%까지의 것	18.4%를 인하한다
10%를 넘어 20%까지의 것	16.1%를 인하한다
20%를 넘어 30%까지의 것	13.8%를 인하한다
30%를 넘어 40%까지의 것	11.5%를 인하한다
40%를 넘어 50%까지의 것	9.2%를 인하한다
50%를 넘어 60%까지의 것	6.9%를 인하한다
60%를 넘어 70%까지의 것	4.6%를 인하한다
70%를 넘어 75%까지의 것	2.3%를 인하한다
75%를 넘어 85%까지의 것	0
85%를 넘어 90%까지의 것	2.3%를 인상한다
90%를 넘어 100%까지의 것	4.6%를 인상한다
100%를 넘어 110%까지의 것	6.9%를 인상한다
110%를 넘어 120%까지의 것	9.2%를 인상한다
120%를 넘어 130%까지의 것	11.5%를 인상한다
130%를 넘어 140%까지의 것	13.8%를 인상한다
140%를 넘어 150%까지의 것	16.1%를 인상한다
150%를 넘어 160%까지의 것	18.4%를 인상한다
160%를 넘는 것	20.0%를 인상한다

책임이 발생하게 되고, 사업주가 산재보험에 가입 의무가 있기 때문에 당연히 보상을 받게 되는 것이다.

개별실적 요율 결정 통보 예시

담당부서 : 자격관리1부	담당자 :	전화 : 02-2230-

2017년도 산재보험료율 결정통지서(개별실적요율)

사 업 장	사업장 관리번호		
	상호·법인명		대표자
	소재지 서울특별시 -		
	산재보험 사업종류 **사업서비스업**		산재보험 성 립 일 2000/07/01

일반요율 (①)	10.00 / 1000	개별실적요율 인상·인하율(②)	-20.00%
보 험 수 지 율	0.00%	산재보험료율 [①+(①×②)]	8.00 / 1000

귀 사업장은 「고용보험 및 산업재해보상보험의 보험료징수 등에 관한 법률」 제15조 제2항 및 같은 법 시행령 제15조에 따른 "산재보험료율의 특례(개별실적요율)"를 적용받는 사업장이므로, 같은 법 시행령 제18조제2항 및 같은 법 시행규칙 제13조제3항에 따라 귀 사업장의 2017년도 산재보험료율을 위와 같이 결정하여 알려드립니다.

※ 임금채권부담금비율(0.60 /1000) 및 석면피해구제분담금률(0.00 /1000)은 별도입니다.

2017 년 01 월 16 일

근로복지공단 서울지역본부장 [인]

산재보험료는 사업 종류 및 내용에 따라 각각 다른 보험료율을 적용하고, 매년 고용노동부 장관이 보험 사업에 소요되는 재원을 산정해서 고시한다. 2019년 산재보험료율을 기준으로 하면 평균 1.65%이고, 각 사업장의 재해발생 위험 정도에 따라 사업장마다 다른 요율을 적용한다. 제조업은 1.5~2.5% 정도 수준이고, 사업서비스업 같은 위험도가 비교적 낮은 경우는 0.75% 수준이다.

산재보험료율을 결정하는 기준은 '사업장' 기준이다. 하나의 사업이 여러 개의 사업장을 가지고 있는 경우, 산재보험료율을 '사업'이 아니라 '사업장' 기준으로 판단한다. 1개의 사업장에 여러 종류의 사업이

구분		근로자	사업주
실업급여		0.65%	0.65%
고용안정 직업능력개발사업	150인 미만 기업	–	0.25%
	150인 이상 (우선지원대상기업)	–	0.45%
	150인 이상–1000미만 기업		0.65%

운영되고 있을 경우에는 각각의 보험료율을 적용하지 않고, 근로자 수가 많은 사업종류를 기준으로 해서 하나의 사업장에는 하나의 보험료율을 적용한다.

산재보험도 일종의 보험인 만큼 보험에 있어서의 도덕적 해이를 방지할 필요가 있다. 따라서 재해방지를 위해 노력한 사업주와 그렇지 못한 사업주 간의 형평을 위해서, 일정한 경우에는 앞 페이지의 '산재보험료율' 표와 같은 일반요율을 그대로 적용하지는 않는다. 30인 이상의 사업장으로, 사업을 시작한 지 3년 이상 된 사업에는 개별적인 재해발생 실적을 보험료율에 반영해준다. 이를 개별실적요율이라 한다. 사업장별 재해 발생 실적에 따라 보험료율의 ±20% 반영해 보험료를 부과하게 된다.

고용보험료 부담원칙

고용보험 사업에는 고용안정·직업능력개발사업 부분과 실업급여 사업이 있다. 고용안정·직업능력개발사업 보험료 부분은 사업주가 전액 부담하고, 회사의 규모에 따라 다른 보험료율을 적용받게 된다. 국내에서 한 사업주가 행하는 모든 사업의 근로자 수를 전부 합한 기준으로 150인 미만 사업인 경우 0.25%이고, 규모에 따라 최대 0.85%까지다.

실업급여사업 보험료율은 근로자와 사업주가 반반 부담하며, 현재 요율은 1.3%다.

02 건강보험과 국민연금 계산 및 공제하기

국민연금, 건강보험 보험료, 대략 얼마 정도를 급여에서 공제한다는 것은 알겠는데, 어떤 때는 적게 내는 것 같고, 어떤 때는 많이 내는 것 같다. 국민연금과 건강보험료는 어떤 방식으로 산정되는 것인가?

건강보험료 부담 원칙

직장가입자의 건강보험료는 사업주와 근로자가 반반씩 부담한다. 근로자에게 지급되는 월 보수의 건강보험료율(2018년도 6.24%, 2019년도 6.46%)만큼을 근로자와 사용자가 나누어서 부담하게 되는데, 정확히는 '월 보험료 = 보수월액 × 보험료율'이다. 여기서 보수란 '근로소득 – 비과세소득'을 의미한다. 보수월액은 전년도 연말정산 결과에 의해 결정되며, 새로운 보수월액은 당해연도 4월~익년 3월까지 적용된다.

건강보험료는 당해 연도 소득에 의해 부과되는 것이 원칙이지만, 연도 중에는 소득이 확정되기 어렵기 때문에, 부과는 전년도 소득을 기준으로 일단 하고, 다음 해 2월에 실제 확정된 소득에 의한 보험료를 산정

> **건강보험료 산정례**
>
> 2016년도 보수총액이 1,200만 원, 2017년도 2,400만 원이고, 2018년도 연봉은 3,600만 원인 경우, 회사가 별도의 보수월액 변경 조치를 하지 않는 경우, 부과된 보험료와 정산보험료 산정
>
> - 납부 보험료
> - 2018년 1~3월까지
> : 전년도(2017년도) 보수총액이 확정되지 않은 상태이므로, 전전년도(2016년도) 보수기준으로 납입
> : 100만 원 기준(2016년도 보수총액 1,200만 원÷12개월), 매월 6만 2,400원
> - 2018년 4~12월까지
> : 전년도(2017년도) 보수총액이 확정되었으므로, 전년도(2017년도) 보수 기준으로 납입
> : 200만 원 기준(2017년도 보수총액 2,400만 원÷12개월), 매월 12만 4,800원
>
> - 정산 보험료(2019년 2월 정산)
> - 2018년도 보험료
> : 2018년도 보수총액 3,600만 원×6.24%=224만 6,400원
> : 연말정산 시 위 금액으로 납입한 보험료 131만 400원과 2018 보수총액에 따른 정산보험료 224만 6,400원과의 차액 93만 6천 원을 추가로 납부하게 됨

해 이미 납부된 보험료와 정산을 하게 되는데, 이 작업이 연말정산이다.

건강보험료는 결국은 소득총액을 기준으로 보험료가 정산되기 때문에, 적게 신고되어 적게 부과되고 있었다 하더라도 어차피 정산이 되어 추가 납입을 해야 한다. 따라서 계속 근무자의 경우에는 사실상 실제 매월 부과되는 금액과 무관하게 보험료율만큼을 급여에서 공제해 두었다가 연말정산 시 회사가 추가납입하면 된다.

보수월액 변경신청서

■ 국민건강보험법 시행규칙 [별지 제27호서식] 〈개정 2018. 6. 29.〉

[ ]국민연금 사업장가입자 기준소득월액 변경신청서
[ ]국민건강보험 직장가입자 보수월액 변경신청서
[ ]고용·산재보험 월평균보수 변경신고서

(앞쪽)

※ 유의사항 및 작성법은 뒷면을 참고하시기 바라며, 색상이 어두운 난은 신청인이 적지 않습니다.

접수번호		접수일			처리기간		

사업장	사업장관리번호	명칭	전화번호	팩스번호	전자우편주소	휴대폰번호
	소재지					

성명	주민등록번호 (외국인등록번호·국내거소신고번호)	국민연금 (소득이 보건복지부장관이 고시하는 비율 이상 변동될 자만 신청)			국민건강보험			고용보험 및 산재보험			일자리안정 자금 지원 신청
		현재 기준소득월액	변경 후 기준소득월액	근로자 동의 (서명 또는 인)	변경 후 보수월액	보수 변경 월	변경사유	변경 후 월평균보수 고용보험 산재보험		변경사유	
											[ ]예 [ ]아니오
											[ ]예 [ ]아니오
											[ ]예 [ ]아니오
											[ ]예 [ ]아니오

「국민연금법 시행령」 제4조제5항 및 같은 법 시행규칙 제2조제1항제3호, 「국민건강보험법 시행령」 제36조제2항 및 같은 법 시행규칙 제41조, 「고용보험 및 산업재해보상보험의 보험료징수 등에 관한 법률」 제16조의3제4항 및 같은 법 시행규칙 제16조의2에 따라 위와 같이 기준소득월액(보수월액, 월평균보수)의 변경을 신청(신고)합니다.

* 국민연금 사업장가입자 기준소득월액 변경신청 요건
  - 기준소득월액 대비 실제 소득이 보건복지부장관이 고시하는 비율 이상 변동(상승·하락)된 사업장가입자만 가능(근로자의 동의 필요)
  - 변경된 기준소득월액은 신청일이 속하는 달의 다음 달부터 다음 연도 6월까지 적용하며, 변경된 기준소득월액이 과세 자료 등을 통해 확인되는 실제 소득과 일치하는지 확인하여 과부족분에 대해서는 사후정산

년　월　일

신청(신고)인(사용자·대표자)　(서명 또는 인)
[ ] 보험사무대행기관(고용보험 및 산재보험)　(서명 또는 인)

국민연금공단 이사장 / 국민건강보험공단 이사장 / 근로복지공단 ○○지역본부(지사)장 귀하

297mm×210mm[(백상지 80g/㎡) 또는 중질지(백상지 80g/㎡)]

직장가입자 보수평균인상 인하율 통보서

직장가입자 보수평균인상·인하율 통보서

①사업장명칭		②사업장기호		③대표자 성명	
④전화번호		⑤FAX번호		⑥작성자 성명	

⑦보수인상내역	평균인상율	적용월	⑧보수인하내역	평균인하율	적용월
	%	월부터		%	월부터

국민건강보험법 시행령 제36조의 규정에 의하여 우리사업장 가입자 전체의 보수가 전년도에 대비하여 위와 같이 (인상, 인하)되었음을 통보합니다.

20　　.　　.　　.

신고인(사용자)　　　　　(인)

국민건강보험공단 이사장 귀하

주) 전년대비 보수가 인하될 경우 인하된 월의 임금대장사본을 첨부하기 바랍니다.

현실적으로 회사들이 보수가 변경될 때마다 보수월액 변경신고를 하지 않고 있기 때문에, 매년 2월 건강보험료 정산 시 한꺼번에 많은 보험료를 추가로 납부해야 하는 경우가 많다. 이에 따라 '건보료 폭탄' 등의 보도 및 건강보험료 일시부담 개선 요구가 잇따름에 따라, 2016년 1월 1일부터는 100명 이상 사업장은 보수월액 변경신청을 의무화했다. 해당 월의 보수가 14일 이전에 변경된 경우 해당 월의 15일까지, 해당 월의 보수가 15일 이후에 변경된 경우 해당 월의 다음 달 15일까지 변경신청을 해야 한다. 보수월액 변경 신청은 100인 이상 사업장은 의무적으로 하도록 되어 있고, 그렇지 않은 사업장은 임의사항으로 되어 있다.

반면 연도 중의 입사자의 경우에는 급여 지급 시 지급액에서 보험료율만큼을 공제해두면, 근로자에게 공제액의 일부를 돌려주게 되는 일이 발생하게 된다. 당해연도의 보수총액을 계산할 때 소득총액을 근무

| 2018년 9월 16일 입사자의 경우, 당해연도 건강보험료 정산예시

지급월	부과 보험료				납부 보험료	확정 보험료	정산 보험료
	9월 (9.16입사)	10월	11월	12월			
월급여	500,000	1,000,000	1,000,000	1,000,000			
건강 보험료	–	62,400	62,400	62,400	187,200	163,800	-23,400
요양 보험료	–	4,600	4,600	4,600	13,800	12,060	-1,740

월수로 나누어서 보수월액이 계산되는데, 1일에 입사한 경우가 아니면 첫 달에는 보험료가 부과되지 않지만, 근무 월에는 포함되어 보수월액이 작게 산정되기 때문이다.

- 확정보험료 계산방법:

  (보수총액(비과세 제외) ÷ 근무월수) × 건강보험료율 × 부과월수

- 부과월수는 1일자 입사자가 아니면 익월부터 계산

- 2018년도 확정보험료:

  350만 원(2018년 보수총액) ÷ 4개월 = 87만 5천 원

  87만 5천 원 × 6.24%(2018년도 건강보험료율) × 3개월 = 16만 3,800원

  ※ 연도 중 입사자의 경우, 결과적으로 2018년도 보수총액 350만 원의 6.24%인 21만 8,400원보다 훨씬 적은 금액인 16만 3,800원이 확정 보험료가 됨.

장기요양보험은 고령이나 노인성 질병 등으로 인해 일상생활을 혼자 수행하기 어려운 노인 등에게 신체활동 또는 가사를 지원하기 위해 2008년도에 만들어졌다. 건강보험료의 7.38%에 해당하는 금액을 장기요양보험료로 걷고 있다.

국민연금 보험료 부담원칙

직장가입자의 국민연금 부담금은 기준소득월액의 9%로 사업주와 근로자가 4.5%씩 부담한다. 기준소득월액은 일단은 입사 시에 신고한 금액으로 책정되지만, 계속 근무자의 경우에는 전년도 사업장에서 받

은 보수총액을 근무일수로 나눈 금액의 30배로 결정하며, 신고되거나 계산된 보수월액에서 천 원 미만을 절사해 계산한다.

국민연금 보험료 납부를 위한 기준소득월액은 건강보험의 보수월액과는 달리 원칙적으로는 수정신고가 되지 않는다. 예외적으로 입사한 지 6개월 이내의 사람의 경우에는 기준소득월액 수정을 허용하고 있고, 20% 이상의 보수변동이 있는 경우에는 근로자의 동의를 받아서, 변경이 가능할 수 있도록 되어 있다.

최저 기준소득월액은 30만 원이고 최고 기준소득월액은 468만 원이다(2018년 7월 1일~2019년 6월 30일 기준, 매년 7월 1일부로 조정됨). 따라서 월 소득이 468만 원보다 높더라도 468만 원의 9%인 42만 1,200원 이상은 납부하지 않아도 된다. 실제 소득이 약간씩 변경된다 하더라도 국민연금 보험료는 건강보험 보험료와는 달리 정산하는 시스템을 두고 있지 않기 때문에, 추가 납부의무도 없고 환급도 불가능하다.

국민연금 보험료 산출 예

- 2018년도 보수총액: 2,400만 원
- 2018년도 근무일수: 365일
- 2018년 기준소득월액: 2,400만 원 ÷ 365일 × 30일 = 197만 2,603원

  → 197만 2천 원(천 원 단위 절사)

- 연금 보험료: 17만 7,480원(2019년도 7월부터 2020년도 6월까지 적용함)

03 | 실업급여는 어떤 경우에 받을 수 있을까?

권고사직이면 실업급여를 받을 수 있다고 하는데, 직원이 사업하겠다고 회사를 그만두면서 권고사직으로 처리해줄 것을 요구하고 있다. 사실 평소 회사를 그만두어 주었으면 하는 사람이어서 권고사직으로 하는 것이 꼭 사실에서 벗어나는 것이라고는 할 수 없을 것 같은데, 정말 괜찮을까?

실업급여의 요건

실업급여는 근로자가 회사의 폐업·도산, 경영상 해고, 권고사직을 당하는 등의 부득이한 사유로 이직을 해야 하는 경우에 지급된다. '비자발적인 이직'에 대해서만 지급되기 때문에, 이직이나 사업을 하기 위해 회사를 그만둔다거나, 개인적인 사유로 그만두는 '자발적인 이직'에 대해서는 실업급여가 지급되지 않는다. 그밖에 무단결근을 하거나, 형법이나 직무관련 법규를 위반해 금고 이상의 형을 받거나, 사업에 막대한 지장 또는 손해를 끼쳐 해고되는 경우 역시 실업급여를 받을 수 없다.

실업급여를 받을 수 없는 이직 사유

– 형법 또는 법률위반으로 금고이상의 형을 선고받고 해고된 경우

– 공금횡령, 회사기밀 누설, 기물파괴 등으로 회사에 막대한 재산상의 손해를 끼쳐 해고된 경우

– 정당한 사유 없이 장기간 무단결근 하여 해고된 경우

– 위 3가지 사유가 있는 사람이 해고되지 아니하고 사업주의 권고로 이직한 경우

'권고사직'은 말 그대로 회사가 '사직'을 권유했고 근로자가 이에 동의했다는 것인데, '권유'가 특별한 형태가 없음에도 이에 따라 실업급여의 지급여부가 결정되다 보니, 실무적으로는 이를 둘러싼 다툼이 많다. 보통 회사들이 권고사직으로 '해준다'라는 표현을 많이 사용하고 있고, 결국 회사가 승인해주면 권고사직이 되고 승인해주지 않으면 권고사직이 되지 않는 식이다. 하지만 자칫 자발적인 퇴사가 명확함에도 회사가 권고사직으로 처리해주는 경우에는 실업급여 부정수급의 책임을 지게 될 수 있음에 유의해야 한다.

실업급여도 보험혜택이기 때문에 일정 기간 보험을 가입한 보험가입자에 대해서만 보상이 이루어지는데, 실직 전 18개월 중 180일 이상 보험에 가입되어 있어야 한다. 마지막 직장에서 3개월 만에 권고사직을 당해서 보험 가입 기간이 180일을 충족하지 못했더라도 이전 회사에서 퇴직하면서 실업급여를 받지 않았다면, 이전 회사에서의 근무기간도 합산하며, 합산 결과 180일을 넘는다면 실업급여 수급이 가능하다.

다만 아래의 경우에는 예외적으로 권고사직이 아니라, 본인이 자발

실업급여의 종류와 요건

구분	요건
구직급여	고용보험 적용사업장에서 실직전 18개월중 피보험단위기간이 통산하여 180일 이상 근무하고 근로의 의사 및 능력이 있고(비자발적으로 이직), 적극적인 재취업활동(재취업활동을 하지 않는 경우 미지급)에도 불구하고 취업하지 못한 상태이며 ※ 일용근로자로 이직한 경우 아래 요건 모두 충족하여야 함 수급자격 제한사유에 해당하지 않아야 함 ※ 자발적 이직하거나, 중대한 귀책사유로 해고된 경우는 제외. (일용) 수급자격신청일 이전 1월간의 근로일 수가 10일 미만일 것 (일용) 법 제58조에 따른 수급자격 제한사유에 해당하는 사유로 이직한 사실이 있는 경우에는 최종 이직일 이전 피보험단위기간 180일 중 90일 이상을 일용근로했을 것
상병급여	실업신고를 한 이후 질병·부상·출산으로 취업이 불가능하여 실업의 인정을 받지 못한 경우 7일 이상의 질병·부상으로 취업할 수 없는 경우 증명서를 첨부하여 청구 출산의 경우는 출산일로부터 45일간 지급
조기재취업수당	지급받을 수 있는 소정급여일수를 1/2이상 남기고 12개월 이상 고용(사업을 영위한)된 경우여야 함 (자영업의 경우에는 1회 이상 자영업 준비 활동으로 실업인정을 받아야 함)

적으로 사직한 경우라 하더라도, 실업급여의 지급이 가능하다.

사실 흔히 실업급여라고 하면 새로운 일을 구할 동안 생계유지를 위해 받는 급여인 구직급여를 말하는 경우가 많지만, 실업급여는 구직급여, 조기재취업수당, 직업능력개발수당, 구직활동비 등을 통칭하는 말이다.

수급자격이 제한되지 아니하는 정당한 이직 사유

1. 다음 각 목의 어느 하나에 해당하는 사유가 이직일 전 1년 이내에 2개월 이상 발생한 경우
    - 가. 실제 근로조건이 채용 시 제시된 근로조건이나 채용 후 일반적으로 적용받던 근로조건보다 낮아지게 된 경우
    - 나. 임금체불이 있는 경우
    - 다. 소정근로에 대하여 지급받은 임금이 「최저임금법」에 따른 최저임금에 미달하게 된 경우
    - 라. 「근로기준법」 제53조에 따른 연장 근로의 제한을 위반한 경우
    - 마. 사업장의 휴업으로 휴업 전 평균임금의 70퍼센트 미만을 지급받은 경우
2. 사업장에서 종교, 성별, 신체장애, 노조활동 등을 이유로 불합리한 차별 대우를 받은 경우
3. 사업장에서 본인의 의사에 반하여 성희롱, 성폭력, 그 밖의 성적인 괴롭힘을 당한 경우
4. 사업장의 도산·폐업이 확실하거나 대량의 감원이 예정되어 있는 경우
5. 다음 각 목의 어느 하나에 해당하는 사정으로 사업주로부터 퇴직을 권고받거나, 인원 감축이 불가피하여 고용조정계획에 따라 실시하는 퇴직 희망자의 모집으로 이직하는 경우
    - 가. 사업의 양도·인수·합병
    - 나. 일부 사업의 폐지나 업종전환
    - 다. 직제개편에 따른 조직의 폐지·축소
    - 라. 신기술의 도입, 기술혁신 등에 따른 작업형태의 변경
    - 마. 경영의 악화, 인사 적체, 그 밖에 이에 준하는 사유가 발생한 경우
6. 다음 각 목의 어느 하나에 해당하는 사유로 통근이 곤란(통근 시 이용할 수 있는 통상의 교통수단으로는 중 하나에 해당하는 사유로 통근이 곤란(통근 시 이용할 수 있는 통상의 교통수단으로는 사업장으로의 왕복에 드는 시간이 3시간 이상인 경우를 말한다)하게 된 경우
    - 가. 사업장의 이전
    - 나. 지역을 달리하는 사업장으로의 전근
    - 다. 배우자나 부양하여야 할 친족과의 동거를 위한 거소 이전
    - 라. 그 밖에 피할 수 없는 사유로 통근이 곤란한 경우

7. 부모나 동거 친족의 질병·부상 등으로 30일 이상 본인이 간호해야 하는 기간에 기업의 사정상 휴가나 휴직이 허용되지 않아 이직할 경우

8. 「산업안전보건법」 제2조제7호에 따른 "중대재해"가 발생한 사업장으로서 그 재해와 관련된 고용노동부장관의 안전보건상의 시정명령을 받고도 시정기간까지 시정하지 아니하여 같은 재해 위험에 노출된 경우

9. 체력의 부족, 심신장애, 질병, 부상, 시력·청력·촉각의 감퇴 등으로 피보험자에게 주어진 업무를 수행하게 하는 것이 곤란하고, 기업의 사정상 업무종류의 전환이나 휴직이 허용되지 않아 이직한 것이 의사의 소견서, 사업주 의견 등에 근거하여 객관적으로 인정되는 경우

10. 임신, 출산, 만 8세 이하 또는 초등학교 2학년 이하의 자녀의 육아, 「병역법」에 따른 의무복무 등으로 업무를 계속적으로 수행하기 어려운 경우로서 사업주가 휴가나 휴직을 허용하지 않아 이직한 경우

11. 사업주의 사업 내용이 법령의 제정·개정으로 위법하게 되거나 취업 당시와는 달리 법령에서 금지하는 재화 또는 용역을 제조하거나 판매하게 된 경우

12. 정년의 도래나 계약기간의 만료로 회사를 계속 다닐 수 없게 된 경우

13. 그 밖에 피보험자와 사업장 등의 사정에 비추어 그러한 여건에서는 통상의 다른 근로자도 이직했을 것이라는 사실이 객관적으로 인정되는 경우

실업급여 지급액

구직급여는 퇴직 전 평균임금의 50%가 지급되는데, 상한은 1일 6만 6천 원(2019년 1월 1일부터), 하한은 최저임금의 90%다(2019년 기준 6만 120원). 구직급여는 보험가입기간과 연령에 따라 다른 기간 동안 지급받는 것이 가능한데, 구체적인 구직급여 일수는 다음 페이지 표와 같다.

조기재취업수당은 재취업 후 12개월 이상 근무를 해야 받을 수 있는데, 재취업을 하지 않았더라면 받을 수 있었던 구직급여액의 50%가 지급된다.

| 보험가입기간 및 연령에 따른 구직급여 일수(2018년 7월~)

피보험기간 연령	1년 미만	1~3년	3~5년	5~10년	10년 이상
50세 미만	120일	150일	180일	210일	240일
50세 이상 및 장애인	120일	180일	210일	240일	270일

실업급여 부정수급

실업급여 부정수급은 재취업사실을 신고하지 않거나 허위로 신고하는 경우, 이직사유 또는 임금 등을 허위로 신고하는 경우 등이 있다. 거짓이나 그 밖의 부정한 방법으로 실업급여를 부정수급한 경우에는 지급받은 실업급여액의 반환뿐 아니라, 부정하게 지급받은 금액의 2배가 추가 징수될 수 있다.

이 과정에서 유의할 부분은 회사가 부정수급에 가담한 경우, 예를 들어 회사가 이직사유를 달리 신고해주었거나, 취득신고를 고의로 누락해 실업인정을 계속 받도록 돕는 등의 행위를 했다면, 사업주도 지급받은 자와 연대해서 책임을 지도록 하고 있다는 점이다. 연대하여 책임을 지도록 한다는 의미는 실업급여 부정수급액과 추가 징수액 등을 모두 회사에게 청구하여 받을 수 있다는 것이다.

실업급여의 부정수급을 막기 위해 포상금제도도 운영하고 있는데, 포상금은 부정수급액의 20%(최대 500만 원, 사업주가 공모한 경우에는 5천만 원)다.

| 부정수급의 유형

구분	유형
수급자격신청	– 피보험자격 취득 및 상실을 허위로 신고한 경우 – 임금액을 과다하게 기재한 경우 – 이직사유를 허위로 기재한 경우 – 취업상태에서 실업했다고 신고하는 경우
실업인정	– 취업한 사실은 숨기고 계속 실업인정을 받는 경우 – 자신의 근로에 의한 소득의 미신고 및 허위 신고, 재취업 활동 여부를 허위로 신고한 경우 – 확정된 취직 또는 자영업 개시 사실을 미신고한 경우
기타	– 취업촉진수당 수급을 위해 각종 허위 신고를 한 경우 – 상병급여 수급을 위해 각종 허위 신고를 한 경우

04 | 산재보험의 보상원칙과 보상액은?

회사에서 일을 하다가 사고가 나서 팔이 부러졌다. 당분간 입원해야 하거나 입원하지 않아도 일은 못할 것 같다. 일을 못하는 기간 동안 회사에서는 급여가 지급되어야 하는 것인가, 산재보험에서 지급되는 보상의 범위는 어떻게 되는가?

산재보험 보상원칙

일을 하다 보면 직원이 다치거나 질병에 걸리게 되는 일이 있다. 이 경우 사업주에게 재해보상책임이 발생하는데, 이러한 보상책임을 대신하는 보험이 산재보험이다. 산업재해가 발생되면 산재보험에서 일정한 보상이 이루어지고, 사업주는 이 범위 내에서 보상책임을 면하게 된다. 산재보험은 직원이 한 명이라도 있다면 회사는 의무적으로 가입해야 하는 강제가입 방식으로 운영되고 있다.

'업무상' 사고나 질병이 발생했다면 산재보상을 받을 수 있다. 직원이 작업수칙이나 업무매뉴얼 등을 완전히 위반해 100% 직원과실로 다친 경우에도 산재보상을 받을 수 있다. 이는 산재보상이 근로자 과실이 100%, 사용자의 과실이 0%라도 사용자가 재해보상을 해주어야 하는 무과실책임 원칙을 따르고 있기 때문이다.

일정한 합의금을 준 뒤 산재보험이나 재해보상을 청구하지 않도록 합의를 하는 경우가 있는데, 이 합의는 효력이 없다. 직원은 회사와 이러한 내용의 합의를 했다 하더라도 근로기준법상의 재해보상 또는 산재법상의 산재급여 청구가 가능하다.

산재보험 보상 사유

'근로자'이기만 하면 업무상 재해가 발생했을 때 산재보험으로부터 급여를 받을 수 있다. 산재보험은 근로자가 가입하는 보험이 아니라 근로자를 사용하는 모든 사업주가 가입을 해야 하는 강제보험이기 때문에, 직원이 일용직인지, 프리랜서인지, 아니면 심지어는 사업주가 산재보험 성립신고 자체를 하지 않았더라도 무관하게 적용 대상이 된다. 또한 실질이 사용종속관계에서 근로를 제공하고 임금을 제공받는 근로자라면 작성한 계약서의 이름이 무엇이든지 해당 근로자는 산재보험으로부터 보험급여를 받을 수 있다.

다만 문제는 '업무상 사유'를 입증하는 것이다. 산재보험으로부터 재해보상을 청구하는 사람이 업무상 사유임을 입증해야 하는데, 업무상 사고의 경우에는 업무상인지 여부가 비교적 명확할 수 있지만, 업무상 질병의 경우에는 그 원인을 분별해내는 것이 쉽지 않다. 예를 들면 건강검진 결과상 고혈압, 고지혈증, 지방간 등 심혈관계질환의 위험인자를 여럿 보유하고 있는 사람이 업무상 스트레스로 쓰러진 경우, 개인의 질병으로 인한 것인지, 아니면 업무상 사유 때문인지를 분별하기가 쉽지 않을 것이다. 다만 아무리 개인 질병이 있다 하더라도 업무상 사유가 이를 촉발해 질병이 발현했거나 더 악화된 경우라면, 업무상 질병으로서 산재보상의 대상이 된다.

사외 행사에서 발생한 사고나 질병이 산재인지에 대해서 다투는 경우가 있는데, 이때는 행사의 주최자가 누구인지, 목적이 무엇인지, 전체가 참가하는지, 일부가 참가하는지, 강제성이 있는지, 비용 부담은 누가 하는지 등의 사정 등을 본다. 전반적인 과정이 회사의 지배나 관리 하에 있었다고 판단되면 회사의 행사로서, 이때의 사고는 산재보험의 보상이 이루어질 수 있다.

업무상 재해의 유형

1. 업무상 사고

   가. 근로자가 근로계약에 따른 업무나 그에 따르는 행위를 하던 중 발생한 사고

   나. 사업주가 제공한 시설물 등을 이용하던 중 그 시설물 등의 결함이나 관리 소홀로 발생한 사고

   라. 사업주가 주관하거나 사업주의 지시에 따라 참여한 행사나 행사 준비 중에 발생한 사고

   마. 휴게시간 중 사업주의 지배관리 하에 있다고 볼 수 있는 행위로 발생한 사고

   바. 그밖에 업무와 관련하여 발생한 사고

2. 업무상 질병

   가. 업무수행 과정에서 물리적 인자(因子), 화학물질, 분진, 병원체, 신

체에 부담을 주는 업무 등 근로자의 건강에 장해를 일으킬 수 있는

요인을 취급하거나 그에 노출되어 발생한 질병

나. 업무상 부상이 원인이 되어 발생한 질병

다. 그 밖에 업무와 관련하여 발생한 질병

3. 출퇴근 재해

가. 사업주가 제공한 교통수단이나 그에 준하는 교통수단을 이용하는

등 사업주의 지배관리 하에서 출퇴근하는 중 발생한 사고

나. 그밖에 통상적인 경로와 방법으로 출퇴근하는 중 발생한 사고

산재보험 급여

산재보험에서 주는 급여는 요양급여, 휴업급여, 장해급여, 간병급여, 유족급여 등이 있다. 요양급여는 진찰, 약제, 보조기, 수술비, 입원 등 치료에 필요한 금액 전액을 지급해준다. 휴업급여는 요양으로 인해 일하지 못한 기간 동안 지급되는 것으로 평균임금의 70%가 지급된다. 일부 회사들은 산재가 발생한 경우에는 산재 승인이 나기까지 또는 승인 이후라도 임금을 지급해주는 경우가 있는데, 이 경우 회사는 직원이 청구해서 받을 수 있었던 휴업급여를 회사가 대신 산재보험 측에 청구해 받을 수 있다.

치료가 끝났음에도 완치가 되지 않는 경우에는 노동력 상실의 정도를 측정해 장해급여가 지급된다. 장해등급은 1급에서 14급까지가 있는데, 평균임금의 일정분을 지급하며, 장해가 7급 이상인 경우에는 장해보상연금으로 수령할 수 있다. 다만 산재보상의 경우 평균임금의 크기가 천차만별이다 보니, 산재보상 최고액을 정해서 해당액까지만을

(단위: 평균임금)

장해등급	장해보상연금	장해보상일시금
제1급	329일분	1,474일분
제2급	291일분	1,309일분
제3급	257일분	1,155일분
제4급	224일분	1,012일분
제5급	193일분	869일분
제6급	164일분	737일분
제7급	138일분	616일분
제8급		495일분
제9급	-	385일분
제10급	-	297일분
제11급	-	220일분
제12급	-	154일분
제13급	-	99일분
제14급	-	55일분

보상하는 제한보상을 행하고 있다.[1일 최고보상기준 205,686원, 최저보상 기준 57,135원(2018년 기준)]

직원이 산재로 사망한 경우 생계를 같이 하고 있는 배우자, 부모(60세 이상) 또는 18세 미만의 자녀나 손자에게 유족보상연금[평균임금 1년분의 47%+5~20%(유족수당 5%가산)] 또는 유족보상일시금(1,300일분)이 지급된다. 유족보상은 전액을 일시금으로 받는 것은 불가하고, 반액 연금,

반액 일시금으로 받는 것은 가능하다. 직원 사망의 경우 산재보험에서 장의비도 지급이 되는데, 평균임금 120일분으로, 최저 약 10,763,580만 원에서 15,069,990만 원 사이에서 지급이 된다.

사망시 산재급여 지급 산정 예

- 1일 평균임금이 10만 원인 직원이, 업무상 재해로 사망
- 유족은 배우자와 15살 자녀가 있고, 유족보상은 연금으로 수령하기를 희망함
- 장의비: 1,200만 원(평균임금 120일분)
- 유족연금액: 1일 5만 7천 원 / 1월 평균 173만 3,750원 (평균임금×57%*)

 * 기본 47%에 배우자, 자녀분 각 5%가 더해져서 계산됨.

 * 자녀가 만 18세가 지나게 되면, 52%만 배우자에게 지급됨.

05 | 일용직의 4대 보험 처리

'일용직'이라는 단어는 관할 기관마다 다른 정의를 가진다. 세무적으로는 3개월 이내 사용되는 직원으로 보지만, 4대 보험과 관련해서는 일반적으로 1개월을 넘지 않는 직원을 말한다. 이렇다 보니 일용직의 4대 보험 관리가 여간 복잡한 게 아니다. 일용직의 4대 보험 처리에 대해 알아보자.

일용직의 고용산재보험

일용직도 실업급여를 받을 수 있다. 실업일 이전 18개월 동안 피보험단위기간이 통산해 180일 이상이고, 신청일 이전 1개월간 10일 미만 근무한 상태이면 실업급여 신청이 가능하다. 따라서 회사는 고용보험에 일용근로자의 근로내역에 대해 '근로내용확인신고'를 해야 한다. 해당 신고를 누락하는 경우 과태료가 부과될 수 있기 때문에 유의해야 한다.

일용직에 대해서는 분기마다 국세청에 일용직 근로소득지급명세서를 제출해야 하는데, 근로내용확인신고에 들어가야 하는 내용과 유사

고용보험·산재보험 근로내용 확인 신고서

[ ]고용보험 [ ]산재보험 근로내용 확인신고서 (년   월분)

※ 제2쪽의 유의사항과 작성방법을 읽고 작성하여 주시기 바라며, [ ]에는 해당되는 곳에 "√" 표시를 합니다.　　　(제1쪽)

접수번호	접수일		처리기간: 7일

공통 사업 장	사업장관리번호		명칭		
	사업자등록번호(국세청에 제출을 갈음하고자 할 때 필히 기재)	일용근로소득지급명세서	하수급인관리번호(건설공사등 미승인 하수급인에 한함)		
	소재지			보험사무대행기관 번호	보험사무대행기관 명칭
	전화번호 (유선)		(휴대전화)	FAX번호	
	공사명 (※건설업만 해당)	고용관리 책임자 (직무내용)	(성명)	(주민등록번호) (근무지)[ ]본사 [ ]해당 사업장(현장)	(직위) [ ]다른 사업장(현장)

성명					
주민등록번호 (외국인등록번호)		–	–	–	–
국적	체류자격				
전화번호(휴대전화)					
직종 부호					

		1	2	3	4	5	1	2	3	4	5	1	2	3	4	5	1	2	3	4	5
근로일수 ("o"표시)		6	7	8	9	10	6	7	8	9	10	6	7	8	9	10	6	7	8	9	10
		11	12	13	14	15	11	12	13	14	15	11	12	13	14	15	11	12	13	14	15
		16	17	18	19	20	16	17	18	19	20	16	17	18	19	20	16	17	18	19	20
		21	22	23	24	25	21	22	23	24	25	21	22	23	24	25	21	22	23	24	25
		26	27	28	29	30	26	27	28	29	30	26	27	28	29	30	26	27	28	29	30
		31					31					31					31				

근로 일수	일평균 근로시간	일	시간	일	시간	일	시간	일	시간
보수지급기초일수		일		일		일		일	
보수총액(과세소득)		원		원		원		원	
임금총액		원		원		원		원	
이직사유 코드									
보험료부과구분 (해당자만)									
부호	사유								

국세청 일용근로 소득 신고		지급월	월	월	월	월
		총지급액 (과세소득)	원	원	원	원
		비과세소득	원	원	원	원
	원천 징수 액	소득세	원	원	원	원
		지방소득세	원	원	원	원

「고용보험법」 시행령 제7조제1항 후단 및 같은 법 시행규칙 제5조제2항, 「고용보험 및 산업재해보상보험의 보험료징수등에 관한 법률 시행규칙」 제16조의6 후단에 따라 위와 같이 확인하여 신고합니다.

　　　　　　　　　　　　　　　　　　　　　　　　　　　　　　년　　월　　일

　　　　　신고인(사용자·대표자)　　　　　　　　　　　　　(서명 또는 인)
　　　　　[　]보험사무대행기관　　　　　　　　　　　　　(서명 또는 인)

근로복지공단○○지역본부(지사)장 귀하

한데도 똑같은 내용을 2번 신고해야 하는 번거로움이 있었다. 2017년부터는 근로내용확인신고 시 지급명세신고를 함께 진행한다는 체크를 하게 되면, 국세청 지급명세신고를 별도로 하지 않아도 된다.

당월 일용직 사용내역에 대해 익월 15일까지 근로내용확인신고를 하면, 익월 고용산재보험료에 일용직에 대한 보험료가 합산되어 부과된다.

일용직의 국민연금

일용직은 통상적으로 1개월 이상을 계속해서 사용하지 않는 경우가 많기 때문에, 일용직에 대한 4대 보험 가입, 특히 국민연금의 가입을 상상하기는 어려웠다. 하지만 최근 국민연금 지침이 개정되어 1개월 이상이면서, 1개월에 8일 이상 또는 60시간 이상 근무하는 일용직의 경우에는 국민연금 가입대상임을 명확히 했다.

국민연금은 '일용근로자나 1개월 미만의 기한을 정하여 사용되는 근로자'와 '월 60시간 미만의 단시간 근로자'를 제외대상으로 보고 있다. 이전에는 일용근로자의 해석과 관련해 1개월 이상 사용된 사람으로서 1개월에 8일 이상'이면서(and)' 월 60시간 이상 근무하는 경우를 가입대상 일용직으로 판단했다. 그러나 지침을 개정해 이제는 1개월 이상 사용된 사람으로서 월에 8일 이상 근무'하거나(or)' 60시간 이상 근무했다면 가입대상이 되는 것으로 보고 있다. 이때 1개월 이상을 8일 이상 사용한 경우에는 1개월 이상 사용시점이 아니라, 최초 사용일로 소급해서 취득하도록 하고 있다는 것에 유의해야 한다.

일용직이 1개월 이상을 1개월에 8일 이상씩 근로했다면, 최초 고용

| 국민연금지침 관련 공문

■ 협조 공문 ■

국민연금공단   지사 ˉ   가입지원부-호

국민연금 일용근로자 개정 지침 안내

1. 귀 사업장의 국민연금에 대한 관심에 대하여 감사드리며
   귀사의 무궁한 발전을 기원합니다.

2. 아시다시피, 일용근로자가 월 60시간 이상, 1개월 이상 계속 근무하는 경우 국민
   연금 사업장가입대상이며, 이에 해당하는 근로자를 고용한 사업장은 국민연금 당연적
   용사업장에 해당(국민연금법 시행령 제19조)됩니다.

   이와 관련하여, 이번에 새로이 강화되어 개정된 최근 지침을 안내드립니다.

   ※ 일용근로자 사업장 가입기준 개정 지침 ※

   • 사업장에 고용된 날부터 1개월 이상 근로하고, ①1개월간 근로일수가 8일 이상
   또는 ②근로시간이 월 60시간 이상인 일용근로자는 사업장에 고용된 날부터
   사업장가입자로 적용 (①, ② 각각 적용, 2016.7.12. 개정)

   ☞ 고용노동부 및 국세청 일용고용소득자료 확인대상 근로자에 대하여 귀 사업장에
   우편으로 발송중입니다. (개정 지침 적용)

3. 따라서, 귀 사에서 일용으로 근무중이거나 근무 이력이 있는(국세청 및 고용노
   동부 자료) 해당 근로자가 이에 해당되는 경우, 사업장가입자 취득신고를 부탁드립
   니다. 감사합니다.

국민연금공단   지사장

일로부터 1개월 뒤가 아니라 8일 이상 근무한 월의 최초 고용일로 취득을 해야 한다. 이때 일용직은 정액을 받는 월급제가 아니다 보니 취득 시 기준보수월액을 얼마로 신고해야 할지 결정하기 어려운 경우가 많다. 국민연금은 건강보험과 달리 정산을 받지 못하므로, 실무적으로는 다소 소극적으로 볼 필요가 있다. 실제 지급된 급여와 기준소득월액이 20% 이상 차이가 나는 경우에는 수정 신고 하는 것이 필요할 수 있다.

| 사업장가입자 자격 취득일 및 상실일 결정기준

(일용근로자 국민연금 사업장가입자 적용기준)

구 분 (근로계약 또는 실제고용기간)	취득일	상실일
• 근로계약이 1개월 이상 1개월간 8일 이상인 경우 (기간 을 정하지 않은 경우 포함) ※ 실제 고용기간, 근무일수 불문	• 최초 고용일	• 최종 근로일의 다음날
• 근로계약이 1개월 이상이면 서, 근로계약의 내용에 1개월 간 근무일이 8일 미만인 경우 (A) • 근로계약이 1개월 미만인 경 우(B) • 근로계약이 없는 경우(C) ※ (A), (B), (C) 모두 실제고용기 간은 1개월 이상이어야 함	• 근로일수가 8일 이상인 월의 고용일 또는 기산일	• 최종 근로일의 다음날 → 최종근로일이 속하는 근로 일수 산정기간에 근로기간 이 1개월 미만이나 근로일 수가 8일 이상인 경우 적용 • 근로일 수가 8일 미만인 월 의 기산일 → 단, 근로일수 미달로 상실할 경우, 최종 근로일의 다음날 로 상실 가능

일용직의 건강보험

1개월 이상 사용되는 일용직의 경우에는 건강보험 가입대상이 된다. 1개월이 넘어가는 날 가입의무가 생기고, 해당 일자로 취득하면된다. 일용직의 경우에는 실제 근무일수에 따라 월 지급받는 보수가달라지기 때문에 보수월액을 결정하기 어려울 수 있다. 하지만 국민연금과 달리, 건강보험은 퇴사 시 정산을 하도록 되어 있기 때문에 보수월액은 최초 신고 시는 추정치로 일단 신고해두고, 급여 지급 시에는보험료율만큼을 공제해두고, 퇴사 시 정산하면 되겠다.

CHAPTER 9

회계·노무 담당자라면
꼭 알아야 할 퇴직 관리

사람은 화장실 갈 때 다르고, 나올 때 다른 법이라고들 한다. 근로계약 관리가 알파라면, 퇴직 관리는 오메가다. 근로자의 퇴직과정을 잘 관리하면 사실상 노무 리스크의 대부분은 예방과 차단이 가능하다. 아름다운 이별을 위해 무엇을 준비해야 할지, 찬찬히 들여다보자.

01 | 사직서는 왜 필요할까?

팀장이 부하직원과 실랑이 끝에 "그럴 거면 그만두라"고 이야기한다. 말을 들어먹질 않으니 홧김에 한 말인데, 다음 날부터 직원이 회사에 나오질 않는다. 연락을 해봐도 연락을 받지 않는다. 그래서 그만뒀나 보다 해서 퇴직 처리를 했는데, 3개월 뒤에 노동위원회에서 부당해고 구제신청이 접수되었다며 연락이 왔다. 본인이 그만둔 거라 생각했는데, 해고라니. 이런 경우 과연 본인이 사직한 것인가, 회사가 해고한 것인가?

사직인지, 해고인지

실무에서 자주 발생하는 사건 중의 하나가 사직서와 관련된 것이다. 사직과 해고 둘 다 주체는 다르지만, 둘 다 근로계약을 해지하자는 일방적 의사 표시다. 사직은 근로자가 그만두겠다는 의사표시를 한 것이고, 해고는 회사가 그만두라는 의사 표시를 한 것이다.

근로계약의 체결은 당사자의 자유로운 의사에 의해 하게 되지만, 근로계약의 해지는 한쪽 당사자만 자유를 가진다. 즉 근로자는 자유의사에 의해 언제든지 근로계약을 해지할 수 있지만, 회사는 정당한 사유가 있어야만 해지가 가능하도록 되어 있다.

그런데 가끔 사직인지, 해고인지가 헷갈리는 경우가 있다. 회사가 그만둘 의사를 물어본 경우다. 회사가 사직을 권고하거나, 희망퇴직이나 명예퇴직자를 모집하는 경우다. 이 경우는 회사가 먼저 의사를 제시한 것이니 해고처럼 보일 수 있지만, 법률적으로는 근로자의 의사에 따른 사직에 해당한다. 회사는 그만둘 의사를 물어만 본 것이고, 근로자 본인이 회사의 권고를 수락하거나 희망퇴직을 신청하는 경우이기 때문이다. 이것은 근로자가 사직을 한 것이거나, 아니면 합의로 근로계약을 해지한 것이 된다. 이런 경우는 해고라고 보기는 어렵다.

사직서가 필요한 이유

문제는 해고인지 사직인지에 대한 다툼이 벌어졌을 때, 사직인지 해고인지에 대한 사실여부를 회사가 입증해야 한다는 것이다. 법원은 회사에게 입증책임을 지우고 있기 때문이다. 회사가 근로자가 그만둔 것임을 입증하지 못한다면 해고한 것이 될 수 있다. 따라서 사직서는 '근로계약관계를 끝내자'라는 의사 표시를 입증하는 중요한 문서가 된다. 물론 그만두겠다는 사직의 의사 표시가 있었음을 입증만 하면 되므로, 사직서는 꼭 서면으로 받아둘 필요는 없다. 휴대폰 문자메시지나 메신저 등으로도 가능하다고 보아야 한다. 다만 단순한 장난인지 진정한 의사인지의 확인은 필요할 수 있으므로, 가급적이면 서면으로 받아두는 것이 좋겠다.

사 직 서

성 명:

주 소:

주민등록번호:

상기 본인은 아래의 사유에 의하여 ＿＿＿＿년 ＿＿월 ＿＿일 부로 사직하고자 하여 사직서를 제출하오니, 승인하여 주시기 바랍니다.

※ 퇴직사유(해당란에 ∨ 표시)

□ 의원면직	□ 일신상의 이유 □ □ □ 기타 ( )
□ 권고사직	□ 폐업, 도산 □ 사업부 폐지 □ □ 기타 ( )

제출일:　　　년　　월　　일

제출자:　　　　　　　(인)

○○○○주식회사 대표이사 귀하

근로자가 사직한 것임을 입증하지 못한다면 회사는 근로자를 해고를 한 것으로 간주될 수 있다. 해고라면 정당한 사유가 있었어야 하고, 해고의 시기와 해고사유를 서면으로 통지했어야만 한다. 이렇지 못했다면 부당한 해고가 된다.

사직서의 수리

사직서가 접수되면 회사는 사직서 수리 여부를 검토하게 된다. 회사가 사직서를 수리하면 근로계약은 양자 합의에 의해 정상적으로 해지가 되는 것이다.

회사가 사직서를 수리하지 않는다면 임의퇴직이 된다. 임의퇴직에 대해 취업규칙 등에 별도로 정한 바가 없다면, 사직서 제출일로부터 1개월 뒤에 해지의 효력이 생기게 된다. 이때는 회사가 사직서를 수리하든지 안 하든지 근로계약은 자동적으로 해지된 상태로 본다. 물론 근로자에게는 언제든지 그만둘 자유가 있고, 근로를 강제할 수도 없는 노릇이기 때문에 사직서를 내고 한 달간 일하도록 강제할 방법은 없다. 하지만 임의퇴직으로 정상적으로 근로계약이 해지된 상태가 아니라면 근로관계가 존속되고 있는 것이고 당연히 출근의무가 있는 것이니, 이에 위반하는 것은 무단결근이 될 수 있다.

이 경우 임금이 지급되지 않는다는 측면에서는 회사가 사직서를 수리해 근로계약이 해지된 경우나, 근로자가 결근한 경우나 같다. 하지만 사직서가 수리되지 않은 상태에서 근로자가 무단으로 결근하는 기간은 재직기간으로서 퇴직금은 한 달 뒤나 사직서 수리 시에나 지급되는데, 문제는 근무를 안 한 기간이 무급으로 처리된다는 점이다. 퇴직금은 퇴직일 이전 3개월의 임금을 평균해 계산되므로, 1개월이 무단 결근 상태라면 평균임금이 현격히 적어질 수 있고, 퇴직금에 영향이 커질 수 있다. 물론 법상 평균임금이 통상임금보다 적어지는 경우에는 통상임금으로 평균임금을 계산하도록 하고 있으므로, 통상임금과 평균임금의 차이가 크지 않다면 퇴직금에도 커다란 영향이 있지는 않다.

02 | 회사가 부당해고를 한다면

　주인공이 실직 등의 여러 어려움을 겪어낸 뒤, 결국에는 성공하는 아메리칸 드림을 다룬 미국 영화를 보다 보면, 빠지지 않고 나오는 장면 하나가 있다. 매니저가 주인공을 불러 "You're fired!"라고 하면, 주인공이 바로 자기 자리로 가서 짐을 싸는 장면이다. 우리가 미국 영화를 너무 많이 봐와서 이런 광경에 익숙하지만, 사실 우리나라에서는 보기 힘든 장면이다. 왜 그럴까?

부당한 해고란

우리나라는 미국과는 달리 이런 방식으로는 해고가 가능하지가 않기 때문이다. 5인 이상의 사업장에서 해고가 가능하려면 해고할 만한 사유가 있어야 하고, 해고를 위한 절차가 준수되어야 한다. 해고의 사유와 절차를 충족하지 못하면 부당해고가 된다.

　미국은 사업주에게 채용과 함께 해고의 자유까지 부여하는 반면, 우리나라는 회사의 채용은 자유지만 해고에 대해서는 엄격한 제한을 둔다. 우선 해고가 정당하려면 해고할 만한 정당한 사유가 있어야 한다.

정당한 사유는 근로계약을 유지할 수 없을 정도로 직원에게 책임이 있는 사유가 있다든가, 부득이한 경영상 필요가 있거나 개인상 사유가 있는 경우다. 근로계약을 유지할 수 없을 정도로 직원에게 책임이 있는 사유가 있는 경우를 '징계해고'라 하고, 회사에 부득이한 경영상 필요가 있어 해고하게 되는 경우를 '정리해고', 직원에게 사정이 생긴 경우를 '통상해고'라 한다.

징계해고

징계해고가 되는 사유는 근무태도 불량, 범법행위, 2중 취업행위, 학력·경력사칭 등 다양할 수 있다. 그런데 이러한 비위행위가 도대체 어느 정도가 되어야 해고가 정당하다고 되는지에 대해서는 좀 모호하다. 법원은 징계해고가 되기 위해서는 누가 보기에도 고용하기 어렵다는 정도, 즉 '사회통념상 고용관계를 지속할 수 없을 정도'에 이르러야 가능하다고 본다.

'사회통념상 고용관계를 지속할 수 없을 정도'라는 이 모호한 개념은 경우에 따라 달리 판단될 수 있다. 따라서 당해 사업의 목적·성격·종류에 따라 다르고, 사업장 여건에 따라 다르고, 당해 근로자의 지위·직종 또는 업무에 따라 비위행위의 동기와 경위에 따라 다를 수 있다. 과거 징계 경력이나 회사의 징계 양정 관행 등도 고려되어야 한다.

기업 질서 문란 행위가 있거나 회사에 손해를 끼치는 상황이 있는 경우 징계가 이루어지는데, 최고 수준의 징계인 해고가 되기 위해서는 취업규칙 상에 해고사유로 기재되어 있는 행위를 했다는 사실만으로 가능한 것이 아니다. 누가 보기에도 고용하기 어렵다는 정도에 이르러야 가능하다.

따라서 징계해고는 꼭 횡령 등의 중대한 비위가 있어야만 가능한 것은 아니다. 일반적인 사람이라면 '도저히 이런 사람이라면 같이 일 못하겠다'는 정도라면 해고가 된다고 볼 수 있다. 즉 지각이 잦은 직원에게 1차 경고, 다시 지각을 하자 2차 경고를 했고, 또 다시 지각을 하자 다시는 지각을 하지 않겠다는 각서를 받았다. 그럼에도 불구하고 또 특별한 사유 없이 지각을 했다면 누가 보기에도 이런 사람을 데리고서는 같이 일 못하겠다는 판단이 들 것이다. 이런 경우라면 해고는 정당하다고 볼 수 있다. 회사가 한 번 체결한 근로계약을 신의 성실하게 이행하려고 충분히 기회를 주고 노력을 했음에도 근로자가 이에 부합하지 못한다면, 횡령 같이 중대한 비위가 아닌 지각을 이유로도 해고는 정당할 수 있다.

해고할 만한 징계사유가 있다고 하더라도, 징계절차가 준수되지 않으면 해고는 부당한 것이 된다. 취업규칙이 징계를 하기 위해서는 징계위원회가 개최되어야 하고 적어도 며칠 전에는 피징계자에게 징계위원회가 열리는 것과 본인의 잘못을 해명할 자료를 제출할 수 있음을 알려주도록 정하고 있다면, 이를 어긴 징계는 해고할 만한 중대한 근로자의 잘못이 있다 하더라도 이와는 상관없이 징계절차 위반으로 부당한 징계가 된다. 또한 취업규칙에서 표창 등을 받은 경우, 이를 징계에 이를 반영해 징계수준을 감하도록 정하고 있다면, 이를 적용하지 않는 경우도 부당한 징계가 될 수 있다.

통상해고

근로자나 회사에게 비위행위나 과오가 있는 것은 아니지만, 근로계약의 목적을 달성하지 못하는 상황이 생길 수 있다. 근로자가 다치거나 질병에 걸려 근로를 제공하지 못하게 되거나, 회사가 사업을 계속할 수 없어 폐업을 하게 되는 경우가 그 예다. 이런 경우를 통상해고라고 한다.

근로자가 다치거나 질병에 걸렸을 때, 회사는 근로제공이 불가능한 것을 이유로 근로자를 바로 해고할 수 있을까? 이때도 노사 양측은 근로계약을 이행하려는 신의 성실한 노력이 필요하다고 본다. 근로자를 다른 직무로 바꾸어주면 직무수행이 충분히 가능한 경우라면 회사가 직무를 전환해주려고 노력을 하는 경우 신의 성실한 노력을 한 것으로 봐야 할 것이다. 그러나 직무전환이 충분히 가능한 상황임에도 근로자에 대한 배려 없이 해고를 한다면, 경우에 따라서는 부당한 해고가 될 가능성이 있다.

해고 금지 기간

일정한 기간 동안에는 해고 사유가 무엇인지를 불문하고 해고가 금지된다. 직원이 업무상 산재를 당해서 쉬고 있는 기간과 출산휴가 기간이다. 이 기간뿐 아니라 이 기간 이후의 30일간은 해고가 금지된다. 설령 직원에게 횡령 등의 중대한 비위가 있다 하더라도 이 기간 동안에는 해고를 할 수 없다. 이에 위반해 해고를 하게 되면 '부당한' 해고가 아니라 '위법한' 해고로 당연히 무효가 되며, 5년 이하의 징역 또는 5천만 원 이하의 벌금에 처해질 수 있기 때문에 유의해야 한다.

부당해고 되었을 때

부당해고가 되었다고 주장하는 근로자는 노동위원회에 부당해고 구제신청을 제기할 수 있다. 우리나라는 비교적 법원의 문턱이 높다. 부당해고를 소송으로 다투게 되면, 배보다 배꼽이 더 커지기도 한다. 부당해고로 소송에서 근로자가 이긴다고 해도, 기껏해야 해고 이후 그간 받지 못했던 몇 개월치 임금 정도가 경제적 이익으로 발생하게 될 터인데, 받은 임금에서 변호사 수임료를 내고 나면 오히려 손해인 경우도 있을 수 있다. 그렇기 때문에 부당해고에 대해서는 법원 외의 별도의 기구를 만들어서 근로자가 경제적 부담 없이 해고의 부당함을 다퉈볼 수 있는 제도를 만들어 두고 있는데, 이것이 부당해고 구제신청 제도다.

각 지역의 노동위원회에 회사를 상대로 부당해고 구제신청을 제기하면, 해고의 부당성 여부를 판정해준다. 판정 결과 해고가 부당한 경우에는 구제명령을 내리게 되는데, 구제명령은 원직복직과 해고 기간 동안의 임금지급을 내용으로 한다. 사용자나 근로자 모두 이 판정 결과에 불복하여 재심을 신청할 수 있는데, 중앙노동위원회에서 이를 심리하게 된다. 중앙노동위원회의 최종 판단을 받고 나서 이에 대해서 승복하지 못하게 되면, 이제 본격적으로 중앙노동위원회위원장을 상대로 1심인 행정소송을 제기하게 된다. 이후 고등법원, 대법원까지의 절차를 밟을 수 있다. 물론 해고의 부당성은 노동위원회를 거치지 않고 바로 민사소송으로 제기하는 것도 가능한데, 근로자지위확인의 소송 또는 해고무효확인소송이다.

근로자가 노동위원회에서 이겨서 해고가 부당함을 인정받게 되면,

| 이행 강제금 부과기준 (1회 금액)

위반행위	금액
정당한 이유 없는 해고에 대한 구제명령을 이행하지 아니한 자	500만 원 이상~2,000만 원 이하
정당한 이유 없는 휴직, 정직에 대한 구제명령을 이행하지 아니한 자	250만 원 이상~1,000만 원 이하
정당한 이유 없는 전직, 감봉에 대한 구제명령을 이행하지 아니한 자	200만 원 이상~500만 원 이하
정당한 이유 없는 그 밖의 징벌에 대한 구제명령을 이행하지 아니한 자	100만 원 이상~500만 원 이하

해고 기간 동안의 임금을 받게 되고, 원직에 복직할 수 있게 된다. 회사가 노동위원회의 판정에도 불구하고, 임금을 지급하지 않거나 원직에 복직시키지 않으면서 노동위원회의 결정을 불복해 행정소송으로 다투는 경우도 있다. 당연히 근로자의 지위가 오랜 기간 동안 불안하고, 근로로부터 단절되어, 복귀가 더욱 어려워지게 된다. 이 때문에 회사가 노동위원회의 결정을 따르지 않는 경우에는 노동위원회의 결정을 우선 이행하도록하기 위해서 이행강제금이 부과된다. 이행강제금은 매년 2회, 2천만 원 이하의 범위 내에서 부과할 수 있으며, 2년 간 부과될 수 있다.

03 | 정리해고:
회사의 일방적 통보

평생 함께 하자고 약속했는데, 시간이 오래 지나가다 보면 사정이 바뀌어 약속을 지키지 못하게 되는 상황이 생긴다. 근로계약에서 보면 정리해고가 그 경우다. 직원의 비위나 잘못 없이 회사가 일방적으로 해고를 하게 되는 정리해고는 어떤 상황에서 가능한가?

경영상 해고의 요건

경영상 위기가 온다면 회사는 살아남기 위해서 조직을 변화시킬 수밖에 없다. 그 과정에서 근로자를 감축해야 하는 경우가 생기는데, 흔히 우리는 이를 정리해고라 한다. 정리해고의 법적 용어는 경영상의 이유에 의한 해고라는 뜻의 '경영상 해고'다.

회사가 경영사정을 이유로 근로자를 해고하려면, ① 긴박한 경영 상 필요성이 있어야 하고, ② 근로자 대표에게 50일 전에 통보하고 성실하게 협의하며, ③ 해고회피노력을 하면서, ④ 합리적이고 공정한 해고 대상자 선정 기준을 세우고 그에 따라 공정하게 대상자를 선정해 해고

| 해고 요건

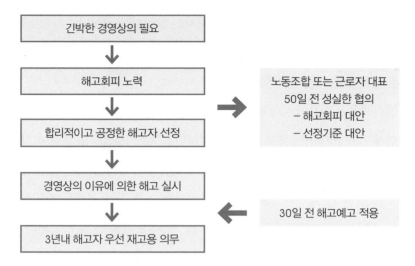

해야 한다. 정리해고가 회사 쪽의 사유에 의한 근로계약 종료인 만큼, 회사 마음대로 편리하게 할 수 있도록 되어 있지 않고 상당히 엄격한 요건들을 부과하고 있다.

긴박한 경영상의 필요

회사가 실제 매출이 악화되었거나 위기 상황이 구체적으로 예측되는 경우라면 정리해고는 불가피할 수 있다. 또한 경영악화를 방지하기 위해 사업양도, 기업 인수·합병이 발생하는 경우에는 긴박한 경영상의 필요가 있는 것으로 본다.

긴박한 경영상의 필요가 있는지 여부에 대한 판단에서 중요한 것은 여러 개의 사업부문 또는 사업장이 있을 때, 한 사업장 또는 한 사업부는 적자가 누적되고 있고 다른 사업 부문은 문제가 없다면, 정리해고를 위한 경영상 필요성이 있는지 여부는 전체를 보고 판단하고, 한 사업장이나 사업 부문만을 보고 판단하지는 않는다는 점이다.

해고 회피 노력과 희망퇴직 제도

정리해고는 회사가 살아남기 위한 최후의 수단이어야 한다. 따라서 정리해고를 하기 전에 해고를 피하기 위한 다른 조치들을 시도했어야 한다. 예를 들면 신규채용을 하지 않는다거나, 유휴인력이 있는 경우 휴직을 실시해본다거나, 일반관리비를 절감하기 위한 노력들을 진행하는 것이다. 희망퇴직제도의 실시도 해고 회피 노력을 한 것으로 본다. 희망퇴직 제도는 강제적인 고용 조정보다는 희망자를 먼저 내보내는 선택이기 때문이다.

통상 희망퇴직제도 또는 명예퇴직제도는 일정의 대가를 제시하고, 퇴직자를 모집하는 형태로 이루어진다. 퇴직위로금은 통상 이때 지급되는 대가를 일컫는데, 그 지급의 기준은 회사마다 천차만별이다. 아예 퇴직위로금 규정을 만들어서 규정대로 지급하기도 하고, 회사의 지급여력에 따라 그때그때 정해 제시하기도 한다. 지급여력에 따라 퇴직위로금의 크기는 다르겠지만, 통상 이직가능성, 근속연수 등이 고려된다. 많게는 6개월~1년치 급여까지 제시하기도 하고, 그렇지 않은 경우는 2~3개월치 급여를 제시하는 경우를 많이 볼 수 있다.

해고대상자의 선정

희망퇴직제도 실시 결과, 목표한 정리해고 인원수가 충족이 되었다면 정리해고는 발생하지 않는다. 하지만 그렇지 않은 경우에는 정리해고

정리해고 기준	법원의 판단
연령 및 근속기간	−장기근속자를 합리적 근거 없이 우선 대상자로 정한 것: 부당 −인사고과 성적을 전혀 반영하지 않고 연령−근속기간의 비중을 지나치게 높게 반영한 경우: 부당
인사 평가 성적	−정리해고전 특별 인사고과 실시하여, 이를 주된 기준으로 대상자 선정: 부당
부서폐지 및 담당업무 소멸	−폐지된 부서 내지 소속 근로자만 대상으로 정리해고 실시: 부당 −담당 업무의 존속 필요성이 소멸했다는 이유로 대상자 선정: 부당
사내부부	−경제적 충격이 상대적으로 덜함: 정당 − 부부사원 중 여성을 우선 정리해고 대상자로 삼음: 부당
수습기간 근로자 및 비정규직	−회사에 대한 기여도나 근로관계 밀접성 낮음: 정당

절차가 진행되게 된다. 정리해고 절차의 가장 어려운 부분은 역시 대상자를 선정하는 부분이다. 법은 '합리성'과 '공정성'이 있어야 한다고 요구하는데, '합리성'이라는 것은 주로 회사 측의 이해관계에 부합하는 부분으로, 성과나 인사고과 등이 주요 지표가 된다. '공정성'은 근로자 측에 대한 배려 부분으로 이해할 수 있고, 부양가족, 근속연수 등을 공정성의 지표로 볼 수 있다. 공정성을 기준으로 해고 대상자를 선정하게 되면, 설령 해고된다 하더라도, 다른 기업에 취업할 가능성이 높은 사람이라거나 부양가족이 없어 해고로 인한 영향이 적은 사람이 대상이 될 가능성이 높다.

판례는 '합리적이고 공정한 대상자 선정'에 대해 통일적인 기준을 제시하지는 못하고 있다. 어떤 판례는 합리성과 공정성이 동일한 정도로 고려되어야 한다고 보고 있는 경우도 있고, 어떤 경우는 업무성적, 업무능력만을 기준으로 대상자 선정을 한 것을 정당하다고 본 경우도 있다. 따라서 가능하다면 해고 대상자의 선정 기준에 대해 근로자 대표와의 충분한 협의를 이뤄내는 것이 가장 바람직하겠다.

근로자 대표와 50일 전 협의

정리해고가 집단해고인 만큼 협의나 합의도 집단적 형태로 이루어진다. 정리해고를 하고자 하는 날로부터 50일 전까지 근로자 대표에게 해당 사항을 통보하고, 근로자 대표와 해고 회피 방법, 대상자 선발 기준 등에 대해 성실히 협의해야 한다. 근로자 과반수가 가입되어 있는 노동조합이 있다면 노동조합 대표가 근로자 대표가 되지만, 그렇지 않은 경우에는 과반수를 대표하는 근로자 대표를 선출해야 한다. 50일은 절대 기간이기 때문에 하루라도 모자라서는 안 되는 것이 원칙이다. 이 기간을 준수하지 못하면 부당해고가 될 수 있다.

다만 여기서 주의할 점은 근로자 대표와 '합의'를 하라는 것이 아니다. 회사가 어려워서 정리해고를 하는 상황인데, 50일 안에 정리해고 대상자에 대해 '합의'를 한다는 것은 사실상 거의 불가능하다. 그래서 법은 '합의'까지는 요하지 않고, '협의' 절차 자체를 거칠 것을 요구하고 있다.

상기의 정리해고 요건 중 하나라도 부족하면 부당해고가 된다. 정리해고가 부당하다고 판단되게 되면 대량의 인원이 다시 복귀하게 되어 심각한 재무적 부담이 초래될 수도 있으므로, 절차에 신중을 기할 필요가 있다.

재고용의무

경영상 해고일로부터 3년 이내에 회사가 다시 동일한 업무에 사용될 직원을 채용해야 할 일이 생긴 경우에는 해고했던 직원을 다시 채용해야 한다. 정리해고 된 근로자에게 우선 재고용될 권리를 인정해주고 있는 것이다. 이때 업무의 동일성과 관련해서 법원은 주된 내용에 차이가 있다 하더라도 동일한 수준의 직업능력·자격을 요구하는 업무라면 동일한 업무라고 판단하고 있다. 따라서 유사한 업무에 인원이 새로 필요하게 된 경우라면, 해고되었던 직원에게 채용 사실에 대해 개별적으로 통지하고, 채용 의사를 묻는 것이 바람직하겠다.

04 | 정년퇴직과 관련된 업무

정년을 따로 규정해두지는 않았지만, 원래 정년은 60세 아닌가? 올해 60세가 된 부장에게 정년퇴직 운을 뗐더니 그런 법이 어디 있느냐며 노발대발 한다. 반대 경우로 취업규칙에 정년이 60세라고 적혀 있다. 그런데 이미 60세를 넘어서 1년 넘게 근무하는 반장이 있다. 정년이 지나서 퇴사해야 한다고 하니, 화를 낸다. 정년제도를 대체 어떻게 운영해야 할까?

정년제도

요즘은 60세가 넘어도 건강에 문제가 없고, 이전에 비해 기계화 등으로 육체적 노동 강도 역시 약해져서, 정년 이후에도 계속해서 근로를 하고자 하는 노인층이 많아졌다. 한 설문조사에서는 60세 정년퇴직 후 신입사원 초임을 받으면서 일을 계속하겠느냐는 질문에 50% 이상이 그렇게 하고 싶다고 답했던 것을 본 적이 있다. 이러한 추세를 반영해 정년을 둘러싼 법적 다툼 역시 많아지고 있다. 60세 정년을 둔 사업장에서 호적이 잘못되었다며, 호적 정정까지 하면서 근로기간을 늘린 사람도 종종 볼 수 있다.

정년은 취업규칙 등에서 정한 일정한 연령에 도달하면, 근로자의 의사나 능력과 상관없이 자동적으로 근로계약을 종료시키는 제도다. 정년은 무조건 적용되는 것은 아니고, 회사가 정해야 하는 부분이다. 우리 회사가 정년을 따로 정하지 않았다면, 회사는 정년이 없는 사업장으로 해석될 수 있고, 이 경우는 나이와 상관없이 계속 회사를 다닐 수 있으며, 향후 정년 60세를 이유로 회사를 그만두라고 하는 것은 자칫하면 부당해고가 될 수 있다.

고용상 연령차별 금지 및 고령자고용촉진에 관한 법률(이하 고촉법)에 따르면, 제19조 제1항에서 "사업주는 근로자의 정년을 60세 이상으로 정하여야 한다"라고 규정하고, 제2항에서 "사업주가 제1항에도 불구하고 근로자의 정년을 60세 미만으로 정한 경우에는 정년을 60세로 정한 것으로 본다"고 규정하고 있다.

동조 제2항의 내용을 자세히 살펴보면, 회사는 '60세 미만으로 정년을 정한 경우'라고 기재하고 있는 것을 봐서는 60세 미만으로 정하는 것이 불가능하다고 할 수는 없다. 한 걸음 더 나가서 생각해보면, 정년을 정하지 않을 수도 있다는 이야기가 된다. 동 조항은 회사가 꼭 60세 이상으로 정년을 '정하라'라고 의무화하는 것이 아니고, 정년을 정하려면 '60세 이상'으로 하라는 취지인 것이다.

정년퇴직의 업무처리

회사가 정년을 60세로 정한 경우에도, 구체적인 시기에 대해서는 다시 정할 필요가 있다. 법원은 회사가 정년과 관련된 구체적 퇴직 시기

취업규칙상의 구체적 퇴직시기

정년 60세 사업장	1959년 2월 6일 출생자의 퇴직일
별도로 정하지 않은 경우	2019년 2월 6일
정년에 도달한 날이 속하는 달의 말일	2019년 2월 28일
정년에 도달한 날이 속하는 분기의 말일	2019년 3월 31일
정년에 도달한 날이 속하는 반기의 말일	2019년 6월 30일
정년에 도달한 날이 속하는 연도의 말일	2019년 12월 31일

를 별도로 정하지 않은 경우에는 정년이 도달한 날을 퇴직일로 보고 있다. 정년이 60세라면, 만 60세가 되는 날이 퇴직일이 되는 것이다.

하지만 이런 경우에는 본인 생일이 퇴직일이 된다는 것인데, 급여 등 업무처리에 번거로움이 생길 수도 있고, 업무 인수인계에 문제가 있을 수도 있기 때문에, 구체적 퇴직일을 별도로 정해두는 것이 필요하다. 정년에 도달한 날이 속하는 달의 말일, 정년에 도달한 날이 속하는 분기의 말일, 정년에 도달한 날이 속하는 반기의 말일, 정년에 도달한 날이 속하는 연도의 말일, 이런 식으로 말이다.

정년 이후의 계속 근로

정년이 지났음에도 계속해서 근무를 하게 되는 경우가 있다. 회사나 근로자가 정년이 지났음을 알지 못하는 상황이다. 이 경우는 다소 골치 아픈 경우가 생길 수 있다. 정년이 지났음을 알고도 계속 회사를 다니는 것을 묵과한 경우라면, 묵시적으로 정년과는 상관없이 계속해서 다닐 수 있도록 한 것으로 볼 수 있어서, 나중에 정년이 지났다는 이유로 근로관계를 종료시키거나 해고할 수는 없기 때문이다. 그렇지 않고 정년이 지났음을 모르고 정년이 지난 경우라면, 단순 업무 실수이니 사정을 이야기하고 양해를 구하고 정년퇴직 조치를 취하면 될 것이다.

정년퇴직한 이후라도 회사에서는 숙련된 기능을 사용하기 위해서 정년퇴직자를 다시 고용하는 경우가 많은데, 법도 정년퇴직자의 재고용을 장려하고 있다. 정년퇴직 이후 다시 고용되는 경우는 정년퇴직으로 이전의 근로관계는 끝이 나고 새로운 근로계약이 시작되는 것으로 보기 때문에, 이전의 임금과는 상관없이 새로운 임금을 정할 수 있다. 또 퇴직금이나 연차휴가일수 산정을 위한 계속근로연수도 종전의 기간과는 단절되는 것으로 처리할 수 있다.

이때 근로계약 기간이 문제다. 정년이 지난 근로자를 고용할 경우에는 근로계약 기간을 정해두는 것이 필수적이다. 만약 근로계약 기간을 정하지 않는다면 해당 근로자는 사실상 근로능력이 있는 한은 계속해서 회사를 다닐 수 있다고 보아야 하는데, 근로능력이 있는지 없는지에 대한 입증은 회사가 부담하여야 하기 때문이다. 기간제법에 따르면 기간제로 고용할 수 있는 기간은 최대 2년이다. 하지만 만 55세 이상인 사람의 경우에는 이의 예외로 보고 있기 때문에 2년 이상의 근로계약기간을 정하거나, 근로계약기간을 1년 단위로 해서 몇 차례 갱신을 하더라도 무관하다.

05 | 해고예고수당을 받는 경우

갑자기 사장이 부르더니, 회사 사정이 어떠니, 내가 일이 좀 늦는 편이니 하면서 서설이 길다. 결론인즉슨 조카가 하나 놀고 있는데, 우리 회사에서 일을 배우고 싶어 한단다. 그래서 부득이 나가 달라는 이야기다. 여기까지만 해도 서러움이 폭발하는데, 그것도 다음 주부터 나오지 말라고 한다. 회사 사정이 좋지 않은 것은 서로 다 아는 사정이니, 해고가 부당하네 어떻네 하면서 대표와 대거리를 하고 싶지는 않다. 하지만 억울한 것은 둘째 치고, 다른 직장이 금방 구해진다는 보장도 없는데, 당장 월세며 보험료는 어떻게 하란 말인가.

해고예고 제도

가끔 사장님들이 근무태도가 불량한 직원에 대해 이야기하면서, 해고하려면 1달치 월급만 주면 되는 거 아니냐고 하는 경우가 있다. 아마 해고예고수당을 말씀하시는 것으로 보이는데, 문제는 해고예고수당과 해고의 정당성은 아무런 상관이 없다는 것이다.

해고를 하려면 '정당한 사유'가 있어야 하고, 해고예고수당을 지급한다고 해서 정당한 사유가 생기는 것은 전혀 아니다. 정당한 사유가 있는지는 회사가 입증할 수 있어야 한다. 따라서 누가 보기에도 해고되는 것이 마땅한 정도의 근무태도 불량이라면 해고사유의 정당성은 있는 것이고, 취업규칙에 해고와 관련 되서 징계위원회 소집 등의 절차를 두고 있다면 이를 준수해 최종적으로 서면으로 해고를 통지해야 비로소 해고의 정당성이 확보된다.

해고예고를 했느냐 아니면 해고예고수당을 지급했느냐는 해고의 정당성과는 다른 문제다. 따라서 해고예고수당을 지급하지 않았다고 해서 정당한 해고가 부당한 해고가 되는 것은 아니고, 해고예고수당을 지급했다고 해서 부당한 해고가 정당하게 되지도 않는다.

해고예고제도는 5인 미만의 사업장이라 하더라도 적용된다. 해고예고 의무를 이행하지 않은 경우에는 2년 이하의 징역 또는 1천만 원 이하의 벌금에 처해질 수 있다.

해고예고 기간 동안의 근로

해고예고제도는 말 그대로 해고를 미리 알려줘야 한다는 것이다. 근로자는 임금으로 생활하는 사람이기 때문에, 예측하지 못하는 상황에서 해고가 되면 생계에 큰 타격이 있을 수 있어 적어도 한 달 전에는 알려주어야 한다는 것이다. 알려주지 못하는 경우에는 한 달치 급여 정도를 챙겨줘서 다른 일자리를 찾아볼 수 있도록 해줘야 한다는 취지다.

법에 따르면, 해고예고는 30일 전 그렇지 않고 해고예고수당으로 주게 되면 30일분의 통상임금을 주도록 하고 있다. 예고하는 당일은 30일에 포함되지 않고, 예고하는 날 다음 날부터 30일을 세게 된다. 이때는 근무일, 휴일, 휴무일을 따로 세지 않고, 모두 포함해서 본다. 30일에 하루라도 부족하면 안 된다. 따라서 해고를 15일 전에 예고한 경우, 15일분의 통상임금만 주면 되는 것은 아니다. 이 경우에도 30일분의 통상임금 전부를 지급해야 한다.

회사로부터 30일 전에 해고예고 통지를 받은 뒤, 근로자가 남은 30일 동안에 무단결근을 하면 해당 임금을 빼도 되는지 묻는 경우가 있다. 해고예고제도가 30일 간은 급여를 보장받으면서 다른 직장을 알아볼 기회를 주는 취지인 만큼, 결근이 있다 하더라도 임금을 빼는 것은 적절하지 않은 것으로 본다.

해고예고가 적용되지 않는 경우

근로자가 회사에 해악을 끼친 경우까지 회사가 신의성실하게 해고를 예고해주어야 하는 것은 아니다. 법에 따르면 "근로자가 고의로 사업에 막대한 지장을 초래하거나 재산상 손해를 끼친 경우"에는 예고하지 않고, 즉시로 해고가 가능하도록 규정하고 있다.

여기서의 핵심은 '고의'다. 직원이 회사에 막대한 손실을 끼쳤더라도 실수한 경우에는 즉시해고의 대상은 아니다. "고의로 재산상 손해를 끼치거나 사업에 막대한 지장을 초래한 것"의 예시는 다음과 같다.

해고예고의 예외가 되는 근로자의 귀책 사유

1. 납품업체로부터 금품이나 향응을 제공받고 불량품을 납품받아 생산에 차질을 가져온 경우

2. 영업용 차량을 임의로 타인에게 대리운전하게 하여 교통사고를 일으
   킨 경우

3. 사업의 기밀이나 그밖의 정보를 경쟁관계에 있는 다른 사업자 등에게
   제공하여 사업에 지장을 가져온 경우

4. 허위 사실을 날조하여 유포하거나 불법 집단행동을 주도하여 사업에
   막대한 지장을 가져온 경우

5. 영업용 차량 운송 수입금을 부당하게 착복하는 등 직책을 이용하여
   공금을 착복, 장기유용, 횡령 또는 배임한 경우

6. 제품 또는 원료 등을 몰래 훔치거나 불법 반출한 경우

7. 인사·경리·회계담당 직원이 근로자의 근무상황 실적을 조작하거나
   허위 서류 등을 작성하여 사업에 손해를 끼친 경우

8. 사업장의 기물을 고의로 파손하여 생산에 막대한 지장을 가져온 경우

9. 그 밖에 사회통념 상 고의로 사업에 막대한 지장을 가져오거나 재산
   상 손해를 끼쳤다고 인정되는 경우

이외에 근로계약이 단기여서 해고예고가 큰 의미가 없는 경우나 정
상적인 경우보다 근로계약이 유연한 상태여서 해고가 근로자의 생활
에 심각한 타격을 주는 상태가 아닌 경우라면 해고예고제도를 적용
하지 않을 수 있다. 법은 일용근로자로서 3개월을 계속 근무하지 않
은 자, 2개월 이내의 기간을 정해서 사용된 자, 계절적 업무에 6개월
이내의 근로계약기간을 정해 사용된 자, 수습기간(3개월 이내) 중인 근
로자에 대해서는 해고예고제도를 적용하지 않는다고 규정하고 있다.

06 | 직원 퇴직 후 회사에서 보존해야 하는 서류

10년 전에 다니던 직원이 갑자기 연락이 와서, 경력증명서를 발급해달란다. 당시 기록이 남아 있지도 않은데 무슨 수로 발급해달라는 것인지, 이런 경우 발급해주어야 할까? 다른 경우로 직원이 퇴직을 해서 퇴직금을 계산해주어야 하는데, 사장님 말씀으로는 약 8년 전에 이전 근무기간에 대해서는 퇴직금을 중간정산해서 지급했었다고 한다. 퇴직금 중간신청서를 찾아보았지만 8년 전 일이라 찾을래야 찾을 수가 없다. 퇴직금은 어디서부터 계산해야 할까? 회사가 보존해야 할 서류에 대해 알아본다.

재직증명서

회사는 근로자가 퇴직한 후라도 재직증명서를 요구하면 이를 발급해주어야 하는 의무를 가진다. 이에 위반하는 경우에는 500만 원 이하의 과태료가 부과될 수 있다. 하지만 언제까지고 이를 발급해주어야 하는 의무를 갖는 것은 아니고, 퇴직 후 3년까지다. 근로관계와 관련된 서류 보존 의무가 대개 3년이기 때문이다.

경력증명서에는 근무기간, 업무의 종류, 지위와 임금 등을 기재할 수 있는데, 근로자가 요구한 사항만을 적어주어야 한다. 굳이 지위와 임금을 기재하지 말아달라고 했는데, 이를 꼭 적어서 주는 것은 안 된다는 것이다. 다만 근로자가 요구하는 사항만을 적어주라는 취지는 사실을 전제하고 사실 중에 취사하라는 이야기이지, 사실이 아닌 내용을 적어주어야 한다는 것은 아니다.

근로관계 서류 보존 기간

회사는 근로계약과 관련된 중요서류를 근로자 퇴직 후 3년간 보존하여야 한다. 근로계약서, 임금대장, 임금결정·임금지급방법과 임금의 계산기초, 해고·퇴직 서류, 휴가에 관한 서류, 기타 합의서 등이다. 임금청구권의 소멸시효가 3년이므로, 근로관계 제반 서류도 역시 3년간 보존해야 한다.

다만 예외적으로 퇴직금 중간정산과 관련된 서류는 퇴직 후 5년간 보존하여야 한다. 퇴직금 중간정산은 근로소득으로 보느냐, 퇴직소득으로 보느냐 하는 세금 문제와도 관련이 있을 수 있기 때문에, 세금의 시효인 5년을 적용한다.

만약 퇴직금 중간정산 신청서를 8년 전에 작성하고, 이에 따라 퇴직금 중간정산을 했다면 어떻게 될까? 서류보존의무 기간은 작성일로부터 5년이 아니라 해당 근로자의 '퇴직 후 5년까지'이므로, 회사는 계속해서 이를 보관하고 있어야 한다. 그렇지 못했다면 과거 중간정산을 했었다는 증명이 어렵다. 따라서 퇴직금을 전액 다시 지급해야 할 가능성이 있다. 다만 10년 전에 퇴직금 중간정산금을 이체한 내역이나

서류내용	기산일 및 보존기간
근로계약서	근로관계 종료일로부터 3년
임금대장	마지막으로 써넣은 날로부터 3년
임금의 결정, 지급방법과 임금계산의 기초에 관한 서류	근로관계 종료일로부터 3년
고용 해고 퇴직에 관한 서류	해고, 퇴직한 날로부터 3년
휴가에 관한 서류	근로관계 종료일로부터 3년
기타 근로시간 관련 합의서류	합의일로부터 3년

영수증이 남아 있다면, 일정한 금전을 지급했었음은 인정될 수 있다. 이때 다른 지급사유가 없었다면 이는 부당이득이 될 수 있어서 부당이득반환청구는 가능할 수 있을 것이다.

회사에서 받아두어야 할 서류

직원 퇴사 시에는 회사에서 발급해주어야 하는 서류가 있고, 거꾸로 직원으로부터 받아두어야 하는 서류들도 있다. 업무인수인계에 대한 확인서라든지 회사가 지급한 물품에 대해서 반납확인을 받아야 하는 경우 등이 있을 수 있다.

업무인수인계 확인서 등을 만들어두고 인수자와 인계자 그리고 확인자가 함께 업무인수인계 사항을 확인하게 되면, 직원퇴직으로 인한 업무의 공백을 최소화할 수 있다. 또한 회사에서 업무를 위해 지급했던 법인차량의 자동차키나 노트북, 휴대폰 등을 제때 회수하지 못하게

업무 인수·인계 확인서

인 계 자	소 속		성 명	
인 수 자	소 속		성 명	

업무 인계 내용 개요

위와 같이 업무·인수를 완료했습니다.

전임자   (인)

후임자   (인)

입회자   (인)

되면 업무적인 번거로움이 커질 수 있기 때문에, 최종 퇴사 절차 시에 이를 꼭 확인하는 것이 필요하다.

　법적으로 직원이 퇴직하면 회사는 퇴직일로부터 14일 내에 남은 급

퇴직자 지급품 반납 확인서

| 소속 | | 사 번 | | 성 명 | | 퇴사일자 | |

1. 확인사항

관 련 부 서	확 인 내 용	확인일자	확 인 자	확 인	비 고
자료실	도 서 대 여				
도면실	도 면 분 출				
환경안전부서	안전보호구				
비상계획부서	예비군 / 민방위				
노동조합	가 입 여 부				
경리부서	공 조 가 불				
인사총무부서	업무 인계인수서				
인사총무부서	우리사주조합				
인사총무부서	물 품 구 입				
인사총무부서	작업복 반납				
인사총무부서	사원APT 및 기숙사				
인사총무부서	여 권 반 납				
인사/경리부서	건강보험카드				
인사총무부서	특례/보훈/장애인				
인사총무부서	주택융자금 대출				
인사총무부서	개인연금 / 상해보험				
인사총무부서	국민연금 / 고용보험				
인사총무부서	연수대여금 상환				
인사총무부서	지적재산권 출원유무				
정보화부서	컴퓨터(노트북PC)				事前 경유부서

2. 주의사항

가. 확인사항에 확인을 필한 후 인사부서에 제출하시기 바랍니다.
나. 퇴직금의 대리인 수령시에는 인감증명서, 위임장 및 대리인의 주민등록증을 지참하시기 바랍니다.
다. 상기 사항 불이행시는 퇴직금 지불이 보류됩니다.
라. 지적재산권 출원사실이 있을 때는 지적재산권 담당부서에 인적사항을 알려주시기 바랍니다.

임금 및 퇴직금(연금) 지급기일 연장 합의서

본인은 퇴직 시 월 급여 및 퇴직금(연금)에 대하여 아래와 같이 지급받기로 하며, 이에 대하여 일체의 이의가 없음을 합의(동의)합니다.

1. 퇴직 월 급여 : 귀사의 익월 급여기준일
2. 퇴직금(연금) : 퇴직월 말일
(단, 퇴직금 및 퇴직연금 지급은 1년 이상 근무자에 한하며, 서류 미접수시 익월 말일에 지급)

퇴직자 : _____(인)

여 및 퇴직금 등을 청산해주어야 하는 의무를 부담하고, 이를 위반하게 되면 처벌이 될 수 있다.

따라서 전체 회사의 급여일이 근로자 퇴직일로부터 14일 내에 있지 않은 경우라면 퇴직직원의 퇴직정산 금품을 급여일과 별개로 따로 먼저 지급해야 한다. 회사 사정상 부득이 그렇게 처리하기 어렵다면, 해당 직원으로부터 지급 지연에 대한 동의서를 받아두어야 한다.

회계·노무 담당자가 꼭 알아야 하는 최소한의 업무지식

초판 1쇄 발행 2018년 12월 1일
초판 4쇄 발행 2019년 7월 10일

지은이 유양훈 · 정선아
펴낸곳 원앤원북스
펴낸이 오운영
경영총괄 박종명
편집 최윤정 · 김효주 · 채지혜 · 이광민
마케팅 안대현 · 문준영
등록번호 제2018-000058호(2018년 1월 23일)
주소 04091 서울시 마포구 토정로 222 한국출판콘텐츠센터 306호 (신수동)
전화 (02)719-7735 | **팩스** (02)719-7736
이메일 onobooks2018@naver.com | **블로그** blog.naver.com/onobooks2018
값 22,500원
ISBN 979-11-89344-27-6 03320

이 도서의 국립중앙도서관 출판예정도서목록(CIP)은 서지정보유통지원시스템 홈페이지(http://seoji.nl.go.kr)와 국가자료공동목록시스템(http://www.nl.go.kr/kolisnet)에서 이용하실 수 있습니다.(CIP제어번호: CIP2018036217)

※ 원앤원북스는 독자 여러분의 소중한 아이디어와 원고 투고를 기다리고 있습니다.
　원고가 있으신 분은 onobooks2018@naver.com으로 간단한 기획의도와 개요, 연락처를 보내주세요.